ことばを科学する

A New Introduction to the Science of Language:
From Theoretical and Experimental Viewpoints

を科学する

理論と実験
で考える、
新しい
言語学入門

伊藤たかね
ITO TAKANE

著

朝倉書店

まえがき

　本書は、東京大学教養学部で開講していた授業内容を教科書としてまとめたものです。専門分野を問わずすべての学部1・2年生が選択できる授業の特徴を受け継いで、難しい形式化を避け、背景知識がなくても理解しやすいように努めました。ただし、言語学に本格的に興味をもった場合に次のステップに進みやすいように、学術用語は英語も含めてある程度導入し、参考文献も入門書としては多めに挙げています。

　言語学（および周辺分野）の専門家の養成を必ずしも意図しない「言語学入門」は何を目指すのか。私なりに出した答えは、「ことばの不思議を知ることは、人間について、つまりは自分について、捉え直す契機となる」ということでした。脳の膨大な働きのうち、意識できているのはほんの一部に過ぎない、そのことは頭でわかっていても、自らの知的活動の根幹となることばについては、自分でコントロールしている気になっていないでしょうか。日常的なことばの使用の背後に、意識されない心・脳のどのような働きがあるかに気付かされるたくさんの「体験」をすることで、自分のことが実はわかっていないという実感を得ると同時に、こんなことを無意識のうちにやりこなしている自分（＝人間）って、すごい、という思いにつながることを願っています。

　この「体験」を重ねるために、本書では【Q】をあちこちに設定しました。授業では、何人かに答えてもらったり、グループで議論して発表してもらったりしてから次に進む形をとっていましたが、学生の考えを聞くのが教師にとっての醍醐味であると同時に、学生にとってはそれぞれに異なる考えを説明し合う機会となり、私が用意した「答え」を理解するよりも、ずっと充実した学びの場であったと思います。書物の形ではそれを再現できないのが残念ですが、【Q】が出てきたら、ぜひそこで一旦立ち止まって本を閉じ、できれば友人や家族と議論して、しっかり考えてみてください。その上で、ゆっくり読み進めていただければと思います。

　本書のもう一つの特徴として、各章で、理論的な研究成果だけでなく、それ

を実証する実験結果を併せて提示しています。私自身は理論研究から言語学に入り、実験研究の面白さに惹かれ、共同研究者の力を借りてなんとか実験研究も行ってきた未熟者ですが、理論と実験という2つの異なるアプローチの実りある出会いの形を紹介することを目指しました。(なお、能力不足と紙幅の関係とで、実験研究に必須の統計処理の技法は紹介しておらず、実験結果について「有意差の有無」以外の統計情報は示していないことをお断りしておきます。興味のある読者は、紹介した参考文献や、各実験の原典を参照してください。)

この2つの特徴を活かすという目的もあって、本書は理論についても実験についても決して研究の最先端を紹介しようとはしていません。むしろ古典的と言うべき(古すぎると思う人もいるかもしれない)ものも多く含まれています。言語事実の不思議に対して、目から鱗がおちるような分析が可能であること、そしてその分析を踏まえて実験を組み立てるとさらに興味深い実証が可能であることを、わかりやすく伝えるのに適した題材を選んだ結果です。

Part 1を先に読んでいただければ、あとはどの順序で読んでも、いくつかをスキップして進んでも、楽しんでいただけると思います。興味をもてそうなトピックから入っていただくのが良いかもしれません。

お礼を申し上げるべき人のお名前をすべて挙げることはできませんが、言語学の世界に導いてくださった故長谷川欣佑先生、実験研究の面白さに出会わせてくださった故萩原裕子さん、共同研究でいつも刺激を与えてくださる杉岡洋子さん、由本陽子さん、広瀬友紀さん、実験実施や結果の解析をずっとサポートしてくださった小林由紀さん、この方たちとの出会いがなければ本書は生まれませんでした。この場を借りてお礼を申し上げます。原稿の一部を読んでコメントくださった井川詩織さん、岡部玲子さん、安東明珠花さん、松岡和美さん(第14章のたくさんの写真の転載許可もいただきました)、用語の整理をしてくださった宮本大輔さん、図版の一部を用意してくださった陳姿因さん、曾瑀新さん、ありがとうございました。企画段階での助言から、草稿への適切なコメント、入稿後の細部のチェックまで、朝倉書店編集部には大変お世話になりました。大きく遅れた執筆を辛抱強く待ってくださり、ありがとうございました。駒場で授業を受けてくれた数多くの学生のみなさん、たくさんの発言で刺激に満ちた教室を作ってもらえて、とても感謝しています。最後に、「ハに

点々はガだ」とか、「お兄ちゃん来（こ）たよ」とか、育児を楽しませてくれた一人娘と、（その血をうけて？）「だいじょばない！」「ばあちゃん、来（き）ないの？」などと言っている二人の孫娘、そして同じように素晴らしい能力を発揮して言語を獲得しているすべての子どもたちへ。ことばの面白さを見せてくれて、ありがとう！

　（本書は、JSPS 科研費（16H03429, 18K18497, 17H02334）による研究成果の一部を含みます。）

　2023 年 10 月

伊藤たかね

例に付した記号の一覧
　＊：（広い意味での）文法に違反するために容認されない
　？：容認度が低い
　＃：語彙的ギャップ（第 6 章）、子どもが産出しない（第 11 章）

目　　次

●●● Part 5　ことばの使用の文法

●●● まとめに代えて

1 ことばを操る
―「気づいていない」のに「知っている」とは？―

第1章では人が母語を問題なく使うことができるというのはどういうことか、普通に話したり他者の話を理解したりしているときに私たちの頭の中では何が起こっているのか、ということを、言語とは何かという問いの入り口として考える。

　Part 1 では、言語を科学的に捉えるというのはどういうことか、具体的な例を見ながら導入していきたい。まず第1章では、言語学が明らかにしようとする、話者が母語についてもっている知識とはどのようなものかを考える。

1.1　無意識に駆使される知の体系
―母語の体系を私たちは「知って」いるか？―

　人間はおよそ5歳頃までに母語の**文法**（grammar）[1] の体系の大部分を獲得していると言われている（語彙は大人になってからも増えていくが、文法は子どものときに完成している）。私たちが母語についてどのような「知識」を獲得しているのか、具体例を通して考えてみよう。

☽ 1.1.1　「暗黙知」としての文法―「1日おき」と「24時間おき」は違う？―

【Q】東京方言[2] で、「長野市」と「長野氏」は発音上、どのような違いがあるか。なぜそのような違いがあると考えられるだろうか。

東京方言では（i）「長野市」と（ii）「長野氏」では**アクセント**（accent）が異なっている。東京方言のアクセントについては第5章で詳しく見るが、ここでは音の高低が（i）と（ii）で異なることだけわかれば十分である。高い音をH

---

[1] 本書では「文法」という用語は、音声・音韻や意味まで含めて、言語に見られる**規則性**（regularity）を示すために用いる。音声・音韻や意味と区別して、文の構造にかかわる狭い意味での「文法」という概念の方が、一般的に「文法規則」と呼ばれているものに近いかもしれないが、本書ではこれを**統語**（syntax）と呼んで広義の「文法」と区別する。

[2] 本書では、一般に「共通語」と呼ばれる日本語の変種を「東京方言」と呼ぶことにする。

(high)、低い音を L（low）と表記すると、(i) は LHHL、(ii) は HLLL となる。他の類例を考えると、「秋田市／秋田氏、大津市／大津氏」などのほか、「筑波山／筑波さん、成田山／成田さん」（「さん」は人名に付す敬称）も同じパターンのように思われる（他の例もいろいろ考えてみてほしい）。地名と人名で違うのだろうか。では、「市」をつけずに、地名をそのまま「長野」と発音した場合と、人名を呼び捨てにした「長野」とを比べるとどうだろうか。地名と人名でアクセントが異なるわけではないことがわかるはずである。それならば、なぜこういう違いがあるのだろうか。

　この章では、この問いの答えを出すことは目的ではない（何が答えなのかについては、第2章でもう少し掘り下げてみることにする）。ここでは、「なぜ」こういう違いがあるのか、考えてもなかなかわからないこと、しかしながら「どのように」違うかは全く考える必要もなく即座に答えられること、という私たちの頭の中の反応が重要である。別の例を見てみよう。

> 【Q】(1) の2つの文は、「が」と「を」だけが異なっているが、どのように意味が異なるだろうか。(2) ではどのような違いがあるだろうか。なぜそのような違いが出るのだろうか。
>
> 　(1) a. 小指が曲げられる。　　　　b. 小指を曲げられる。
> 　(2) a. 小指だけが曲げられない。　b. 小指だけを曲げられない。

(1) の2文について、違いをすぐにはっきりと説明できる人は少ないのではないだろうか。しかし、「だけ」と「ない」を含む (2) の2文の意味の違いは、日本語を母語とする人ならすぐにわかるはずである。(2a) は他の指は曲げられるが小指は曲げられない、(2b) は、（他の指と一緒になら曲げることができるが）他の指を伸ばしたまま小指だけを曲げることができない、と言い換えられる。

　ここでも、「なぜ」そのような違いがあるのかは少し考えたくらいではわからないが、「どのように」違うかはすぐにわかる。これが、母語についての話し手の「知識」のあり方の特徴である。

　少し本題とずれるが、「なぜ」そのような違いが出るのかのヒントを出しておこう。(2a) の意味は、「曲げられない」という述語が「小指だけ」にあてはまる、ということである。これに対して、(2b) は「小指だけを曲げる」こと

ができないということを意味している。このように考えると、(3) のような文の中の構造（ひとまとまりになっている箇所を［　］で表示している）が想定できる（このような文の構造を**統語構造**（syntactic structure）と呼ぶ。第 9 章で詳しく扱う）。

(3) a.［小指だけが［［曲げ–られ］–ない］］
　　 b.［［［小指だけを　曲げ］–られ］–ない］

なぜこのような構造の違いが生じるのか。2 文の違いは「が」と「を」のみであるから、構造上の違いはそこに関係するはずである。一般には、「が」は主語をマークし、「を」は目的語をマークする助詞であると言える。文を主語と述部に分解するような分析を考えると、主語よりは目的語の方が動詞に近い。目的語＋動詞で述部ができ、その述部が主語と対応する、と言っても良い。したがって、助詞が「が」であるときは、「曲げられない」という述部がまずできる (3a) のような構造となり、「を」の場合には、「小指を」がまず動詞「曲げる」と結びつく (3b) のような構造になると考えると、説明もつくのではないだろうか。

　とは言え、ここではやはりその答えを突き詰めて考えることが目的ではない。肝心なことは、「なぜ」こういう違いがあるのかはわからなくても、「どのように」違うかは、母語話者であればすぐにわかる、ということである。もう一つだけ例を挙げよう。

【Q】「旅行中は 1 日おきに電話する」と家族に約束したとする。今晩電話したら、次はいつ電話するだろうか。「24 時間おきに電話する」だったらどうだろう。1 日は 24 時間のはずなのに、なぜそのような違いがあるのだろうか。

「1 日おき」だと、2 日に 1 回なのに、「24 時間おき」だと、毎日 1 回になるのはなぜか。「日」と「時間」という単位の相違か、「1」と「24」という数字の違いに原因があるのか。次の例ではどうだろうか。

(4) a. 東京は 1 年おきに猛暑に襲われるらしい。
　　 b. 成犬の狂犬病ワクチンは 1 年おきに接種してください。

実は「〜おき」の解釈は、判断が人によって異なる場合もあるが、(4a) では

2年に一度、(4b) は毎年1回という解釈がそれぞれ優位であると思われる。ここでは、どちらも「1年おき」なので、数字や単位の相違という説明はできそうにない。

　(4) のような例から考えられることは、おそらく「単位」として示される時間の長さ（(4) の例では「年」）と、その発生が述べられているできごと（(4) の例で言えば「猛暑に襲われる、ワクチンを接種する」）がどのくらいの時間幅で起こることか、ということの比率が決め手になりそうである。「去年は猛暑だった」と言うとき、数か月単位で見た夏の気象を述べている。今年の夏、去年の夏、と比べているときに、「1年おき」と言えば、猛暑の夏の次に猛暑でない夏があり、すなわち2年に一度ということになる。それに対して、ワクチンの接種はほとんど一瞬で終わることである。一瞬で終わることを一度行い、その後「1年」おいて次の接種、と言われれば、今日接種したら次は来年の同時期、ということになるのであろう。この考え方で【Q】についても説明できるか、検討してみてほしい。

1.1.2　言語学とは―母語話者が駆使する文法の体系を明らかにする試み―

　このように、私たちがことばを操っているときには、頭の中で私たちの気づいていない**規則**（rule）が働いている。言語の文法規則の体系は、話し手が気づかないうちに身につけ、駆使している**暗黙知**（tacit knowledge）である。ここで「文法規則」と呼んでいるものは、学校で教わる（すなわち意識的に知っている）「文法」とは異なるものであることに注意したい（1.3 節の記述文法と規範文法の相違も参照）。

　ここで文法規則と呼んでいるものは、たとえばスポーツのルールや交通規則などの社会的な「規則」とはかなり性質が異なる。全く知らないスポーツ（たとえばクリケット）の用具を渡されて「下手でも良いからルール違反はしないようにプレーしてください」と言われたら、ルールを教えてくださいと言うほかないだろう。初めて訪れる国で運転しようと思ったら、車が道路の左右どちらを走るのかということも含めて交通規則を学ぶしかない。このような社会的な規則は、意識的に知っているから守ることができるのである。しかし、母語の文法の規則はそうではない。私たち母語話者は、どういう規則があるのか意識的には知らない（気づいていない）にもかかわらず、規則違反をしない。規

則違反をするというのは、たとえば東京方言話者が「長野市」と「長野氏」を同じように発音してしまうとか、日本語話者が「24 時間おきに電話する」と約束したら 2 日に一度電話すれば良いと考える、といったことであるが、そういうことは（言い間違いのような場合を除いて）起こらない。

　この意味で、文法の規則を守って言語を操る私たちの頭の働きは、交通規則などの社会的な規則を守る働きよりは、むしろ、身体を動かす際の頭の働きに近い。私たちは歩くときに、どちらの足を前に出すか、という程度は（普通は意識しないけれども）意識することはできる。しかし、足を前に出すときにどこの筋肉を縮め、どこの筋肉を伸ばしているのか、普通は意識しようと思ってもできないし、子どもたちは、そもそも脳が筋肉を動かしているのか骨を動かしているのかもわからないまま、歩いているのである。同様に、私たちは話すときに、文を**能動**（active）文にするか**受身**（passive）文にするか（第 10 章参照）、という程度は（普通は意識しないけれども）意識することはできる。しかし、1.1.1 項で紹介したような事例について、その背後にある規則を意識することはできない。意識しないままに、その文法を駆使して言語を操っているのである。

　言語学は、このように意識されないままに駆使されている文法規則がどのような体系をもっているのかを明らかにしようとする試みである。実際にどのような手順でそれを明らかにしていくかは第 2 章で扱うが、その前に、言語学が明らかにしようとする文法規則の性質をもう少し考えておきたい。

1.2 方言や言語変化をどう捉えるか
―正しい用法？　優れた言語？―

1.2.1　文法の変化―「食べれる」はことばの乱れ？―

　いわゆる「ら抜き」ことばは、かなり定着しているように見える。この「ら抜き」にはどのような文法規則があるのだろうか。

【Q】「食べれる、開けれる」などが「ら抜き」の例としてよく話題になるが、
　(a) 正しいとされる「食べられる、開けられる」と意味は同じだろうか。
　(b) 「ら抜き」ができる動詞とできない動詞の違いは何か。

まず (a) の意味を考えてみよう。「正しい用法」とされる「動詞＋られる」は、可能（「子どもでもふたを簡単に開けられた」）、受身（「秘密の扉がついに開けられた」）、尊敬（「先生がご自分で窓を開けられた」）などの異なる意味があるが、「開けれた」という「ら抜き」には可能の意味しかない。つまり、「ら抜き」ことばを使う人でも、受身や尊敬の意味では「「ら」を抜く」ことはしないのである。言い換えると、「ら抜き」ことばを使っている人たちは、そうでない「正しい用法」を使っている人には区別できない意味の区別をしていることになる。

これを踏まえて、(b) を考えてみよう。「食べる、降りる」は「ら抜き」用法があるが、「読む、書く」では「ら抜き」ことばは作れない。「ら抜き」はいわゆる一段活用の動詞だけに見られる現象である。では、「食べれる、降りれる」という「ら抜き」で表現される可能の意味は、「読む、書く」ではどうなるだろうか。東京方言では、いわゆる五段活用の動詞は、一段活用動詞と異なり、受身と可能を同じ形式で表現できない。「読まれる、書かれる」は受身と尊敬の意味はあるが（「この本が若者によく読まれている、先生はたくさんの本を読まれた」）、可能は「この本は簡単に読める」のように「読める、書ける」という受身・尊敬とは別の語形を使うのである[3]。

このように考えると、五段活用で定着している受身・尊敬と可能の語形による区別が、一段活用動詞にまで広げられたのが「ら抜き」であると言える。「読む・読める・読まれる」に完全に並行的に「食べる・食べれる・食べられる」という三分法が用いられるようになったのである。時に「ことばの乱れ」と言われる「ら抜き」のような言語使用の変化にも一定の法則性があることがわかる。

1.2.2　言語の変種—「標準語」は優れた言語？—

まず、次の英語の文を見てほしい。

(5) a. He workin.　b. He be workin.

---

[3] 「行かれる、読まれる」などを可能の意味で用いる地域方言もある。なお東京方言でも、少なくとも一部の動詞については「駅まで歩いては行かれません」のような可能の用法が見られるが、やや古い感じを与えるようである。

(5) の文は標準的とされるアメリカ英語の変種（SAE: Standard American English）では「誤り」であるが、アフリカ系アメリカ人が多く用いる英語の変種（AAE: African American English）では、どちらも正しい用法であり、しかも意味が異なることが知られている。(5a) は今働いている最中だという意味であるのに対し、(5b) は慣習を表す用法で、定職があるという意味で働いているという意味になる。SAE にはない区別を AAE はもっていることになる。

　同様のことは日本語でも見られる。

> 【Q】「動詞＋テイル」の意味は進行だろうか。「生徒が本を読んでいる、子どもが走っている、客が来ている、湖が凍っている」などいろいろな例で考えてみよう。

東京方言では、「テイル」の解釈が (6a) と (6b) では異なることに注意しよう。

　(6) a. 選手が校庭で走っている。　b. 先生が教室に来ている。

(6a) は走るという行為が行われている最中だという意味で、英語の進行形にあたる。一方、(6b) は先生が来て教室にいるということを意味しており、英語で言えば現在完了形にあたる。動作が完了してその結果の状態が継続しているということである。東京方言はこの 2 つの意味を形で区別することができず、そのため動詞によっては両方の意味をもつことになる。たとえば、「わ、アイスがとけてる」というのは、すっかりとけて液体になってしまったものを見て発話する（＝状態継続の解釈）のが普通であろうが、手にもっているアイスがポタポタとしずくをたらしているような状況で発話する（＝進行の解釈）こともできるのではないだろうか。

　しかし、西日本の多くの方言では、この 2 つが形で区別される。「よる」（あるいは「ゆう」）と「とる」（あるいは「ちょる、ちゅう」）の区別である（地域によって発音は異なる）。筆者の出身地の大分県北部の方言では、「先生がきよっよ」と言えばこちらに向かっているという意味（進行）であり、「先生がきちょっよ」と言えばすでに来てここにいるという意味（状態継続）である。したがって、教室でいたずらをしている生徒たちが廊下を歩いてくる先生を見て言うなら前者、遅刻スレスレで教室に入ろうとした生徒たちが教室にすでに

先生がいるのに気づいて言うなら後者である。（ただし、動詞によっては「とる」を両方の意味に使える話者もいる。）

　これらの事例からわかるのは、地域や社会階層などによる言語の変種は、細部において異なる文法体系をもっているということである。SAE と AAE、東京方言と西日本方言に、優劣はない。社会的には、「標準」とされる変種を話すことができるか否かが、社会的立場の優劣につながることもあるかもしれない。しかし科学として言語を見る立場からは、言語変種の間には文法の違いがあるだけであって、「優劣」という物差しで測れる差はないのである。

1.2.3　「卑俗」とされる用法にも精緻な文法体系がある ―英語の「ののしりことば」―

　この項では英語の「ののしりことば」と呼ばれる goddam, bloody、あるいは fuckin のような表現を他の語の中に挿入する用法（**挿入辞**（infix）と呼ばれる）を見てみたい。Fantastic を強調して fan-goddamn-tastic のように用いられ、語中に挿入するので、どの位置に挿入するのかという問題が生じる。

【Q】Absolutely という語で強調挿入を考えると論理的には以下に示すように 7 通りの可能性がある。実際に可能なのはどれだろうか。

(7) a. a-goddamn-bsolutely　　　b. ab-goddamn-solutely
　　c. abs-goddamn-olutely　　　d. abso-goddamn-lutely
　　e. absol-goddamn-utely　　　f. absolu-goddamn-tely
　　g. absolute-goddamn-ly

声に出して発音してみれば、（7a, c）などは選択肢としてありえないであろうことは母語話者でなくても見当がつくかもしれない。英語の母語話者であれば、ほぼ意見の揺れはなく、（7d）のみが可能であると判断する（語によっては 2 箇所可能な場合もある）。ごく概略の理解としては、強いアクセントのある音節の直前に挿入されると考えて良い（実際にはもう少し複雑である；McCarthy 1982 参照）。このような語法は卑俗な、不快感を与えうる表現とされている。そのような「良くない」とされることば遣いにも、このような精緻な文法体系があるということに注目してほしい。しかも、このような表現を自分は使わないという人であっても、英語を母語としていれば、（7d）以外はありえないという判断が即座にできるのである。

1.3 科学としての文法研究—記述文法と規範文法—

ここまで読んで、言語学が明らかにしようとする「文法規則」がどういうものか、イメージがつかめただろうか。母語話者が実際にどのようにその言語を使っているのかを観察し、その背後にどのような規則性があるかを捉えようとする。このような考え方で構築する文法を **記述文法**（descriptive grammar）と呼び、**規範文法**（prescriptive grammar）という考え方と対照される。

規範文法は、その言語がどのように用いられる「べき」であるかを提示する。たとえば、「ら抜き」は正しくないから可能の意味でも「食べられる」を使うべきであるとか、be は原形であるから he が主語なら is とするべきである、というような立場である。これに対して、科学としての言語学は、実際に「ら抜き」がどのように使われているのか、AAE において be が原形で V-ing とともに現れるときにどのような意味になるのか、記述していく立場をとる。たとえば、ニュートン力学の最初の一歩としては、りんごを手から離したらどのように落ちていくかを観察し、記述する。さらに、なぜそうなるのかを説明しようとする。物理学が、「りんごはこういう風に落ちるべきだ」と述べることはありえない。同様に、科学としての言語学も「言語はこう用いられるべきだ」と述べることはありえず、必然的に記述的なアプローチになる。

1.4 母語の獲得—子どもの規則体系の構築—

1.4.1 子どもは規則が好き！—「大丈夫？」「だいじょばない」—

幼稚園で「なっとく」ということばを覚えた子どもが、「ぼく、<u>なっとかない</u>」と言ったそうである[4]。「<u>だいじょばない</u>」は、親に大丈夫かと聞かれて答えた子どもの発話である[5]。鬼ごっこのような遊びをしていてまわりを鬼役

---

[4] 子どもの発話を紹介する場合、出典が明記されていないものは筆者の家族や知人の家族などの中で観察された事例である。折々に興味深い例を知らせてくれる知人たちに感謝したい。

[5] 「だいじょばない」は人気グループの楽曲にあることばで、一部の若者の間では流行しているようであるが、それを2歳前後の子どもが学んでいたとは考えにくい。

に取り囲まれ、「<u>とじこまっちゃった！</u>」と言った子どももいる。「投げちゃダメでしょ」と叱られて、「投げたんじゃない、<u>投がったんだ</u>」と子どもが言ったという観察もある。下線を引いた部分はいずれも大人の文法では許されない発話であるが、このような発話をする子どもの頭の中で何が起こっているのか、考えてみよう。「なっとかない、だいじょばない」の例については、動詞ではない「納得」や「大丈夫」を、（母音 [u] で終わっていることから）子どもが動詞と理解し、他の動詞の否定形（「たたく／たたかない、遊ぶ／遊ばない」など）に見られる規則を「なっとく、だいじょぶ」にあてはめたと考えられる。また、大人の文法では「閉じこめる、投げる」に対応する自動詞として「閉じこまる、投がる」は存在しないが、「しめる／しまる、さげる／さがる」などに見られる他動詞と自動詞の対応規則（8.1 節参照）をこれらの語にあてはめて「とじこまった、投がった」という発話が生まれたことが想像できるだろう。「しまる、さがる」のような他動詞との対応を見せる自動詞は「ある事態が、自分の意思とは関係なく、自然に起こる」という意味であるということも、正しく把握していると思われる用法である[6]。「投げたんじゃない、<u>投がったんだ</u>」というのは、つまり自分のせいではないと弁解しているわけである。大人の文法では適用してはいけないところまで規則による一般化を適用してしまうことを、**過剰一般化**（overgeneralization）と呼ぶ。同様のことは、英語でも、たとえば hold の過去形（正しくは held）を holded と言ってしまうような例が、以前から指摘されてきている。子どもは規則が大好きなのである。

　このような事例からわかるのは、子どもは聞いたことのある表現を覚えるだけで言語を獲得するわけではなく、インプットとなる表現の中から規則性を抽出し、規則として身につけ、それを活用して新たな表現を作る力をもっているということである。

1.4.2　子どもは直されるのが苦手？―「こないね」「あ、こたよ！」―

　過剰一般化とともに、子どもの言語獲得の特徴として**否定的証拠**（negative evidence）が使えないということが指摘されている。否定的証拠というのは、

---

[6]　もちろん、自動詞がすべてそういう意味であるわけではない。「走る」などは意思による行為を表す。あくまで、「しめる／しまる」のような他動詞と対応する自動詞にこれがあてはまるのであり、子どもはそれを理解した上で用いていると思われる。

「その文（など）は容認できないものである」という情報のことで、子どもが言語を獲得する過程でそのような情報は使えないと言われている。まず、子どもが文法的な間違いをしても、一般に周囲の大人は必ずしも訂正しない。内容が間違っていれば（たとえば猫を見て「ワンワン」と言えば）訂正することが多いかもしれないが、幼児の文法的な間違いを訂正する大人は多くない。個人的な経験では、むしろ、「そう、だいじょばないの」などと子どもの「言い間違い」をそのまま大人も使って会話し、その用法を強化しているようにすら見える場合が多い。

　さらに重要なこととして、仮に訂正しても子どもは従わないということが繰り返し観察されている。たとえば次の会話の下線部に注目してほしい。

(8)　子：My teacher <u>holded</u> the baby rabbits and we patted them.
　　　母：Did you say your teacher <u>held</u> the baby rabbits?
　　　子：Yes.
　　　母：What did you say she did?
　　　子：She <u>holded</u> the baby rabbits and we patted them.
　　　母：Did you say she <u>held</u> them tightly?
　　　子：No, she <u>holded</u> them loosely.　　　（Fromkin et al. 2014: 422 より改変）

子どもは hold の過去形を holded と言っている。これは 1.4.1 項で見た過剰一般化である。母親は、これを直接的に直さずに held という不規則形の正しい過去形を繰り返し聞かせているが、子どもは holded という形を直さない。

　もう少し明示的に親が直している場合もある。

(9)　子：Nobody <u>don't</u> like me.
　　　母：No, say "nobody <u>likes</u> me".
　　　子：Nobody <u>don't</u> like me.　（同じやりとりを 8 回繰り返す）
　　　母：No, now listen carefully; say "nobody <u>likes</u> me".
　　　子：Oh! Nobody <u>don't likes</u> me.　　　（Fromkin et al. 2014: 424 より改変）

ここでは、子どもはいわゆる二重否定を使ってしまっている。（ちなみに、二重否定は現代の標準英語では容認されないが、AAE などの英語の変種を含め、これを用いる言語は多い。）母親は（子どもが言っている内容には反応せずに）直接的に文法を直そうとしているが、子どもはその修正には従わない。最後は、中途半端に従ったために、don't があるにもかかわらず like に 3 人称単数

の -s がついた形になってしまっている。

　ただし、子どもがいつでも周囲の修正に耳を貸さないというわけでもない。以下は実際に2歳半くらいの子どもとの間に観察されたやりとりである。

(10)　子：お兄ちゃん、<u>きない</u>ね。
　　　母：うん、<u>こない</u>ね。
　　　子：え、<u>こない</u>の？　（「こない」って言うの？　と聞いている）
　　　母：うん、「<u>きた</u>」って言うけど、「<u>こない</u>」なんだよねぇ。
　　　（と言っているところにお兄ちゃんが登場）
　　　子：あ、お兄ちゃん、<u>こた</u>よ。

「来る」は「する」とともに、例外的な活用（変格活用と呼ばれる）をする動詞であるが、「きた」という過去形を知っていたとすれば、「きない」という否定形は過剰一般化であると理解できる（「起きた／起きない、できた／できない」などの一段活用の規則を一般化したと理解できる）。ところが、それは違う、「こない」だよ、と教えられた子どもは、即座に過去形を「こた」に変えているのである。「-た」と「-ない」は同じ形に接続するという一段活用の一般化を優先していると理解できる。

　同様のことは英語でも観察されている。2歳半くらいの子どもが粘土遊びをしているときの観察で、mine(s), your(s) は粘土で作ったものを指している。

(11)　子：　　　Don't crush <u>mines</u> up!
　　　観察者：What was <u>yours</u>? What was it? Had you made it into something?
　　　子：　　　Dis is <u>mines</u>.
　　　観察者：That's <u>yours</u>, OK.
　　　子：　　　Dat's <u>yours</u>.
　　　観察者：That's <u>mine</u>. OK. I'll keep that...
　　　子：　　　Dis is <u>mine</u>.
　　　観察者：Hm-mm.
　　　観察者：Did you steal some more? You stole some more! Keep stealing all <u>mine</u>, don't you?
　　　子：　　　I keep stealing all <u>your</u>.
　　　　　　　　　　（De Villiers and De Villiers 1978: 206 より改変、一部省略）

ここでは、mine, yours という所有代名詞の語形が問題になっている。初め、子どもは yours という正しい形と mines という誤った形を使っているが、これも -s のある形に揃えた過剰一般化の一例である。ところが大人が mine とい

う語形を使ったので、それならそちらの一般化に合わせようということであろう、最後には mine を正しく用いると同時に、yours とすべきところで、-s をとった your という語形を使ってしまっている。

このように、一般的には子どもは否定的証拠を使えないと言われているのだが、大人が使ってみせる「正しい形」に合わせて、修正すると同時に修正しすぎてしまう、という行動を見せることもある。

> 【Q】(8) と (10)(11) はどちらも語形変化に関することであるが、子どもが修正しない (8) と過剰な修正を見せた (10)(11) とについて、どのような違いによってそのような子どもの対応の差が出ていると考えられるだろうか。

「子どもは規則が好き！」というのがヒントである。(8) は、例外が（大人にとっての）「正しい文法」であり、その例外を教えようとしているが、子どもは修正していない。これに対して (10)(11) は、何らかの規則に従った形の修正を子どもが自分から行っていると言える。このような逸話からも、過剰一般化を見せる時期の子どもはとにかく規則優先なのだと考えられる。

🌙 1.4.3 子どもも大人の文法にたどりつく―U字型発達―

さて、「とじこまる」や holded と発話する子どもたちが、「それは容認されない」という情報を使わないとしたら、子どもはどうやって大人と同じ文法にたどりつくことができるか、という問いが生じる。これは言語獲得の分野で長く議論が続いている課題であるが、屈折（inflection：過去形や複数形などの語形変化、第6章参照）にかかわる過剰一般化については、**U字型発達**（U-shaped learning）と呼ばれる言語獲得の特性が関係していると考えられる。子どもは最初は hold あるいは held というインプットにある語形を用い、holded という形は用いないが、3歳くらいから holded のような過剰一般化の語形が観察され、その後、大人の文法と同様に held が正しく用いられるようになる。正しい held から一時期 holded を産出するようになり、その後正しい形になるため、正しい語形の産出率をグラフ化した形をとってU字型と呼ばれる。英語を母語とする子どもの過去形の産出を詳細に調査した研究（Marcus et al. 1992）によれば、子どもが holded のような過剰一般化を始める時期は、過去形にすべき文脈で規則活用の動詞の過去形を正しく使えるようになる時期

と一致している。すなわち、文法的な時制（tense）としての過去の概念を獲得するまでは、聞いたことのある語形（hold, held）を産出しているが、過去の概念を獲得した時点で「過去形を作る規則」の過剰適用が始まると考えられる。その後、その規則に対する例外があることを、個々の語について学んでいくことで最終的に大人の文法にたどりつくと考えることができる。つまり、文法的に規則が必要だとわかった段階で規則を（本来適用してはいけない場合にまで過剰に一般化して）適用するようになり、その後、例外を 1 つずつ覚えていくと考えれば、屈折の獲得については答えが見出せそうである。

·····まとめ

　この章では、人が母語を自在に操っているときに、その背後には自分で気づいていない複雑な文法規則が働いていること、どのような言語（変種）も優劣なく同等に精緻な文法体系をもつことを見た。子どもはそのような言語の中の規則性を取り出すことに非常に優れた能力をもっており、それによって言語獲得が可能になると考えられる。

● ● ●　さらに学びたい人へ　● ● ●

窪薗晴夫（編著）（2019）『よくわかる言語学』ミネルヴァ書房
広瀬友紀（2017）『ちいさい言語学者の冒険―子どもに学ぶことばの秘密』岩波書店
高見健一ほか（編）（2017）『〈不思議〉に満ちたことばの世界（上・下）』開拓社
東京大学言語情報科学専攻（編）（2011）『言語科学の世界へ―ことばの不思議を体験する 45 題』東京大学出版会
大津由紀雄（編著）（2009）『はじめて学ぶ言語学―ことばの世界をさぐる 17 章』ミネルヴァ書房
⇒ ことばの不思議、ことばを使いこなす人間の不思議について、初学者・一般読者向けに紹介する書籍。面白いなぁ、すごいなぁ、と思えるトピックがあふれた本が増えて、嬉しい限りである。

② ことばを理論的に科学する
―仮説を立てて検証するとは？―

人が無意識のうちに駆使している文法の体系を明らかにするという言語学の試みを、科学的に行うために、どのような手順が必要だろうか。この章では、文法体系に関する仮説を立ててそれを検証するとはどういうことか、実例に即して体験してみたい。

　言語学は、まずは言語にかかわる事実の観察から始まる。第 1 章で見た様々な事例も、観察された言語事実である。観察した事実を記述する記述文法の立場をとることはすでに見たが、しかし言語学は記述にとどまらず、さらにその背後にどのような一般化があるのか、説明を試みる。その過程で、**仮説**（hypothesis）を立てて検証するというプロセスが重要になる。

2.1　仮説を立てる―反証可能な仮説とは―

2.1.1　仮説と反証とは―もう一度「長野市／長野氏」―

　東京方言で以下の（1a）と（1b）のアクセントが異なることを 1.1 節で見た（音の高低を H（high）と L（low）で表示する）。

（1）a. 長野市（LHHL）　b. 長野氏（HLLL）

そのときに、「地名と人名で違うのだろうか」と考えてみた。これは（1a）と（1b）の違いの背後にある文法についての 1 つの仮説である。単独で発音する場合、地名と人名に差がないことはすでに見たが、「市／氏」などがついている場合について「金沢市（LHHHL）／金沢氏（LHLLL）、相模原市（LHHHHL）／相模原氏（LHHLLL）」などの長い語の例も視野に入れ、どこで音が下がるかに着目すると、以下のような仮説が立てられる[1]。

---

[1]　東京方言のアクセントについては第 5 章で詳しく扱うが、ここでは、「H から L に変化する箇所」（**アクセント核**と呼ばれる）に着目してアクセントが記述されるということだけ理解すれば、他の箇所の高低は無視して構わない。

【仮説1】　地名は（a）、人名は（b）のパターンになる。

　　（a）「市」で下がる（語末が HL となる）。

　　（b）語末から3モーラ目で下がる[2)]（語末が HLLL となる）。

例示なのでごく限られた例で話を進めているが、実際には同様の多くの例を観察し、その事実から仮説を導き出す。「秋田市／秋田氏、山口市／山口氏、福知山市／福知山氏」など、数多くの類例から、妥当性のある仮説として仮説1を立てることができるのである。

　しかし、少し観察の幅を広げてみると、常に（1）のようなパターンになるわけではないことがわかる。

（2）a. 福島市／福島氏　　　b. 市川市／市川氏
（3）a. 広島市／広島氏　　　b. 鴨川市／鴨川氏

（2）は（1）と同じパターンであるが、（3）は（1）と異なり、地名と人名が同じアクセントパターンになっている。したがって、仮説1は（3）のような例によって反証されることになる。

　さて、（1）〜（3）の例で、「市／氏」を除いて発音するとどうなるだろうか。「市／氏」がなければ、地名と人名が同じアクセントであるのは、1.1節で見た通りである。この、「市／氏」を除いた発音と、（1）〜（3）の発音とを比較すると、「市」と「氏」が異なる働きをしていることに気づくのではないだろうか。「市」がつくと（1）（2）のように固有名の部分のアクセントに変化が起こる場合があるが、「氏」はあってもなくても固有名部分に変化はない。これを踏まえると、以下のような仮説2を立てることができる。

【仮説2】

　　（a）「市」のついた語は、固有名自体がどのようなアクセントであっても、「市」で下がる（語末が HL となる）。

　　（b）「氏」は固有名のアクセントに変化を起こさずに後続する。ただし、

[2)]　**モーラ**（mora）（あるいは拍）は、**音節**（syllable）よりも小さな音の単位で、ほぼカナ1文字が（「ッ」で表記される促音や「ン」で表記される撥音も含めて）1モーラと考えて良い。ただし、拗音（「チャ、キャ」など）は2文字で1モーラである。モーラという単位は、たとえば俳句の五・七・五のリズムをとるときなどに用いられることから、母語話者の文法知識に含まれていると考えられる。

　固有名が H で終わる場合、「氏」は L となる。

　1.1 節で見たように、「市／氏」だけでなく、「山／さん」でも類似のパターンが観察される。地名では「市、山」以外に「県、町」などをつけた場合、また、人名に敬称として「先生、教授」などをつけた場合も、同じパターンになるようである。そうだとすれば、仮説 2 はさらに一般化できるかもしれない。これまで見た例に、これらをつけて発音してみよう。なお、「福知山県」など実際には存在しない組み合わせがあっても、発音の仕方は東京方言の話者であれば判断できるはずである。このことからも、個々の発音を覚えているのではなく、何らかの規則が働いていることが示唆される。

　この章の目的は、仮説を立てて検証するというプロセスを体験してもらうことにある。ここまで、どのような観察データ（例）から仮説 1 が立てられ、どのようなデータによってそれが反証されるか、見てきた。さらに、反証されたことを踏まえて、別の仮説 2 を立てて考えてみた。実際の検証は、こうした作業の繰り返しである。

　仮説が反証されるということは、その仮説が正しくない、あるいは不十分であると示されるということであり、もちろん仮説を立てる側は反証されないことを望んでいる。にもかかわらず、科学的な検証においては、仮説は**反証可能**（falsifiable）でなければならない。どういうことか、次の項で考えてみよう。

◔ 2.1.2　反証可能性とは─カバの子どもは子ガバ？─

　2 つの語をつないでできる語（たとえば、「鳥」+「かご」で「鳥かご」など）を**複合語**（compound）と呼ぶ。「箸箱（はし<u>ば</u>こ）」のように、複合語の第二要素の語頭子音が濁音に変化する現象があり、**連濁**と呼ばれる（この項では、連濁によって濁音に変化した箇所を下線で示す）。第 5 章で詳しく扱うが、和語を第二要素とする複合語では、かなり広く観察される現象である（「歯車（は<u>ぐ</u>るま）、青空（あお<u>ぞ</u>ら）」など）。

> **【Q】** 親のカラスは「親<u>ガ</u>ラス」、子どものカエルは「子<u>ガ</u>エル」となるが、親のクジラを「*親<u>グ</u>ジラ」、子どものカバを「*子<u>ガ</u>バ」と言えないのはなぜか[3]。

---

[3]　本書では、文法違反のために容認されない例の冒頭に「*」を付すことにする。第 1 章の脚注 1 で

「親」+「クジラ」、「子」+「カバ」で連濁が起こらないのはなぜだろうか。仮説を立ててみてほしい。

【仮説1】 濁音の連続になる場合、連濁は起こらない。

【仮説2】 不快な発音になる場合、連濁は起こらない。

この2つの仮説が立てられた場合、それぞれどのようなデータが見つかれば反証されることになるだろうか。仮説1は、濁音の連続になるにもかかわらず連濁が起こる例があれば、反証される。実際、たとえば、「ウサギ小屋（うさぎごや）、筆箱（ふでばこ）」など、仮説1の反例は比較的多数が見つかる。

では、仮説2に対して、「ウサギ小屋」や「筆箱」は反例になるだろうか。何を「不快な発音」とするかが明示されない限り、判断できない。濁音の連続を不快だと感じる人は多いかもしれないが、もし「不快な発音」を濁音の連続と定義するなら、仮説2は仮説1と同等である。しかし、そのような定義が与えられなければ、どのような例を見つければ反証できるのか、わからない。「ふでばこ」は「*子ガバ」同様に不快な発音を含むから反例だ、と主張したときに、仮説を擁護する側が「*子ガバ」は不快であるが「ふでばこ」は不快ではないと主張したら、どのように反論すれば良いのか。あるいは、仮説に反対する側が、「*子ガバ」同様に「子ガエル」も不快であると思うと言ったら、仮説を擁護する側は何を根拠に反論すれば良いのか。このように、何が反例となるのか客観的に決めることができない仮説は、反証することができない。

すなわち、反証可能な仮説とは、どのようなデータが実際に観察されれば反証となるのかを、客観的な形で提示できる仮説を言う。仮説は、反証可能な形で提示されなければ、科学的な検証に耐えない。そして、反証可能でありながら、実際には反例となる例が存在しない、と示すことができれば、その仮説が正しいと議論することができるのである[4]。

さて、仮説1は反証可能であり、その意味で仮説として成立するが、「ウサギ小屋、筆箱」のような例が反例となることがわかった。一方、仮説2は反証

見たように、本書では「文法」を広い意味で用いるので、意味違反の文なども「*」でマークすることとする。

[4]　実際には何かが存在しないということは証明できないが（悪魔の証明とも言われるが、何千羽ものハクチョウがすべて白いと示したとしても、次の1羽が黒くないという保証はどこにもないのである）、言語学では、反例にあたる例が容認されないことを示すという方法をとることが多い。

不可能なので仮説として認められない。では、連濁はどう説明すれば良いのか。この問題は第5章で再び取り上げるので、それまでに、仮説1の反例の存在を踏まえて、代案となる新しい仮説を考えておいてほしい。(2.1.1項でも見たように、仮説に対して反例が提示されたら、その反例を踏まえて、仮説を修正したり新しい仮説を立てたりするのが、仮説検証の手順である。)

2.2　仮説を検証する ―「水が蒸発をする」と言えないのはなぜ？―

2.2.1　仮説の予測とは

【Q】「委員長が報告する」と「水が蒸発する」は同じ構造をもつように見えるが、「委員長が報告を(急いで)する」が問題なく容認できるのに対して「*水が蒸発を(ゆっくり)する」は容認されない。「を」の可/不可はどのような要因で決まると考えられるか(この節では「動名詞[5] ＋を＋(副詞)＋する」が可能かどうかを、短く「「を」が可/不可」と書くことにする)。

1つずつの例ではわからないので、類例を探してみよう。(「急いで、ゆっくり」などの副詞を挿入しているのは、その方が「を」の可/不可の判断がしやすいと思われるからである。)他の例も自分で考えてみてほしい。

(4) a. 学生が発表を(慌てて)した。　　b. 医師が診察を(丁寧に)した。
(5) a. *土砂が流出を(ゆっくり)した。　b. *気温が上昇を(突然)した。

どのような仮説が立てられるだろうか。これまでに見たデータから考えると、次のような仮説を立てることができる。同一の現象を説明するために立てられる異なる仮説を対立仮説と言う。

【仮説1】　主語が生物であれば「を」が可、生物でなければ不可。
【仮説2】　主語が意図的に行為を行う主体である場合(＝意図性がある場合)に「を」が可、意図性がない場合は不可。
【仮説3】　動名詞が他動詞であれば「を」が可、他動詞でなければ不可。

---

[5] 日本語の「〜する」の「〜」にあたる要素を**動名詞**(verbal noun)と呼ぶ(影山 1993 など参照)。(英語の -ing 形の「動名詞(gerund)」とは異なるので注意されたい。)

これまでに見たデータのセット（【Q】および（4）（5））の範囲では、3つの仮説いずれも正しいように見える。生物であることと意図性をもつことをどう区別するかは後述するが、「報告、発表、診察」は生物主語が意図的に行う行為であるのに対し、「蒸発、流出、上昇」は無生物主語をとっている（無生物は、当然、意図性はもたない）。「結果を報告する、新製品を発表する、患者を診察する」のような他動詞表現が可能であるのに対し、「蒸発、流出、上昇」はそのような他動詞表現はできない。

つまり、ここまでのデータでは、3つの仮説のどれが正しいのか、判断することはできない。これまでの例はすべて、表2.1に示すように、主語が意図性をもつ生物の場合は動名詞が他動詞であり、主語が意図性のない無生物の場合は動名詞が自動詞であったため、いずれの仮説も「を」の可／不可について正しい**予測**（prediction）ができていたからである。

表 2.1　対立仮説が同じ予測をする場合（「を」の可／不可についての予測）

	報告・発表・診察	蒸発・流出・上昇
仮説 1：生物主語であれば可	可	不可
仮説 2：意図性があれば可	可	不可
仮説 3：他動詞であれば可	可	不可

このような場合、より広範囲のデータを観察することによって、対立仮説のうちのどれが正しいのかを見極めていく作業が必要になるが、やみくもに広くデータを観察するわけではない。対立する仮説が異なる予測をする部分に焦点を当ててデータを探すことになる。

まず、主語の性質を軸とする仮説1、2と動名詞の性質に着目する仮説3とが、どのような点で異なる予測をするか、考えてみよう。

【Q】仮説1、2と仮説3のどちらが正しいかを見分けるためにはどのような例を考察すれば良いか。具体的な例を挙げてみよう。

主語が意図性のある生物で自動詞の例、逆に主語が無生物で他動詞の例を探せば良いはずである。実は、主語の意図性と他動性にはある程度関連があるので、このような例は（4）や（5）の類例よりは見つかりにくい（だからこそ、1〜3の仮説がいずれも立てやすかったのである）。それでも以下のような例が見つかる。

(6) a. 選手が跳躍を（思い切り）した。　b. 海女が潜水を（ゆっくり）した。
　　cf. *跳び箱を跳躍する　　　　　　　　cf. *海を潜水する
(7) a. *波が浸食を（ゆっくり）した。　　b. *水面が反射を（急に）した。
　　cf. 海岸線を浸食する　　　　　　　　　cf. 光を反射する

「跳躍、潜水」は意図性をもつ生物主語をとり、(6) に示すように「を」のある用法が可能であるが、cf. にある通り他動詞用法はもたない。一方、「浸食、反射」は無生物主語をとり、(7) に示すように「を」のある用法を許さないが、cf. にある通り他動詞用法は可能である。これらの例から仮説 3 は反証される。

　では、仮説 1 と仮説 2 をどのような例を用いて比較したら良いだろうか。まず注意すべき点は、生物かどうかを決めるのは名詞であるが、意図性があるかどうかを決めるのは述語（動名詞）であるということである。たとえば、「学生」や「会社員」はどのような文に現れても生物を指す。しかし、「学生」や「会社員」が意図性をもつかどうかは、(8)(9) に示すように動名詞によって異なる。ここでは、「いやいや」という副詞や「〜しようとする」を加えることによって意図性のテストをしている。((8a)(9a) は自動詞、(8b)(9b) は他動詞の例である。)

(8) a. 学生が大学でいやいや努力した。／学生が大学で努力しようとした。
　　b. 会社員がいやいや業績を報告した。／会社員が業績を報告しようとした。
(9) a. *学生が大学でいやいや落胆した。／*学生が大学で落胆しようとした。
　　b. *会社員がいやいや力不足を痛感した。／
　　　 *会社員が力不足を痛感しようとした。

「いやいや」や「〜しようとする」を用いたテストは、意図的に落胆したり痛感したりはできないという直感と整合すると言えるだろう。

　では、(8)(9) のような動名詞に「を」を付加できるかどうかを観察するとどうなるだろうか。

(10) a. 学生が大学で努力を（一生懸命）した。
　　 b. 会社員が業績の報告を（丁寧に）した。
(11) a. *学生が大学で落胆を（急に）した。
　　 b. *会社員が力不足の痛感を（突然）した。

(10) と (11) では明確に容認度の差が感じられるのではないだろうか。(11)

表2.2　対立仮説の検証（「を」の可／不可についての予測と、事実観察）

動名詞のタイプ	生・意・他	生・意・自	生・非意・他	生・非意・自	無生・非意・他	無生・非意・自
動名詞の例（例文番号）	発表・診察・報告 (4)(10b)	跳躍・潜水・努力 (6)(10a)	痛感 (11b)	落胆 (11a)	浸食・反射 (7)	流出・上昇 (5)
仮説1（生物主語）の予測	可	可	可		不可	不可
仮説2（意図性）の予測	可	可	不可		不可	不可
仮説3（他動詞性）の予測	可	不可	可	不可	可	不可
事実観察:「を」の可／不可	可	可	不可		不可	不可

動名詞のタイプ：生＝生物主語、無生＝無生物主語；意＝意図性あり、非意＝意図性なし；他＝他動詞、自＝自動詞。

の例は、主語が生物であっても意図性がなければ、「を」を用いた用法は許されないということを示している。したがって、仮説1は反証され、仮説2が正しいように思われる。

　この項の検証の結果を表にまとめると表2.2のようになる。表2.2の、各仮説の行は、それぞれの仮説が、「を」の可／不可についてどのような予測をするかを示し、最後の行は事実観察の結果を示している。無生物が意図性をもつことはないので、「無生・意」という組み合わせの動名詞はなく、したがって、論理的な可能性8通りのうち6通りのタイプの動名詞について、仮説を検証したことになる。グレーの網掛けにした部分は、当該の仮説が事実を正しく予測できていない（事実観察と食い違っている）。この表から、「を」の可／不可を決める要因としては仮説2の主語の意図性の有無が正しいようである、ということが読み取れる。

　このような仮説の検証では、それぞれの仮説が何を予測するか、ということが重要であるということに注意したい。実際に「を」が可能であるか否か（最終行の事実観察）と一致した正しい予測をしているのが仮説2であるということになる。

2.2.2　必要条件と十分条件

　さて、2.2.1 項では、それぞれの仮説が「を」が可能であるための必要十分条件であるとして提示したが、それぞれの仮説の「反例」がどういう意味で反例になるのか、もう少し検討してみよう。まず、必要条件、十分条件とは何か、確認しておきたい。「A であれば B である」が正しいときに、A は B であるための十分条件、B は A であるための必要条件である。たとえば、A＝偶数、B＝整数、と考えるとわかりやすい。偶数であることは整数であるための十分条件であり（偶数なら必ず整数である）、必要条件ではない（奇数も整数なので、整数であるために偶数である必要はない）。

　2.2.1 項で却下された仮説 3 について、考えてみよう。仮説 3 を再掲する。

【仮説 3】　動名詞が他動詞であれば「を」が可、他動詞でなければ不可。

この仮説の述べ方では、「を」が可能となるための条件として、動名詞が他動詞であることが十分条件であることを前半が規定し、必要条件であることを後半が規定している。2.2.1 項で見た仮説 3 への反例は、(6) の「跳躍、潜水」と (7) の「浸食、反射」であった。(6) は他動詞ではないにもかかわらず「を」が可能なので、必要条件としての仮説 3（後半）の反例であり、(7) は他動詞であるにもかかわらず「を」が不可能なので十分条件としての仮説 3（前半）への反例ということになる。すなわち、「動名詞が他動詞であること」という条件は、「を」が可能であるための必要条件としても十分条件としても成立しない、ということになる。

　では、仮説 1 はどうだろうか。

【仮説 1】　主語が生物であれば「を」が可、生物でなければ不可。

仮説 1 の反例は、(11) の「落胆、痛感」であった。これは、生物主語ではあるけれども「を」が不可能なので、仮説 1 の前半で述べられている十分条件としての規定に対する反例である。これに対して、必要条件としての仮説 1 には、2.2.1 項の議論では反例（無生物主語でありながら「を」が可能な例）は挙げられていない（すでに見たように、生物でなければ意図性もないので、もしこの反例があれば、仮説 2 に対する反例にもなるはずである）。

　そして、2.2.1 項でこれが正しいであろうと結論した仮説 2 には、必要条件としても十分条件としても、2.2.1 項の議論では反例は挙げられていないので、

これまでのデータセットで見る限り、必要十分条件として成立していると言って良い。

　仮説を立てて検証する際には、その仮説をどのような条件として規定しているのか、また反例を提示する際にはどのような条件に対する反例であるのか、注意する必要がある。

2.3　通言語的な仮説—主要部の位置—

　ここまで、日本語の言語現象を例に挙げて、仮説を検証する手順を見てきた。言語学は、話者が自分の母語について無意識のうちにもっている文法規則の体系を明らかにする試みだと述べたが、それだけでは言語間でどのような共通の性質や相違があるか、といったことが射程に入ってこない。しかし、世界で用いられている数多くの言語に何か**普遍的**（universal）な性質があるのか、またどのような**多様性**（diversity）が存在するのかを考察することも、言語学の重要な課題であり、異なる言語を研究対象とする通言語的な研究が大きな成果をあげている。この節ではそのような考察を可能にする仮説の一例を見ておきたい。

2.3.1　語 順 の 謎

　日本語と英語では語順が異なる。日本語は主語（S）-目的語（O）-動詞（V）となる S-O-V 語順の言語であるが、英語や中国語は S-V-O 語順の言語である。このほか、ドイツ語のように、主文と従属文とで語順が異なるような言語もある（主文では動詞が 2 番目の位置を占めるが、従属文では文末に動詞が現れる）。興味深いのは、この語順の違いが、動詞と目的語の語順に限られないということである。

【Q】以下のような日英語の表現に見られる語順の違いには、どのような規則性があるだろうか。

(12)	a. write a letter	b. 手紙を書く
(13)	a. familiar with classical music	b. クラシックに詳しい
(14)	a. announcement of a meeting	b. 会議の知らせ
(15)	a. from the roof	b. 屋根から

このように並べてみると、英語と日本語の語順は基本的に鏡像関係になっていることがわかる。主語まで含めて S-V-O と S-O-V と考えると日英語ともに S が最初にあって鏡像のようには見えないが、主語を除いて考えればきれいな鏡像である。それぞれの**句**（phrase）がどういう働きをするか、何がその働きの中心（**主要部**（head）と呼ぶ；(12)〜(15) では二重下線で表示）であるかを考えると、(12) は全体として動詞を中心とする述部（動詞句）であり、(13) は形容詞を中心とする述部（形容詞句）である。一方、(14) は全体として名詞の役割をする（主語になったり目的語になったりする）句（名詞句）でありその中心は名詞、(15) は全体で方向を示す句（前・後置詞句）であり、その中心は方向を明示する前・後置詞[6]である。そう考えると、基本的に英語では主要部が左側に、日本語では主要部が右側に現れていることがわかる。

　同様のことを他の言語についても検討した結果として、以下のような主要部の位置にかかわる通言語的な仮説が考えられる。

(16) 言語は、主要部が句の最初の位置に現れる**主要部前置型**（head-initial）か、句の最後の位置に現れる**主要部後置型**（head-final）かのいずれかである。

この仮説は、検証可能な形で (17) に示す予測をすることになる。

(17) 同一言語内では、語順は主要部の**統語カテゴリー**（syntactic category）（＝品詞）にかかわらず、同一（主要部前置あるいは主要部後置）である。

これは、非常に強い予測である。すなわち、同一言語内で主要部の位置が後ろに出たり前に出たりする現象があれば、反例となる。(12)〜(15) に見たように、英語や日本語は基本的にこの予測に合致する言語であり、英語は主要部前置型、日本語は主要部後置型と言えるが、英語では (18) に示すように、名詞句の中で関係節は主要部の後ろに現れるが形容詞は前に現れるのが一般的な語順である。日本語ではどちらも主要部の前に現れる。

(18) a. the book which I read yesterday　　b. an interesting book
(19) a. 私が昨日読んだ本　　　　　　　　　b. 面白い本

---

[6] 英語の前置詞に対応する日本語の「〜から、〜へ」などは名詞より後ろに現れるので後置詞と呼ばれる。

表 2.3 語順についての通言語的調査結果（Dryer 2013a, b, c に従って作成）

動詞・目的語と名詞・前後置詞			動詞・目的語と名詞・関係節			動詞・目的語と名詞・形容詞		
語順	該当言語数	合計に占める割合(%)	語順	該当言語数	合計に占める割合(%)	語順	該当言語数	合計に占める割合(%)
O-V, N-P	472	41.3	O-V, Rel-N	132	15.0	O-V, A-N	216	16.4
O-V, P-N	14	1.2	O-V, N-Rel	113	12.9	O-V, N-A	332	25.2
V-O, N-P	42	3.7	V-O, Rel-N	5	0.6	V-O, A-N	114	8.7
V-O, P-N	456	39.9	V-O, N-Rel	416	47.3	V-O, N-A	456	34.7
その他	158	13.8	その他	213	24.2	その他	198	15.0
計	1142		計	879		計	1316	

　このような修飾要素まで考慮に入れると、日本語は例外なく主要部後置型と考えることができるが、英語が主要部前置型であると考えると（18b）のような形容詞と名詞の語順が反例となってしまう[7]。

　英語の（18b）が例外的な現象とは言えないことが、動詞（V: verb）と目的語（O: object）の位置関係、前・後置詞（P: pre/postposition）と名詞（N: noun）の位置関係、名詞と形容詞（A: adjective）の位置関係、名詞と関係節（Rel: relative clause）の位置関係について、多くの言語を対象に調査を行った報告（Dryer 2013a, b, c）からも見てとることができる。表 2.3 は、その語順をとる言語の数と率を示しており、たとえば左の最上段は、目的語-動詞の語順、名詞-後置詞の語順をとる言語が 472 言語観察されており、その率は 41.3% であることを示している。

　表 2.3 の左の欄から、V-O 言語は前置詞を用いる（すなわち P が N より前に現れる）のに対して、O-V 言語は後置詞を用いる（P が N の後ろに現れる）という傾向が明確であることがわかる[8]。一方、表 2.3 の中央および右の欄に示した動詞と目的語の語順と、名詞と関係節や形容詞の語順の関係について見ると、V-O 言語であれば関係節は名詞に後続する傾向が強く、形容詞もある程度その傾向があると言え、これは（16）に合致する。これに対して、O-V 言語では関係節や形容詞が名詞に前置される語順も後続する語順もともに多数

---

[7] 英語ではこのほかにも主語が動詞より前に現れ、冠詞が名詞より前に現れるが、これらの扱いについてはここで立ち入ることはできないので保留としておく。興味のある読者は統語論の入門書を読んでほしい。

[8] この傾向は、30 の言語を調査した Greenberg（1963）によってすでに指摘されていた。

観察される。（日本語は（12）（15）（19）に示したように、O-V言語であり、P, Rel, AがいずれもNに後続する「例外のない主要部後置型」であるが、表2.3 で見れば、関係節や形容詞の語順についてはO-V言語の中で必ずしも多数派 とは言えないことがわかる。）そこで、主要部が要求する補部（目的語など； （12）〜（15）の例では点線の下線で表示）と主要部が要求するのではない修飾 要素（形容詞や関係節など）とを区別し、（16）を主要部と補部の語順に対す る一般化として捉える（20）のように修正するのが適切であると考えられる。

  （20）言語は、主要部が補部より前の位置に現れる主要部前置型か、補部より後の 位置に現れる主要部後置型かのいずれかである。

このように考えれば、英語が主要部前置型であるということに対して、（18b） は反例とはならないことになる。

  この修正を踏まえれば、表2.3のV-O/O-V語順と名詞・前後置詞の語順の 相関は、全体的な傾向として（17）のような予測が正しいことを示している。 しかし、一方で、割合は低いとは言え、（17）の予測にあてはまらない言語も ある。たとえば、ドイツ語は基本的にO-Vの語順[9]であるにもかかわらず前 置詞を用いることが知られており、（17）の予測に反する例となるので、（20） の仮説はそのままの形では完全には維持できない。しかし、単に（20）を放棄 するだけでは、全体的な傾向がなぜ（17）に沿う形であるのかの説明ができな くなってしまう。したがって、個々の言語の詳細を観察し、当該言語の基本語 順をどのように考えるか分析を進めると同時に、（20）の仮説をどのように修 正していけば良いのか検討を加えていく必要があることになる。

2.3.2 獲得装置としてのパラメータ

  さて、（20）のような仮説には、通言語的な傾向を捉えることができるだけ でなく、子どもの文法獲得の説明ができる可能性がある、という利点がある。 1.4節で紹介した子どもの言語獲得の特徴の中に、否定的証拠（ある文が容認 されないという情報）が使えない、ということがあった。そうだとすれば、子

---

[9] すでに述べたように、ドイツ語の主文は異なる語順をとるが、従属文の語順が基本語順であると考 えられている。

どもはどのように自分の言語の語順を学んでいくのであろうか。

　(20)のような言語間の相違と類似性を捉える考え方は**パラメータ**(parameter) と呼ばれる。言語に普遍的な「可能な文法」の枠組み（これを**普遍文法** (universal grammar) と呼ぶ）がある程度決まっており、その範囲内で言語 間の相違を捉えようとする考え方である。たとえば語順に関しては、(20) に あるように主要部前置型か、主要部後置型かのいずれかである、ということが あらかじめ決まっていると仮定する（言語間の共通点＝普遍性）。そうだとす れば、子どもの言語獲得は、周囲の話し手から与えられるインプットの発話か ら、自分の言語が主要部前置型であるのか、主要部後置型であるのかを確定す れば良い、ということになる（言語間の相違＝多様性）。これは、否定的証拠 がなくてもできるはずである。英語の普通の語順の文をたくさん聞いていれ ば、子どもたちは主要部前置の方にスイッチを入れる。一方、日本語の普通の 語順の文をたくさん聞く子どもたちは、主要部後置の方にスイッチを入れる。 つまり肯定的証拠（この文は容認される文であるという、実際に周囲の話し手 から与えられるインプット）だけを用いて文法を獲得することができることを 説明する仮説としてパラメータという考え方が機能していることになる。

　パラメータという考え方は、語順だけでなく、たとえば主語の省略が可能か 否かなど、様々な面での言語の共通点と相違点を捉える仕組みとして提案され てきている。

⋯⋯ まとめ ⋯⋯⋯⋯⋯⋯⋯⋯⋯⋯⋯⋯⋯⋯⋯⋯⋯⋯⋯⋯⋯⋯⋯⋯⋯⋯⋯

　この章では、仮説を立てて検証するという言語学の基本的な営みをミニ体験 してみた。体験を主眼としているので、例として提示した「仮説」がすべて正 しいというわけではないことを断っておきたい。反証可能な仮説を立てるとは どういうことか、対立仮説がある場合にどのように検証を行っていくか、その 手順を示すための模擬仮説と考えてほしい。2.3節も、言語の普遍性と多様性 をどう捉えるかという大きな問題について、1つの考え方を紹介するための体 験版である。

　仮説の検証は、データの観察から仮説を立て、その仮説の予測するところに 従って新たなデータを確認するという作業の繰り返しである。仮説を立てるこ とによって、漫然とデータを集めているだけでは見えてこない言語事実が見え

てくる。本書全体を通して、その楽しさを体験してもらいたい。

● ● ● さらに学びたい人へ ● ● ●

大津由紀雄ほか（監修）（2022）『言語研究の世界—生成文法からのアプローチ』研究社
→ 初学者向けの言語学入門書。2.3 節が少し舌足らずだったパラメータの考え方についてわかりやすい説明がある。

Larson, R. K.（2010）*Grammar as Science*, MIT Press.
→ 統語論の入門書であるが、仮説を立てて検証するというのはどういうことか、くどいくらいの手ほどきをしてくれる。

Green, G. M. and J. L. Morgan（2001）*Practical Guide to Syntactic Analysis*（2nd edition）, CSLI.（中澤恒子・伊藤たかね（訳）（2006）『言語分析の技法—統語論を学ぶ人のために』東京大学出版会）
→ 統語論を学んだことがないと少し難しいかもしれないが、他の入門書にはない議論構築（仮説検証に基づく議論の立て方）にかかわる説明がわかりやすく、面白い。

3 心と脳の働きを調べる
―実験研究のための手法―

この章では言語にかかわる実験研究で用いられるいくつかの手法を紹介し、あわせて、それらの手法を用いた実験をいくつか取り上げる。第4章以降でもこれらの手法を用いた実験例を紹介していくので、個々の道具立ての説明は、後の章を読むときに、必要に応じて読み直してほしい。

　第1章で、私たちが母語を「操って」いるとき、すなわち文などを読んだり聞いたりして理解したり、産出したりしているときに、頭の中で何が起こっているのか、ということを考えた。このような言語の理解や産出を**言語処理**（language processing）と呼ぶ。言語処理にかかわる「頭の中」の働きを、さらに「心の働き」と「脳の働き」に分けて考えてみよう。心と脳の関係については様々な議論があるが、ここではその問題には立ち入らず、記憶や計算処理といった（脳の働きによって生まれると考えられる）心の機能と、脳の構造や脳波・血流などで捉える脳の働きとに、便宜的に分けて考えてみたい。

　この章では、心の働きと脳の働きを調べる手法を簡単に紹介する。計測機器の発達とともに様々な実験手法が用いられるようになっており、すべてを網羅的に概観することはできないので、本書の他の章で紹介する各種実験結果を理解するために必要な道具立てにしぼって紹介することとする。

3.1　心の働きを調べる

3.1.1　単語処理の反応時間―頻度効果、プライミング効果など―

　言語の処理過程を明らかにするために、様々な形で**反応時間**（reaction time）を計測する実験が行われる。単語レベルの処理でよく用いられるのが、呈示された刺激がその言語の単語であるか否かを判断する**語彙性判断**（lexical decision）の課題である。単語と非単語（その言語の音声や綴りとしてありうるけれども実際には語ではない刺激、たとえば英語で smill, noke など）とが混在する刺激のリストを作り、1つずつ呈示して語であるか否かをボタン押し

で回答してもらい、刺激が呈示されてからボタンを押すまでの時間を計測する。語であると判断するのにかかる反応時間は、（他の影響要因がない場合）当該の語の頻度に依存する（すなわち、**頻度効果**（frequency effect）がある）ことが知られている。話者は母語の語彙についての知識をもっており、この語彙にかかわる知識の総体を**レキシコン**（lexicon）と呼ぶが、レキシコンにおける検索が、頻度が高い語ほど容易であり、そのため反応時間が短くなると考えられる。

　この頻度効果は、レキシコンの検索の容易さによって生じるものなので、頻度効果があることはレキシコンに記憶されていることの証拠になると考えられている。第6章、第7章で見るように、複数の要素から成る語の処理においては、語全体がレキシコンに記憶されているのか、要素を組み合わせる計算処理をしているのか、が大きな問題となる。英語の屈折を例にとれば、walked という語全体を（walk とは別に）記憶しているのか、それとも walk に -ed を付加する計算処理をしているのか、という問題である。この問いに答えを出すには、**語幹**（stem：語から屈折**接尾辞**（suffix）を除いた部分）の頻度（walk の例で言えば、walking, walks, walked などの活用形を含めて walk という語幹が現れる頻度）が同じで、活用形（たとえば、-ed 形）の頻度が異なる語について、活用形の頻度が反応時間に影響を与えるか否かを観察すれば良い[1]。活用形の頻度が高い語の方が反応時間が短いことがわかれば、活用形が記憶されていることが示唆される。規則活用の活用形（-s を付加した名詞複数形、-ed, -s, -ing を付加した動詞活用形など）の頻度効果を調べた実験（Alegre and Gordon 1999）では、活用形の頻度が一定よりも高い場合には活用形の頻度効果が見られるのに対して、活用形の頻度が低い語においては頻度効果が見られないことが明らかになっている。すなわち、規則活用であっても活用形の頻度の高い語は活用形が記憶されているが、頻度の低い活用形は記憶されず、-s, -ed, -ing などの接尾辞付加の計算処理が行われていることが示唆される（第6章参照）。

　単語処理の反応時間を用いた実験手法として、プライミングがよく用いられ

---

[1]　たとえば、depend と arrive は語幹の頻度はほぼ同じであるが、-ed 形の頻度は arrive の方がずっと高い、というように、語幹頻度が同等で活用形の頻度が異なる例を用いる。

る。直前に見たり聞いたりした刺激（プライム）を処理することによって、その後に与えられる刺激（ターゲット）の処理時間が影響を受けることが知られており、これを**プライミング効果**（priming effect）と呼ぶ。たとえば、プライムとして「病院」を見た後でターゲット「看護師」を見た場合の語彙性判断における「看護師」に対する反応時間は、プライムが「電車」であった場合よりも短くなる。プライムを処理する際に、その語に意味的に関連する他の語（「病院」であれば「医師、看護師、患者」など）が作るネットワークが心の中で自動的に想起されており、次に処理するターゲットがその想起されたネットワークに含まれていれば、処理時間が短くなると考えられる。このようなプライミングは意味関係に依存するので、意味的プライミングと呼ばれる。意味以外に、音韻的な関連、綴りの関連、形態上の関連などのプライミング効果が調べられている。

【実験】　多義語の複数の意味は、文脈に合わなくても一度は想起される（Swinney 1979）

　2つの異なる意味をもつ語が、文脈によって一方の意味が強く好まれる場合に、どのように処理されているかを、プライミングの手法で調べた。プライムとなる多義語を含む文を音声で聞きながら、スクリーン上に文字で現れるターゲット語の語彙性判断を行った[2]。たとえば、bug という語には「虫」の意味と「盗聴用マイク」の意味があるが、（1）のようにどちらか1つ（この場合は「虫」）の意味解釈を優先するような文脈を用いた場合の結果を紹介する。

　（1）The man was not surprised when he found several spiders, roaches, and other <u>bugs</u> in the corner of his room.

文中の bugs をプライムとし、3種類のターゲット（「虫」の意味と関連する ANT、「盗聴用マイク」の意味と関連する SPY、無関係の SEW）を用いる。ターゲットが呈示される位置として、bugs を聞いた直後と、bugs の3音節後という2つの場合を設定している。

　文脈に合う意味を選んでいれば、ANT のみにプライミング効果が見られ（つまり SEW よりも反応時間が短くなり）、SPY の方にはプライミング効果がないことが予測される。一方、文脈の影響を受けずに語の両方の意味が想起されるなら、ANT にも SPY にもプライミング効果が見られることが予測される。

　結果を表3.1に示す。プライムの直後では、ANT も SPY も SEW に比較して反

表 3.1　プライムの直後・3 音節後のターゲットに対する反応時間（ミリ秒(ms)）
（Swinney 1979 に従って作成）

ターゲット 呈示位置	ターゲットの種類		
	文脈適合 (ANT)	文脈不適合 (SPY)	無関係 (SEW)
プライムの直後	708	715	746
プライムの 3 音節後	795	849	848

応時間が短く、プライミング効果があるのに対して、3 音節後では、ANT のみの反応時間が短く、SPY にはプライミング効果が見られない。語を聞いた瞬間には文脈情報に依存せずに両方の意味を想起しているが、3 音節（約 750〜1000 ms）のうちに文脈に合う意味だけを残して他の意味は「捨てて」いると理解できる。

　上記の【実験】のように、文を処理する実際の時間軸に沿って処理過程を調べようとする実験を**オンライン**（online）実験と呼び、文を読んだ後で容認性を判断するような**オフライン**（offline）の実験と区別される。

3.1.2　文処理の反応時間—自己ペース読文、眼球運動計測—

　文処理の過程を調べるオンライン実験手法として**自己ペース読文法**（self-paced reading）がよく用いられる。文頭から語句が 1 つずつスクリーン上に順々に呈示されるが、次の語句を呈示するタイミングを、（スペースバーを押すなどの動作で）文を読む実験協力者本人が決めるので「自己ペース」と呼ばれる。文を理解しながらなるべく速く読んでください、という指示の下、各語句が呈示されてから次の語句を出すまでの時間（これが、当該の語句を読むのにかかった時間を反映すると考えられる（ただし脚注 5 参照））を計測する[3]。文処理上で困難があるとその箇所の読み時間が長くなると考えられ、処理過程でどこに困難が生じたかを調べることができる。この手法は大掛かりな装置が不要であることが大きな利点であるが、（実際の読解でしばしば生じる）戻り読みのプロセスを把握できない、語句の区切りが決められていて 1 つずつ順に呈示される点で自然な読解過程とは異なる、といった短所もある。

---

[3] 読み終わった語句をスクリーン上に残す（スクリーン上の呈示がだんだん長くなっていく）方法や、次の語句が現れると前の語句が消えてスクリーン上には常に 1 つの語句だけを呈示する方法がある。https://www.psytoolkit.org/experiment-library/pacedreading1.html#_introduction でデモンストレーションが見られる。

【実験】　動詞のもつ情報が後続要素の処理を決める（Trueswell et al. 1993）

　動詞は、たとえば kick であれば目的語をとるなど、どのような要素（**項**（argument）と呼ばれる）と共起するかの情報をもっている（第8章参照）。この論文では、名詞句（目的語）と that 節のどちらとより共起しやすいか、という点で異なる2種類の動詞を区別し、この種類別によって動詞の後に現れる名詞句の処理の仕方が異なることを示すいくつかの実験を行っているが、ここでは自己ペース読文実験の一部を紹介する。まず、「主語＋動詞」のみを与えて後続部分を埋めて文を完成させる課題で、名詞句が節よりも多く書かれた名詞句選好動詞（accept, confirm, forget など）と、逆に名詞句よりも節が多く書かれた節選好動詞（claim, hope, insist など）とに動詞を分類している。ここでは、名詞句選好動詞を含む（2）のような文の処理に着目したい。

（2）a. The student forgot the solution was in the back of the book.
　　　b. The student forgot that the solution was in the back of the book.

（2）の2文の相違は that の有無のみである。文頭から順に単語ごとに区切って呈示されるので（2a）では、動詞の直後に the solution という名詞句が現れた段階で、その名詞句が forgot の目的語であるのか、forgot がとる節の主語であるのか、両方の可能性がある。さらに読み進んで was が現れた時点で、節の主語であることが確定する。一方、（2b）では動詞の直後の that を読んだ段階で節であることが確定する。主文動詞と（that を除いた）後続4語の読み時間を図3.1に示す（グラフに示されている「節選好」は、（2）の動詞を hoped などの節選好動詞に入れ替えた刺激に対する読み時間である）。

　（2a）のような that のない名詞句選好動詞の条件において、節であることが確定する was の直後の in の読み時間が、他の条件よりも有意に長くなっている点が重要で [4]、ここに was を処理する際の負荷が反映されていると考えられる [5]。（2a）では、the solution という名詞句を読んだ時点で forgot の目的語と解釈している

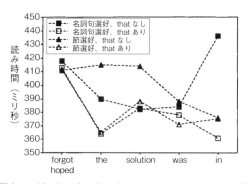

図3.1　語ごとの読み時間（Trueswell et al. 1993 より改変）

ために、was が現れた時点でその解釈を変更しなければならず、その負荷が生じているると考えられる。節選好動詞（hoped の例）ではそのような解釈変更の負荷が観察されていないことに注意したい。動詞直後の名詞句を見た段階で、その名詞句をどちらの解釈にするかを、読み手は動詞の選好タイプによって決めていると考えられる。

　この結果から、平たく言うと、人間の言語処理はかなり「せっかち」だと言って良いと考えられる。文法的には、the solution の後ろに動詞が出るか、そこで文が終わるかによって解釈が決定するので、そこまで待てば間違いのない解釈ができる。しかし、そこまで待たずに、とりあえず可能性の高そうな解釈を一旦採用していることを示唆する結果である。

　自己ペース読文のほかに、次の項で紹介する眼球運動計測も読み時間の計測によく用いられる。文の中のどの語句にどのくらいの長さ視線が留まっていたかを計測できる。文全体をスクリーンに呈示できるため、自己ペース読文法よりも自然な文処理過程を調べることができ、視線が左（文頭）から右（文末）に向かって動くだけでなく、一旦通過した後で左に戻る戻り読みも把握できるという利点がある。【実験】で紹介した論文（Trueswell et al. 1993）では、眼球運動計測の実験も行い、上述の自己ペース読文実験の結果を補完している。

🌙 3.1.3　視覚世界パラダイム―眼球運動計測―

　3.1.2 項で動詞のもつ情報が動詞に後続する要素の処理を決める要因になることを見たが、日本語のように動詞が文末に現れる言語ではどうなるだろうか。

【Q】（3）の下線部に好きな表現（長さは自由）を入れて文を完成させてみよう（これが 3.1.2 項の【実験】（Trueswell et al. 1993）でも用いられていた文完成の課題である）。

　（3）a. ウェイトレスが客に＿＿。　　b. ウェイトレスが客を＿＿。

どのような表現が入りやすいか、いろいろな可能性を考えてから読み進めてほ

---

4)　in 以外に、the solution の部分の読み時間にも差があり、これをどう解釈するかについていくつかの可能性が論じられているが、この欄の本題にかかわらないのでここでは省略する。

5)　ある程度速いペースで読んでいる場合、処理上の負荷が 1〜2 語遅れて読み時間に反映されることも多い。**遅延効果**（spill-over effect）と呼ばれる。

しい。

【実験】　**動詞を見る以前に、動詞の共起要素が予測されている**
（Kamide et al. 2003）

　この論文では、文の内容に関係する現実世界の事物などを描いた画像を見ながら文を聞いてもらい、眼球運動計測によってどこに視線が集まるかを調べる**視覚世界パラダイム**（visual world paradigm）と呼ばれるオンライン文処理実験を行った。ここでは日本語文を用いた実験を紹介する。立っているウェイトレスとテーブルに座っている客がおり、カウンターに置かれたハンバーガーと床に置かれたゴミ箱がある室内を描いた画像を見ながら、以下のような文を聞いてもらい、視線が画像のどこに置かれるかを計測した。

　(4) a. ウェイトレスが客に楽しげにハンバーガーを運ぶ。
　　　 b. ウェイトレスが客を楽しげにからかう。

　「楽しげに」という副詞を聞いている間にハンバーガーの絵に視線が置かれた割合が、(4a) では38.1%だったのに対して (4b) では23.9%という相違が観察された。

　(4) において「楽しげに」を聞いている時点での2文の相違は「客」に付加されている助詞（「に」vs.「を」）だけである。どうしてこのような相違が出るのだろうか。(3) の文完成課題で、(3a) では、「話しかけた、挨拶した」などの動詞も考えられるだろうが、「料理を運んだ、メニューを渡した」など目的語＋動詞を思いつく割合が高かったのではないだろうか。そして、このとき、目的語として現れるのは、客が受け取ることが妥当と考えられるものであり、実験の画像の中ではハンバーガーがこれにあたる。これに対して、(3b) では、「出迎えた、送り出した」など動詞を埋める割合が高く、別の名詞句が現れるとすれば「テーブルに案内した」など客の移動先を表すような「名詞＋に」であろうが、実験の絵の中には妥当な移動先は描かれておらず、ハンバーガーは移動先ではありえない。文完成課題はオフラインで行われ、どういう続き方がありそうかじっくり考えることができるが、【実験】で紹介した結果は、同じような「続き方の予測」を、聞き手がオンラインで無意識のうちに行っていることを示唆している。

　目的語と共起するかどうかは動詞のもつ情報であるが（第8章参照）、動詞を聞く以前から目的語の出現が予測される可能性があることをこの実験結果は示している。

3.2　脳の働きを調べる

　脳の働きを調べる方法は、概略的に言って、脳の損傷や発達上の特徴によって、**失語**（aphasia）など言語処理に何らかの「困難」をもつ人の言語使用の特徴を手がかりにするものと、そのような困難を伴わない言語使用における脳機能を測定するものとに分けて考えることができる。（両者を組み合わせて、言語処理に困難のある人の脳機能を測定する研究も行われている。）

3.2.1　失語症状と脳機能の局在

　脳の機能について、たとえば言語は左脳で処理するというように、脳の特定の部位が特定の機能に関与するとみなす**脳機能の局在**（localization of brain function）という考え方に基づいた失語研究が多く行われている。言語中枢が左脳にあるという考え[6]はどのように検証されてきただろうか。

> 【Q】発話を司る中枢が左半球**ブローカ野**（Broca's area）周辺に局在するという考え方の基礎は、19世紀後半にポール・ブローカ（1824-1880）の実証的研究によって確立された。失語症患者についての研究から得られた知見であるが、脳損傷の部位を特定するのにCTやMRIなどが使えなかった時代に、どのようにしてこの結論を得たのだろうか。

脳は、左半球が右半身を、右半球が左半身を、それぞれ制御している。脳の一部に出血や梗塞による損傷が生じた場合、損傷がどちらの半球にあるかによって、右半身または左半身のいずれかに麻痺などが生じることが多い。そして、失語症状を示す脳損傷患者は、右半身に麻痺がある例がほとんどであるという観察は古くからあったが、その観察を言語機能の局在という考え方に結びつけ、実証的検証を行ったのがブローカであった。患者の失語症状を記録し、その患者が亡くなった後に解剖を行って病巣をつきとめるという形で、発話に著しい困難のあった患者の病巣が、左半球前頭葉の、現在ではブローカの名にちなんでブローカ野と呼ばれる部位にあったことを明らかにしたのである。その

---

[6]　言語処理において左右どちらの半球が優位かは、利き手と関係することが知られている。右利きの人の96%で言語処理は左半球優位であるが、左利きの人では左半球優位であるのは70%程度であるという（酒井 2002）。

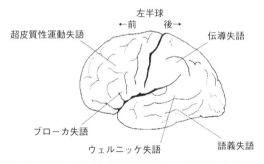

図 3.2　失語のタイプと責任病巣（伊藤・杉岡 2002 より改変）

　後、カール・ウェルニッケ（1848-1905）が、発話が流暢でありながら言語の意味解釈に困難を示すタイプの失語症患者が左半球側頭葉の**ウェルニッケ野**（Wernicke's area）に損傷があることを示すなど、異なる失語症状のタイプが、異なる部位の病巣と関連付けられることが明らかにされてきた。図 3.2 に、いくつかの失語症状と脳部位の関連を示す[7]。

　ブローカ失語は、左半球前頭葉ブローカ野周辺に損傷がある場合に起こりやすいとされる症状で、これまで多くの研究がなされてきた。発話が困難であり、発話できる場合もつかえながら時間をかけて話す。他の人のことばを理解できるように見えるが、この理解は、名詞や動詞などの語の意味に依存しており、文法構造を介さないものであることを示唆する種々の実験結果が報告されている。たとえば、同じ受身文でも「りんごが男の子に食べられた」のような、りんごと男の子の、どちらがどちらを食べたのか、語の意味と常識で判断できるような文については正しく理解できるが、「男の子が女の子に押された」のようにどちらがどちらを押したのか常識では判断できない場合、理解が困難になることがわかっている。発話に見られる典型的な特徴としては、英語では動詞や名詞の屈折接尾辞（過去を表す -ed、3 人称単数現在の -s や名詞の複数を表す -s など）の脱落や、冠詞などのいわゆる機能語の脱落や誤用、日本語では格助詞（「が、を、に」など）の脱落や誤用が観察される。このように、

---

[7]　損傷部位と失語症状は例外なく一対一で対応するものではないので、図 3.2 はあくまで強い傾向として捉えられる一般化を示したものである。また、近年の脳機能計測を用いた研究では、脳内の言語処理にはブローカ野を含む言語野に加えて他の部位も含む複雑なネットワークが関与していることが明らかにされてきていることにも注意したい。

文法的に重要な役割を果たす機能語や受身などの統語構造の理解に困難があることから、ブローカ失語では文法にかかわる計算処理に問題が生じていると考えられ、**失文法失語**（agrammatism）と呼ばれることもある。

このほか、本書の議論で取り上げる失語症状に**語義失語**（gogi（word-meaning）aphasia）がある（7.2.3 項参照）。左中・下側頭回に萎縮による損傷のある患者に多く見られる症状で、難しい語や文字通りの意味とは異なるイディオムの理解に困難があり、イディオムの意味の説明を求められると、文字通りの解釈を行おうとすることが報告されている（たとえば、「食い倒れ」の意味を聞かれて「食べて倒れる……おかしなものを食べて倒れる」など（萩原1998））。語彙にかかわる記憶に何らかの問題があると考えられる。

3.2.2 二重乖離

このように脳に損傷のある部位と機能上の特徴とを関連付けて考察する際に、**二重乖離**（double dissociation）を示すという手法がよく用いられる。二重乖離とは、表 3.2（a）に示すような状況を言う。

2 つの機能 X と Y（たとえば、動詞の規則活用の処理と不規則活用の処理など）について、（b）のような状況（ある失語タイプの患者が、機能 X に問題はないが、機能 Y に困難がある）が観察される場合には、機能 Y の方が複雑な処理を含んでいる可能性がある。また、（c）のような状況（ある機能 X について、問題なく処理できるタイプの失語（A）と処理が困難なタイプの失語（B）がある）が観察される場合は、タイプ B の症状の方がタイプ A の症状よりも重篤である、という可能性がある。これらの観察だけでは、特定のタイプの失語に関連する脳部位が、特定の機能を司っていることを示す強い証拠にはなりにくい。これに対して、（a）のような状況が観察された場合には、2 つの機能の処理の複雑さや失語タイプの重篤さの相違という説明はできず、機能の分化があり、タイプ A の失語の責任病巣が機能 Y を、タイプ B の失語の責任

表 3.2 二重乖離：症状のタイプと失われる機能

(a)	症状タイプ A	症状タイプ B	(b)	症状タイプ A	(c)	症状タイプ A	症状タイプ B
機能 X	OK	NG	機能 X	OK	機能 X	OK	NG
機能 Y	NG	OK	機能 Y	NG			

病巣が機能 X を担っていることが強く示唆されるのである（英語の動詞活用に観察される二重乖離については 6.3.1 項参照）。

3.2.3　生得的な発達障害

特異性言語障害（SLI: specific language impairment）（福田 2014、van der Lely 2005）は、他の認知能力に問題がなく、言語能力に限って定型発達児と異なる特徴を示す発達障害である。主な特徴として、英語では屈折接尾辞（動詞活用の -ed や -s, -ing、名詞複数形の -s など）や冠詞、助動詞（進行や受身の be、否定や疑問の do など）の脱落、日本語では格助詞の脱落などがあり、これらの特徴はブローカ失語によく似ている。また、ブローカ失語同様に、「男の子が女の子に押された」のような受身文が理解できないことも報告されている。このような観察から、ブローカ失語と同じように文法にかかわる計算処理に問題があるのではないかと考えられる（6.3.1 項参照）。SLI 者・児ではブローカ野周辺の皮質の容量が少ないとする報告も多い。SLI は同一家系内で発生する頻度が高いこと、一卵性双生児の方が二卵性双生児に比較して二人とも SLI である率が高いことなどから、遺伝的な要因が関与する可能性が示唆されており、遺伝子レベルでの検討も進んでいる。

3.2.4　脳機能計測— ERP を中心に—

何らかの認知活動（本書の興味の対象としては言語処理）を行っているときの脳活動を捉える方法として、大きく分けて、脳活動によって生じる電位（脳波）や磁場を計測する方法と、脳内の血流動態を捉える方法とがある。

血流の測定は、ヘモグロビンによって運ばれた酸素が神経細胞の活動によって消費されるため、活動部位の血流量が増えることを利用し、特定の認知活動によって脳内のどの領域が活性化したかを捉えるもので、**機能的磁気共鳴画像法**（fMRI: functional magnetic resonance imaging）が代表的である。ミリメートル単位の高い空間分解能をもつことが利点で、活性化している領域を正確につきとめることができる。一方、神経活動から血流変化が捉えられるまでに数秒の遅れがあり、時間分解能の低さが弱点である。

事象関連電位（ERP: event-related potentials）計測では、脳の認知活動によって生じる電位を計測する（Kutas and Federmeier 2007, Leckey and Federmeier

2019)。脳が生きて活動している限り脳波が出現するが、特定の事象（たとえ
ば、言語処理を行う認知活動）に対応して生じる脳の電気活動を頭皮上に電極
を装着して計測するのが ERP である[8]。ERP は時間分解能が高く、数百ミリ
秒という短い時間で様々な過程の処理を行う言語処理の検討に適している。一
方、空間分解能は低く、脳のどの領域でその脳波に反映された活動が行われた
かを頭皮上で記録した脳波から直接的に推定することは困難である[9]。

> 【Q】次の文は、いずれも容認されないが、容認されない理由はどのように異なっ
> ているだろうか。
>
> (5) a. *I take my coffee with cream and dog.
> 　　 b. *Once a month she goes to the theater with I.

(5a) は、コーヒーを「クリームと犬を入れて」飲む、ということは意味的に
ありえないので容認されない意味違反であるが、(5b) の方は、with の後ろの
代名詞が目的格の me ではなく主格になっているという代名詞の格の誤りで、
統語違反（狭い意味での文法の違反：第 1 章脚注 1 参照）の文である。ERP
計測という手法の強みは、このような言語処理（この場合は違反の処理）の性
質の違いが、異なる成分として観察される可能性にある。読み時間の計測で
は、文のどの位置の処理負荷が大きいかを明らかにすることができるが、その
処理負荷がどのような性質のものなのか（意味の問題なのか、統語の問題なの
かといった区別）を明らかにすることはできない。これに対して、ERP では
意味違反と統語違反に異なる成分が見られることが大きな利点である。

　言語処理にかかわる ERP 計測では、2 つの条件を比較し、その相違を観察
する。たとえば活用の誤りなどを含む文（テスト条件）に対する反応を調べる
際に、当該の誤り以外はすべて同じミニマルペア（minimal pair；4.1.1 項参
照）となる正文（対照条件）と比較して ERP 反応の相違があれば、その相違
が当該の誤りの処理を反映したものだと考えられる。図 3.3 に ERP の「見方」

---

[8] 同じタイプの認知活動を繰り返し行い、さらに複数の実験協力者のデータの総加算平均を行うこと
　　によって、当該の認知活動と無関係に生じている「背景脳波」や個人差を相殺するという手法がと
　　られる。

[9] 近年は新たな分析法により ERP から活動源を推定する研究も行われている（Leckey and Federmeier
　　2019）が、本書ではそのような研究の紹介はないので、ここでは立ち入らない。

を示す。グラフは1つの電極の波形を例示しており、実際には電極の数だけ同様のグラフが得られることになる。図3.4は標準的な（国際10-20法と呼ばれる）電極の配置を示す。

　ERP は（i）極性（陰性か陽性か；縦軸に電位をとり、図3.3では上が陰性、下が陽性になるように示してある）、（ii）潜時（当該の刺激を呈示してからの時間（ミリ秒）；横軸が潜時を示す）、（iii）振幅、（iv）頭皮上分布（どの電極で当該の成分が観察されているか）の4つの性質を用いて成分を判断する。ある潜時でテスト条件が対照条件よりも上に振れていれば陰性成分が、下に振れていれば陽性成分が、観察されたことになる。

　言語処理にかかわるよく知られた ERP 成分には以下のようなものがある。

(6) a. **N400**：刺激呈示後 400 ms 前後にピークをもつ陰性波で、やや後ろより（中心部・頭頂部）を中心に比較的広い頭皮上分布を示す。(5a) のような意味違反や、文脈などから予想外となる語に対して観察される。また、語の処理において頻度が低い語ほど N400 の振幅が大きいことから、レキシコンの検索にかかわる負荷も反映していると考えられる。
　　b. **LAN**（left anterior negativity：**左前頭陰性波**）：刺激呈示後 400 ms 前後にピークをもつ陰性波、という点で N400 と似ているが、左半球前頭部という限定された頭皮上分布をもつことで区別される。(5b) のような代名詞の格の誤りや、主語と動詞の**一致**（agreement）（英語の3人称単数現在の -s (she walks/*walk) のように、主語の数などによって動詞の活用形が決まる現象）の違反などの統語違反に対して観察される。
　　c. **P600**：刺激呈示後 500〜800 ms という比較的遅い時間帯に観察される陽性波で、中心部から頭頂部を中心とする例が多いが、前頭から後頭まで広い頭皮上分布が報告されている。(5b) のような違反で LAN の後に観察される例が多いことから統語違反の反映と捉える考え方もあるが、意味違反に対し

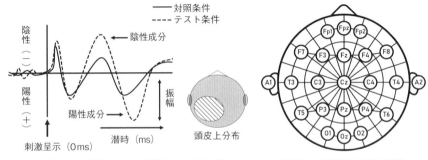

図3.3　ERP 波形の見方（伊藤 2008 より改変）　　　図3.4　標準的な電極の配置

てN400の後に観察される例もあり、何らかの違反に対する「修復」の負荷の反映とする考え方もある。

【実験】 違反の種類によって異なる ERP 反応（Osterhout and Nicol 1999）

　この実験では、(7b, c) に示す2種類の違反のある文に対する ERP 反応を、違反のない文 (7a) とそれぞれ比較し、違反のタイプによって異なる反応が観察されることを示した。

(7) a. The cat won't eat the food...
　　b. ˀThe cat won't bake the food...
　　c. *The cat won't eating the food...

(7b) は、bake の主語は人間でないとおかしいという意味的な違反[10]、(7c) はwon't という助動詞の直後に -ing 形が現れた統語的な違反である。

　図3.5に、違反が判明する動詞（eat/bake/eating）の位置で、正中線（左右の中心の線）上の頭頂部の電極（Pz；図3.4参照）で得られた ERP 波形を示す（上が陰性）。(7a) と比較して、(7b) では N400 が、(7c) では P600 が観察されている。このように違反のタイプによって異なる ERP 反応が見られることは、脳内で異なる処理を受けていることを示していると考えることができる[11]。

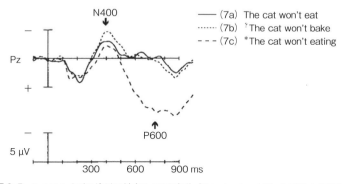

図3.5　2つのタイプの違反に対する ERP 波形（Osterhout and Nicol 1999 より改変）

---

[10] 本書では、容認度が低い例の冒頭に「ˀ」を付すことにする。

[11] (6) に示した各成分の特性からは、(7c) には P600 だけでなく LAN も出現することが予測される。この実験では、(7c) に（図3.5に波形を示した頭頂部ではなく）左前頭を中心とする陰性波が観察されているものの、統計的に有意ではなかったと報告されている。

（6）に示した ERP 成分の説明は、比較的広く合意が形成されているものを書き出してあるが、各成分をどのような基準で同定するのか、またそれぞれの成分がどのような認知プロセスを反映していると考えられるのか、といった点については継続的に議論が行われており、1つの「正解」があるわけではない。その点を踏まえた上で、およそ（6）のような理解で、後の章で紹介する実験について読んでほしい。

まとめ

　この章では心理・神経言語学的な実験で用いられる手法を紹介した。また、いくつかの実験例を紹介する中で、人間の言語処理が、確証がなくても予測して処理していく「せっかちさ」をもつこと、また意味的な違反と統語的な違反という質的に異なる性質をもつ文が脳内で異なる処理を受けている可能性が示唆されることなどを見た。

＊ ＊ ＊ さらに学びたい人へ ＊ ＊ ＊

中谷健太郎（編）（2019）『パソコンがあればできる！ ことばの実験研究の方法―容認性調査、読文・産出実験からコーパスまで』ひつじ書房
小泉政利（編著）（2016）『ここから始める言語学プラス統計分析』共立出版
⇒ 心理言語学的な実験への導入として、この章で立ち入ることのできなかった具体的な実験方法や結果の分析の手順などを学ぶことができる。
萩原裕子（1998）『脳にいどむ言語学』岩波書店
酒井邦嘉（2002）『言語の脳科学―脳はどのようにことばを生みだすか』中央公論新社
⇒ 言語にかかわる脳科学的アプローチの入門書も増えている。初学者でも読みやすいものを2冊紹介しておく。

4　音の異同の認知
―音素・異音とその処理―

日本語でも英語でも、単語は音が並んでできている。その音は、どう聞き分けられているのだろうか。外国語を学んだことのある人なら、言語によって異なる音が使われること、そして母語と異なる音は聞き分けるのが難しいということを知っているはずである。この章では、言語に用いられる音を話者がどのように処理しているのか、考えてみる。

　言語は、音声を用いた「形式」と「意味」とを結びつける記号体系である。たとえば、日本語では [neko] という形式（音形）が、特定の動物という意味に結びつけられる[1]。Part 2 では、言語の「音」にしぼって、その文法を見ていくことにする。第 4 章では個々の音の認知に焦点を当てる。自分が母語で用いる音を発音しているときに、口の中がどのように動いているか、じっくり観察しながら読んでほしい。

4.1　音素と異音―同じ音？　違う音？―

　2 つの音が同じ音だ、というのはどういうことだろうか。言語で用いられる音について、その異同を定義するのは、それほど簡単ではない。日本語や英語の具体例を見ながら考えてみたい。

◯ 4.1.1　「ん」ってどんな音？―「三杯、三台、三階」―

【Q】「三杯（さんばい）、三台（さんだい）、三階（さんがい）」の 3 語で、「さん」はすべて「同じ音」だろうか。

答えは、「同じ音」をどう定義するかによる。

---

[1]　「猫」という文字表記も同じ意味に結びつけられる形式であるが、文字をもたない言語も存在するし、子どもが無意識のうちに獲得するのは文字ではなく音声を媒介とする言語である。そのため、書記体系をもつ言語であっても音声が基盤と考えられている。なお、世界各地で用いられる手話では音声（聴覚情報）は用いられず、手の形、位置や動き、顔の表情などの視覚情報を用いた形式が意味と結びつけられる（第 14 章参照）。

　まず、実際の発音を考えてみたい。これらの語をゆっくり発音して、口の中のどこが閉じた状態になっているか観察してみよう。**子音**（consonant）は、口の中の空気の流れを止めたり妨げたりすることによって出る音である。「ば」とゆっくり発音してみよう。「ば」を子音と**母音**（vowel）に分解して [ba] と捉えると、[b] は両唇で空気の流れを止めていて、両唇を離して空気の流れを開放する瞬間に出る音である（このように、完全に空気の流れを止め、それを開放して音を出す子音を**閉鎖音**（stop）と呼ぶ）。その後に母音の [a] が続いて「ば」となる。「だ」の [d] では両唇は離れていて、舌先が歯茎（あるいは歯の裏側）について空気の流れを止め、それを開放するときに音が出る。「が」の [g] は舌の奥の方が、口腔内の天井（口蓋）の奥の方（軟口蓋と呼ばれる）についていて、それを離すときに音が出る。この理解を前提として、「さんばい、さんだい、さんがい」をゆっくり発音してみよう。「ん」の部分の発音は、どの語でも同じだろうか。「さんばい」の「ん」は、[b] と同様に両唇がついているはずである。ただし、[b] とは違って鼻腔から空気が出る**鼻音**（nasal）なので、[m] の音である。実際、「さんばい」のつもりの「さん」の直後に母音 [a] をつけて発音したら、[sama] のようになる。「さんだい」の場合は、「だ」と同様に舌先が歯茎についている鼻音で、[n] である。「さんがい」の「ん」は、[g] と同様に舌の奥が軟口蓋についている [ŋ] の音である。つまり、同じ「ん」の音と認識されていながら、実際には異なる音であるということになる。

　「ん」のように、母語話者が同じ音と認識している単位を**音素**（phoneme）と呼ぶ。言語学ではこれをスラッシュで発音記号を囲む形で表記する（/b/, /d/, /g/ など）。これに対して、実際の発音は角括弧で表記する（[b], [d], [g] など）。上記の「ん」の例は、日本語では「ん」と認識される 1 つの音素（便宜的に /N/ と表記することにする）であるが、3 つの異なる音として実現するということを示している。このとき、音素 /N/ が [m], [n], [ŋ] という 3 つの**異音**（allophone）（あるいは**変異形**（variant））をもつ、と言う。

　日本語では、[m] と [n] は、母音の前にある場合は、異なる音素である。「前」[mae] と「苗」[nae] は、語頭の [m] と [n] だけが異なっていて、異なる単語になる。「前」と「苗」のように、1 つの点だけで異なっており他は同じであるペアを**ミニマルペア**（**最小対**と訳されることもある）と呼ぶ。また、この場合、[m] と [n] に**対立**（contrast）があると言う。このような場合、/m/ と /n/

が異なる音素であると認定される。一方、後ろに母音が続かない場合（すなわち語末あるいは子音の前にある場合）は [m] と [n] だけが異なるミニマルペアは存在しない（つまり [m] と [n] には対立がない）。「さんばい」の「ん」を [n] で発音すると、少し変に聞こえるだろうが、[sambai] と [sanbai] が異なる単語になるということは起こらないので、このような場合は [m] と [n] は同一音素 /N/ の異音であると結論できる。

　このように整理すると、最初の問いに対する答えは、音素のレベルでは同じ音、異音のレベルでは異なる音、ということになる。

● 4.1.2　話者の認識とは―さしすせそ／なにぬねの―

　母語話者が同じ音と認識している単位が音素であると述べたが、「同じ音と認識する」とはどういうことか、注意が必要である。第1章で見たように、母語話者は自分で「気づいていない」のに、母語について様々な文法知識をもっている。音素について「母語話者が同じ音と認識する」というのは、この無意識の知のことであって、それは意識的な認識とは異なる場合がある。

> **【Q】**「さ、す、そ」のサ行子音と「しゃ、しゅ、しょ」のシャ行子音は異なる子音（音素）であるが、「し」の子音はどちらだろうか。「に」の子音は「な、ぬ、の」のナ行子音と「にゃ、にゅ、にょ」のニャ行子音の、どちらだろうか。

「し」の子音は「しゃ」と同じ、「に」の子音は「な」と同じ、と思った人が多いのではないだろうか。「さ」と同じ子音の後に [i] という母音をつけて発音すると、たとえば英語の seat の冒頭の発音とほぼ同じで、これは東京方言では基本的に使わない音である。[e] をつければ [se] で日本語の「せ」である。一方、「しゃ」と同じ子音の後に [i] をつけて発音すれば、英語の she の冒頭の発音とほぼ同じで、これは日本語の「し」に近いと感じられるだろう。[e] をつけると、英語の shed の冒頭の発音とほぼ同じで、この音は東京方言では一部の外来語（「シェフ」など）以外では使われない（ただし、日本語でもこの音が用いられる方言もある）。

　では、同じことを、「な／にゃ」でやってみよう。「にゃ」と同じ子音に [i] を続ければ、日本語の「に」であるはずである [2]。[e] が続けば日本語としては「ニェ」と表記できそうな音で、東京方言では外来語でもほとんど使われな

表 4.1 日本語の音の体系

(a)	ナ行	ナ	ニ	ヌ	ネ	ノ
	ニャ行	ニャ		ニュ		ニョ
(b)	サ行	サ	シ	ス	セ	ソ
	シャ行	シャ		シュ		ショ
(c)	サ行	サ		ス	セ	ソ
	シャ行	シャ	シ	シュ		ショ

いが、明らかに「ね」とは異なる音である。つまり、「し」がサ行ではなく
シャ行と同じ子音だと考えるなら、「に」もニャ行子音なのである。同様に、
「き」はキャ行子音、「み」はミャ行子音、という具合に、日本語では母音「い」
の前で子音が拗音の子音のようになる現象が広く観察される（口蓋に近い位置
まで舌が上がるので**口蓋化**（palatalization）と呼ばれる）。

　この口蓋化は体系的に起こるので、日本語の音韻体系全体を考えれば、「に」
や「き」がそれぞれナ行子音、カ行子音だと考えるのであれば、「し」だけを
サ行子音と異なると考える理由はないことになる。日本語子音についての母語
話者の知識として表 4.1（a）のような形がナ行だけでなく、マ行・カ行など
についても妥当であるなら、「し」についても（c）ではなく（b）であると考
える方が合理的である。すなわち、母語話者がもつ無意識の知識の体系は意識
的なレベルの判断とは異なる場合があるということになる。

　表 4.1（a）（b）はいわゆる五十音表と同じであり、ローマ字表記で言うと、
訓令式と呼ばれる体系（sa, si, su, se, so, sya, syu, syo）である[3]。日本語の音
素の体系（つまり、母語話者が無意識のうちにもっている音の体系についての
知識）は、五十音表や訓令式ローマ字表記によく反映されていると言える。

---

[2]　サンリオの5匹の子猫のキャラクター「nya・ni・nyu・nye・nyon」では、「に」にあたる表記は「ni」
となっているが、ニャ行子音に母音 [i] をつければ日本語の「に」になることが捉えられている。

[3]　表 4.1（c）はいわゆるヘボン式の表記体系（sa, su, se, so, sha, shi, shu, sho）である。ただし、ヘ
ボン式でも、「に、み」などは ni, mi と表記されるので、口蓋化をすべて反映した表記というわけ
ではない。

4.2 言語間の相違—外国語の音の聞き分けと発音—

【Q】英語を学ぶ過程で、聞き分けが難しいと思った音にはどんなものがあるか。それは、なぜ難しいのだろうか。

日本人にとって、聞き分けが難しい英語の音の代表格は /l/ と /r/ だろう。この区別を日本語は用いないからである。しかし、他にも聞き分けが難しい音はたくさんある。逆に、英語などの母語話者にとって難しい日本語の音の区別もある。その一部について、なぜ難しいのかも考えながら見ていきたい。

4.2.1 母語で区別のない音（1）— size と sides はどう違う？—

size と sides の発音の違い、と言われると、「え、それ違うの？」という反応が多いのではないだろうか。これは、東京方言（だけでなく多くの日本語方言）が、「ず」と「づ」、「じ」と「ぢ」の区別をしないことと関係しているのだが、これを理解するには、まず濁点の意味を知る必要がある。

【Q】カナを覚え始めた 2 歳半の子どもが、「は」に点々（濁点）がついたら「が」だと言う。「ひ」に点々は「ぎ」で「ふ」に点々は「ぶ」だそうである。この子どもは、「ぱ」に点々をつけたら何になると答えただろうか。

これは実話である。この子どもにとっては、「ぱ」に濁点がついたら「ば」である。どのような無意識の知が発動されているか、説明を考えてみてほしい。

まず、「さ／ざ、た／だ、か／が」などのペアで、濁点の有無によって発音がどう異なるかを考えよう。4.1.1 項で見たように、子音は口の中で空気の流れる経路を閉じたり狭めたりすることで作られる音なので、口の中の動きに注意しながら実際に発音してみよう。これらのペアではそれぞれ舌の動きが完全に同じであることが確認できるはずである。濁点の有無の違いは有声か無声か（声帯の振動の有無）の違いである（「さ／ざ」の子音部分だけを発音しながら喉仏と呼ばれるあたりに軽く手をそえると、[s] では振動がないのに対して [z] では振動していることがわかる）。つまり、基本的に濁点というのは子音の**有声化**（voicing）のマークであると言える。

　では、「は」と「ば」はどうだろうか。口の動かし方が全く異なることがわかる。「は」では唇も舌もどこにもつかないが、「ば」は両唇が閉じている。「ば」と同じ口の動かし方をして（つまり両唇を閉じて）無声音にすれば「ぱ」の発音になるはずである。つまり、「ぱ」に濁点がついたら「ば」だと答えた子どもは、濁点があれば有声化するという規則を「知って」いた、ということである。「は、ひ」に対応する有声音は日本語では用いないが、日本語で最も近い音はそれぞれ「が、ぎ」であり、一方、「ふ」は両唇を狭める音なので、対応する有声音に最も近い日本語の音は「ぶ」である。つまり、「は、ひ、ふ」についての子どもの答えは、正確とは言えないが、日本語で使われる音にあてはめればそうなる、という答えであると言える [4]。つまり、ハ行・バ行の対応は、濁点が有声化であるという規則の例外なのだが、その例外にまで子どもは規則を適用してしまっているということであり、これは 1.4 節で見た過剰一般化の 1 つの例であると言える。

　さて、「ず」と「づ」に戻ろう。これらの 2 種類の音は、日本語の多くの方言で区別されないが [5]、対応する無声音である「す」と「つ」は区別される。これらの音の子音はいずれも舌先と歯茎で作られる。音声学的には、「す」の子音 [s] は舌先と歯茎の間に狭い隙間があり、そこを空気が通る摩擦によって出される音である（**摩擦音**（fricative）と呼ばれる）。これに対して、「つ」の子音 [ts] は舌先を歯茎に一旦つけて、それを離した直後に [s] と同じ摩擦が続く音である（**破擦音**（affricate）と呼ばれる）。この 2 つの音の区別は日本語話者には非常に明確だろう。「砂」と「綱」は語頭の子音だけが異なるミニマルペアであり、[s] と [ts] が対立しているので、/s/ と /ts/ は異なる音素であると認定できる [6]。ところが、これに対応する有声音 [z] と [dz] になると、多くの日本語話者にとって区別がなく、「粗砂（あら<u>ず</u>な）」と「荒綱（あら<u>づ</u>

---

[4]　「は」に濁点は何かと聞かれた子どもの答えは必ずしも「が」だけではないようである（広瀬 2017）。なお、ここで見たようにハ行子音は濁点＝有声化という規則の例外になるのであるが、奈良時代より前の日本語ではハ行子音は [p] であったと言われており、その時代には規則に従っていたことになる。

[5]　高知県など、一部の方言では区別されるが（佐藤 2002）、若い世代では次第に区別が失われてきているようである。

[6]　日本語の [ts] は実際には独立の音素ではなく、/t/ の異音である。/t/ は本来は閉鎖音であるが、母音 [u] の前で破擦音の [ts] の異音となる。したがって、ここで [s] と [ts] の対立があることを根拠に /ts/ と音素の表記をしたのは説明を複雑にしないための便宜的な扱いである。

な）」は発音では区別できない（すなわち [z] と [dz] が対立しない）のである。

　英語の size と sides は [z] と [dz] の違いなので[7]、「ず」と「づ」を区別できない日本語話者にはかなり聞き分けは難しい[8]。一方、nice と nights の聞き分けが難しいと思う日本語話者は少ないだろう。音声学的な相違は同じ（摩擦音と破擦音の違い）であるにもかかわらず、母語で区別しないという理由で有声のペアだけが聞き分けにくくなってしまうのである。

◗ 4.2.2　現れる環境によって難しくなる区別― ear と year はどう違う？―

　同じように日本語話者に難しい聞き分けに、ear と year がある。これも、「え、違うの？」という反応が多いのではないだろうか。Ear は母音で始まる語であるが、year は日本語のヤ行子音と同じ子音 [j] で始まる語である。

　[j] という子音が日本語話者にとって常に難しいわけではない。Yoke と oak の聞き分けは難しくないだろう。日本語では、ヤ行子音は [i], [e] の母音の前には現れないため、このような母音の前では [j] の有無の区別が難しいのだが、[a], [u], [o] の母音の前では「や、ゆ、よ」と「あ、う、お」の対立があるため、[j] の有無の区別は容易である。

　4.2.1 項で見た [z] と [dz] の違いは、その音が現れる環境とは関係なく難しいが、[j] の有無は、その音の生起環境によって難しさが異なるということがわかる。4.1 節で見た [m] と [n] の区別も、母音の前以外の /N/ となる環境に限って困難が生じる（sum と sun の聞き分けをやってみよう）。

　4.2.1 項とこの項で紹介した 2 つの事例は、日本語話者が [l] と [r] を区別できないよりも不思議なことである。日本語のラ行子音は英語の /l/ とも /r/ とも異なっており、日本語では [l] と [r] の区別は全く用いないものであるから、この区別が難しいのはある意味で当然である。しかし、nice と nights の聞き分けに全く困らないのに、size と sides の区別がなぜ難しいのか、日本語の音韻体系を知らなければ不思議な現象に見えるであろう。また、日本語における

---

[7]　英語では [dz] は単独の音素ではなく、/d/ と /z/ という 2 つの音素（子音）の連続である。

[8]　無料で視聴できる東大 TV（http://todai.tv/contents-list/lecture/english-practice）や英語音声学の教科書（竹林・斎藤 2008 など）に付属している CD などで、実際の音の対比を聞けるので、ぜひ聞いてみてほしい。この後に述べる ear/year や sum/sun、次の項で見る heat/hit, pool/pull の母音の相違なども聞くことができる。

ヤ行子音の分布を知らなければ、なぜ後続する母音の種類によって [j] の聞き取りに困ったり困らなかったりするのか、理解しにくいのではないだろうか。これは、逆に言えば、外国語の音を学ぼうとするときに、母語の音韻体系に気づかぬうちに強くしばられているということを意味している。(このことは、外国語の指導において、学習者の母語についての知識をもつことが重要であることをも示唆する。)

● 4.2.3　母語で区別のない音 (2) ―靴は苦痛?―

　4.2.1 項、4.2.2 項では日本語話者にとって難しい子音の話をしたが、実は子音よりも母音の方がずっと難しい。日本語は基本的に 5 母音であるが、英語は (方言によっても異なるが) およそ 14 もの母音を使い分ける。区別が難しくて当然である。たとえば、アメリカ英語の発音で、hat, hut, hot の区別、あるいは low と law の区別など、脚注 8 で紹介した教材などで聞いてみてほしい。カタカナに置き換えた発音・聞き取り練習を脱しなければならない理由がよくわかるはずである。

　日本語の方が母音が少ないのであるから、英語など多くの母音をもつ言語の話者にとっては、日本語の母音は聞き分けが容易だろうか。実は、短い母音と長い母音の区別 (「靴/苦痛、鳥/通り」など) の聞き分けが難しいということがわかっている。英語にも heat/hit や pool/pull など短い母音と長い母音の区別があるではないか、と思うだろうか。英語の heat と hit、あるいは pool と pull の母音は、長さだけでなく口の開き方と唇の緊張度が大きく異なる。Heat, pool では口の開け方が小さく唇に強い緊張があるのに対し、hit や pull では口の開け方がやや大きく (日本語の「イ」と「エ」の間、あるいは「ウ」と「オ」の間くらいの口の開け方だと思って良い)、唇の緊張が弱い。そしてこのような違いの副次的な結果として、長さも異なるのである。したがって、英語では、長短だけで区別される母音は基本的に存在せず[9]、そのため英語話者にとっては日本語の母音の長短の聞き分けは難しいと言われる[10]。

---

[9]　アメリカ英語の中には、palm [pɑːm] と pom [pɑm] が同じ母音で長さのみが異なるミニマルペアになる方言もある。ただし、これらが区別されず同じ発音となる方言も多い (竹林・斎藤 2008 など参照)。

4.2.4 母語と切り分け方が異なる音―東京？ 同郷？―

日本語話者で英語の [t] と [d] の区別（たとえば、tie と die の区別）が難しいと感じたことのある人は少ないだろう。日本語でも、[t] と [d] は対立がある（「鯛」と「台」は語頭子音のみが異なるミニマルペアである）。しかし、注意しないと、日本語話者の発音する tie は英語話者には die と理解されてしまう可能性がある。なぜだろうか。

英語の音素 /t/ は多くの異音をもつが、その中に帯気音と無気音がある。[t]や [d] は舌先を歯茎から離して空気の流れを開放することで発音される閉鎖音である。無声の /t/ の調音で、舌先が歯茎から離れた後に、一定時間無声の状態が続く現象を**帯気**（aspiration）と言う（これは、無声の閉鎖音 /p/, /t/, /k/ に共通して見られる現象である）。帯気音では強い息が出るので、口の前に薄い紙をもって発音すると紙が揺れる。英語では、語頭やアクセントのある音節の冒頭にある無声閉鎖音は強い帯気を伴う [11]。また、語頭や語末では、有声子音は無声化する傾向がある。そのため、英語では、語頭での /t/ と /d/の区別には、有声・無声の区別よりも帯気の有無の方が重要である。

一方、日本語では基本的に強い帯気は用いられない。語頭であっても、「鯛」と「台」の違いで重要なのは舌が歯茎から離れる（＝開放）以前に声帯の振動がある（＝有声）か否かの違いである。閉鎖音 /p/, /t/, /k/ と /b/, /d/, /g/の対立は多くの言語で用いられるが、英語の音節冒頭のように開放後の強い帯気の有無が重要な区別になる言語と、日本語のように開放前の有声と無声の区別が重要である言語があり、さらにタイ語のように、無声帯気音と無声無気音と有声音と 3 通りの区別をする言語もある。単純化した形ではあるが表 4.2 のように整理でき、同じ音素の対立のように見えても切り分け方が言語によって

---

[10] 日本語に接したことのない英語話者の短母音と長母音の聞き分けの実験結果がいくつか報告されている。たとえば、「角」と「カード」などのペアのいずれかを聞いてどちらであったかを選ぶ二者択一の課題で、訓練前の英語母語話者の正答率は 73.4 ％と報告されている（Tajima et al. 2008）。参考までに、実験上の様々な相違があるので直接的には比較できないが、/l/ と /r/ を含むミニマルペア（right/light など）のいずれかを聞いてどちらであるかを判断する課題で、日本語母語話者（日本における通常の英語教育を受けている成人）の正答率は平均で 65 ％と報告されている（Bradlow et al. 1997）。

[11] 英語の無声閉鎖音が常に帯気を伴うわけではないことに注意されたい。たとえば s の直後にある場合（steam の /t/ など）は帯気がない。

表4.2　閉鎖音の有声／無声、帯気／無気の区別

	英語 （音節冒頭）	タイ語	日本語
強い帯気を伴う （＝開放後も一定時間無声）	/p/, /t/, /k/	/pʰ/, /tʰ/, /kʰ/	/p/, /t/, /k/
強い帯気がない、開放時は無声	/b/, /d/, /g/	/p/, /t/, /k/	
開放以前から有声		/b/, /d/[12]	/b/, /d/, /g/

異なることがわかる。このため、日本語話者が英語の無声閉鎖音（/p/, /t/, /k/）を日本語と同じように帯気を伴わずに発音すると、たとえば tie が英語話者には die のように聞こえてしまう可能性がある。また、日本語学習者にとっては、それぞれの母語が日本語と異なる音素の切り分けをする場合、たとえば日本語の「東京」と「同郷」の区別が難しいこともある。

4.3　乳児の音素の獲得─弁別できる音が減っていく？─

　言語によって用いる音素が異なり、さらに音素の「切り分け方」が異なるとすれば、子どもはどのように母語の音素体系を獲得するのだろうか。生後6〜12か月くらいの間に、大きな変化があることがわかっている。それは、音を弁別する能力を獲得するというよりは、むしろ失っていく過程である。

【実験】　万能の聞き手から母語に特化した聞き手へ（Werker and Tees 1984）

　乳児が音の区別ができているかどうかを調べる方法はいくつかあるが、ヘッドターン法がよく用いられる。ある音（たとえば [pa]）がずっと聞こえていて他の音（[ba]）に変化した瞬間に、横に置いてある箱にライトがともり、中でぬいぐるみが太鼓をたたくといった仕掛けの装置を用いる。音の変化を感じたときにその箱の方を向けばぬいぐるみを見られるので、音の変化があれば箱を見るという条件付けができる。その上で、弁別できているかどうかを調べたい2つの音の一方を聞かせ、もう一つの音に変化した際に箱の方を向くかどうかを観察することで、子どもが音を弁別できるかどうかがわかる。
　この論文では英語環境で育っている生後6〜12か月の乳児に、英語では区別しない音の弁別ができるかどうかをヘッドターン法で調べたいくつかの実験結果が

───────────────

12)　現代タイ語では /g/ は用いられず、有声閉鎖音は /b/ と /d/ が用いられる。

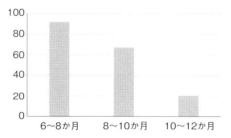

図 4.1 ヒンディ語の歯音とそり舌音の弁別に成功した英語児の月齢別割合（%）
（Werker and Tees 1984 に従って作成）

報告されている。ここではヒンディ語の音の例を紹介する。ヒンディ語には、歯の裏側に舌先をつけて発音する歯音の無声閉鎖音と、舌をそらせて舌先を歯茎につけて発音するそり舌音の無声閉鎖音の区別がある。この 2 音は英語では区別されず、どちらも /t/ に近い音と認識される。ヒンディ語の母語話者が発音したこの 2 つの音を英語環境で育っている乳児が弁別できるかどうかを調査した。10 回のうち 8 回以上正しく弁別できた乳児を「成功」とした場合、成功した乳児の割合を月齢別に比較すると図 4.1 のようになった[13]。生後 6〜8 か月では弁別できていた音が、10〜12 か月には弁別できなくなっていることがわかる。

　この研究の後、母語で区別しない音の弁別について、生後 6 か月頃の方が生後 12 か月頃よりも成績が良い（つまり、弁別する能力が成長とともに減衰する）ことが繰り返し実験で確認されてきている。そのため、母語の音素の獲得は、生後 6 か月頃にもっている弁別能力のうち、母語に必要なものを維持し、不要なものは失っていくという、維持と減衰のパターンとして捉えられることが多い（Werker and Gervain 2013）。ただし、母語で必要な区別については、生後 10〜12 か月では生後 6〜8 か月よりも有意に成績が良くなっているという報告もあり（Kuhl et al. 2006 など）、単に維持するだけではなく増強されていると考える方が正確かもしれない。必要な能力を維持・増強するとともに、不要なものを捨てていくのが獲得の経過だと考えて良さそうである。いずれにしても、生後 6 か月くらいまではどのような言語にも対応できるいわば「汎用」の弁別能力をもっているのに対して、その後の 6 か月程度で母語に順応した弁別能力に変化していると考えられる。

---

[13] 10 回のうち 10 回正答でも 8 回正答でも同じく「成功者 1」と数え、その「成功者」の割合を出しているので、正答率とは異なるということに注意が必要である。

4.4　音素の産出と認知―周囲の音の影響―

　音は連続して発音されるので、前後の音の影響を受ける。発音する場合と、聞き取りをする場合とに分けて、その影響を考えてみよう。

4.4.1　同時調音と同化―「人<ruby>ひと</ruby>」と「ひも」の「ひ」は同じ？―

　普通の速さで、声を出して「ひと、ひも」と発音してみよう。「ひ」は同じ音だろうか。喉仏のあたりに軽く手をあてて、どこで振動が起こるか感じてみてほしい。東京方言の話者は、「人」では「と」のみで振動が感じられるのに対して、「ひも」では「ひ」の母音部分から振動が感じられるはずである。「ひ」には母音 [i] が含まれており、母音は本来有声音（声帯の振動を伴う音）であるが、東京方言（およびその他の多くの方言）で、[i], [u] が無声化する場合があることが知られている。一方、関西方言などではそのような無声化は起きないので、そのような方言の話者は「ひと」でも「ひも」でも「ひ」の母音で振動が感じられるはずである。

　この母音の無声化は、母音の前後に無声子音がある場合に起こる。「ひも」の場合は、後続する子音 [m] が有声音であるため、無声化は起きないのである。このような現象は、前後の音と同じ特徴（この例では「無声」という特徴）をもつように変化するので、**同化**（assimilation）と呼ばれる。4.1 節で見た /N/ の異音も同化現象である。「さんばい」では、後続の [b] に同化して /N/ が両唇を閉じる [m] になるのに対し、「さんだい」では後続の [d] に同化して歯茎に舌先をつける [n] になるというように、空気の流れを止める閉鎖の生じる位置（**調音点**（place of articulation）と呼ばれる）が同じになっている。

　同化現象が起こる主な理由の一つに**同時調音**（coarticulation）がある。4.1.2 項で、日本語の子音が母音 [i] の前で口蓋化（拗音化）する現象を見たが、これは子音を発音している段階から後続母音 [i] の調音が始まるために起こると考えられる。英語でも、たとえば [i] の前と [u] の前では [k] の音の調音が異なる。図 4.2 は英語話者が key, coo と発音した際の [k] の発音でどこに舌がついているかを示したものである。coo に比較して key の [k] の方が、舌が前寄りの位置になっていることがわかる。後舌を上げる [u] に対し、[i] は前舌を上げ

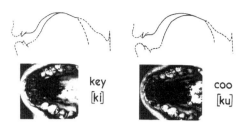

図4.2　英語の key, coo のパラトグラム（Ladefoged 1993: 61）
下段は口蓋の写真である。口蓋に食用着色料などを塗布してお
き、舌が接した場所の色が剥がれるようになっている。

る母音なので、その調音の影響を受けるのである。

　このように後続する音の調音が前の音の調音に重なって起こる現象を同時調音と呼び、この現象によって同化が引き起こされると考えられる。

4.4.2　音素の認知―周囲の音の影響の「逆算」―

　発音するときに、前後の音の影響を受ける現象は、4.4.1項で見た以外にも多く観察される。音は基本的に連続して発音されるので、口の動かし方が前後の影響を受けるのは当然のことである。しかし、前後の音の影響によって、key と coo で /k/ の音が異なっているとしたら、聞く側はそれをどう処理しているのだろうか。前後の音の影響のない合成音を用いて、聞き手がそのような前後の音の影響を「逆算」して認識していることを明らかにした実験がある。

【実験】同じ子音が後続母音によって違って聞こえる（Mann and Repp 1980）

　この実験では、典型的な [s] と [ʃ] の音とその中間的な音をコンピュータで合成し、いくつかの条件で、英語母語話者が子音を [s] と判断するか [ʃ] と判断するかを調べた。ここでは、子音の直後に2種類の母音 [a] と [u] が後続すると認識される条件について紹介する。[s] と [ʃ] の音響学的な違いは、[s] の方が [ʃ] よりも周波数の高域にエネルギーが集中するという点にある。また、これらの子音に母音が続く場合、[a] よりも [u] の方が直前の子音の周波数を下げる働きを強くもつことがわかっている[14]。図4.3に結果を示す。横軸は合成子音の種類（典型的な [ʃ] から典型的な [s] まで9段階の合成音）、縦軸は子音を [ʃ] と判定した割合（％）

---

[14]　[s] よりも [ʃ] の方が、そして [a] よりも [u] の方が、口の奥を使って作られる。口の奥を使うということは音を作るための「管」が長くなるということであり、管が長くなれば周波数が下がると考えるとわかりやすいかもしれない。

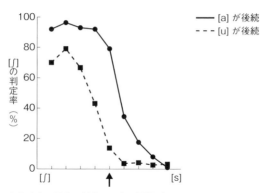

図4.3　合成子音の判定に対する母音の影響（Mann and Repp 1980 より改変）

を示している。

　後続母音によって判定の割合が異なっており、矢印で示した 5 番目の子音は、[a] が後続している場合は約 80％が [ʃ] と判定しているのに対し、[u] が後続している場合には逆に 80％以上が [s] と判定していることがわかる。このとき、無意識レベルで起きている「逆算」を意識レベルの思考に翻訳するなら、「[u] が後続しているということは、その影響で前の子音の周波数が下がっているはずだ。母音の影響を考えなければ（たとえば後続が [a] だとすれば）[ʃ] のように聞こえてしまう音だけれども、[u] の影響でそうなっているわけだから、実際には [s] のはずだ」という計算になるだろうか。

まとめ

　この章では、言語の音を処理するとはどういうことかを中心に検討した。まず、音の区別の認知が母語の音素体系にしばられていることを実際の例を挙げて示し、その母語の音素体系を乳児がどのように獲得していると考えられるかを紹介した。また、音の産出や認知において周囲の音がどのような影響をもつかの検討を通して、言語音の処理において無意識のうちに多くの計算が行われている、その一端を紹介した。

さらに学びたい人へ

川原繁人（2022）『音声学者、娘とことばの不思議に飛び込む―プリチュワからカピチュウ、
　　おっけーぐるぐるまで』朝日出版
→ 子育て中の楽しいエピソードを読みながら音声学の基礎がわかる。
竹林　滋・斎藤弘子（2008）『新装版英語音声学入門』（CD 付）大修館書店

竹林　滋・清水あつ子・斎藤弘子（2013）『改訂新版初級英語音声学』（CD 付）大修館書店
⇒ 音声学について、日本語と英語の違いを知りたければ、1 冊目が詳しい。少々詳しすぎる
　と思う読者には 2 冊目がわかりやすいかもしれない。
東京大学教養学部英語部会（2011）『英語の発音と発音記号』（東大 TV）
　　http://todai.tv/contents-list/lecture/english-practice/01
→ 英語音声学の初歩で鍵になる部分を一通り網羅した説明と、英米の講師の発音が 25 分で
　聞ける。
Kuhl, P.（2010）"The linguistic genius of babies." TEDxRainier.
　　https://www.ted.com/talks/patricia_kuhl_the_linguistic_genius_of_babies
→ TED の講義で、乳児の音素獲得がわかりやすく説明されている。4.3 節の【実験】で紹
　介したヘッドターン法の説明、日本語を母語とする赤ちゃんの [l] と [r] の弁別の話も含ま
　れる。日本語字幕をつけて視聴することもできる。

5 「語」の中の音
―日本語のアクセントと連濁―

第4章では言語音の体系を音素と異音という概念を中心に見てきたが、この章では「語」の中の音にどのような体系が見られるかを考えたい。子音・母音に分節された音の上にかぶせられるアクセントの体系と、語と語がつながって新しい語を作る場合に起こる音の変化に焦点を当てる。

音声で表される形式と意味とを結びつける基本的な単位として「語」がある。言語の音声がもつ規則性の中には、この「語」という単位を認識することで見えてくるものもある。

5.1　日本語のアクセント―「花」と「鼻」はどう違う？―

5.1.1　英語と日本語のアクセント

英語を学ぶ際に、単語のアクセントを覚えようとしたことがあるだろうか。たとえばrecord という名詞は第一音節にアクセントがある（récord）が、同じ綴りでも動詞の場合は第二音節にアクセントがある（recórd）、といったことはよく知られている。英語のアクセントは**強勢**（stress）を用いるアクセントで、アクセントのある音節の母音が強く発音され、アクセントのない音節の母音は弱化するなどの変化が起こる。たとえば、attribute という語の最初の母音は、その母音にアクセントがある名詞では [æ] の発音であるが、アクセントが第二音節にある動詞では曖昧母音 [ə] である。

詳細を紹介することはできないが、英語では、語末から何番目の音節にアクセントがあるかが音韻構造によって規則的に決まると考えられている。Record の例のように統語カテゴリーによる相違はあるが、同じ統語カテゴリーで同じ子音と母音の連鎖をもつ語が、アクセントのみが異なって区別されるという例は基本的に見られない。

これに対して、日本語のアクセントは音の高低を用いる**ピッチ**（pitch）アクセントで、語によってアクセントが決まっている。たとえば「橋」と「箸」

は「は」と「し」という同じ音の連鎖で、アクセントのみが異なっており、高いピッチを H（high）、低いピッチを L（low）で表すと、東京方言では「橋」は LH、「箸」は HL である。このアクセントで語が区別されているので、このような例については、各語について話者がアクセントを記憶していると考えられる。ただし、新たに借用される外来語などでは一定の規則が働く。

> **【Q】**「サコモガバル」という新語があるとしたら、東京方言ではどのようなアクセントになるだろうか。「明日もあなたはさこもがばるの？」という文の中ではどうなるだろうか。

存在しない語であるから、もちろんこの問いに「正解」はない。しかし単独で提示された場合、多くの人が、LHHHLL というアクセントだと感じたのではないだろうか。さらに、文の中で動詞だとわかると、LHHHHL になるだろう。存在しない語でも、統語カテゴリーの違いも考慮したアクセントの規則を用いていることがわかる。

5.1.2 東京方言のアクセントパターン

> **【Q】** 東京方言で、「鼻」と「花」、あるいは「端」と「橋」はアクセントで区別できるだろうか。

区別できないと考えた人は、「鼻が咲いた」という変な文を発音してみよう。アクセントの違いがわかるのではないだろうか。名詞のみのアクセントを考えるとどちらも LH であるが、後ろに来る助詞（「が」）まで考えれば、「鼻が」は LHH、「花が」は LHL と区別できることがわかる。「はしを渡る」も同様に「はしを」が LHH なら「端を」、LHL なら「橋を」である。一休さんの頓知「このはしわたるべからず」は助詞の省略があってこそ可能だったということかもしれない。さらに、語だけでは H や L で区別の起こりようがない 1 モーラの「葉／歯、日／火、気／木、値／根」なども「が」や「を」などの助詞をつければアクセントの相違がわかるはずである。

　では、もう少し長い語のアクセントパターンがどうなっているかを考えてみよう。H と L の高さはモーラ（第 2 章脚注 2 参照）ごとに決まる。それぞれのモーラが H か L かのどちらかになるので、たとえば 5 モーラの長さ（4 モー

ラの語＋助詞「が」）では論理的には 2^5、つまり 32 通りの H と L のパターンがあることになる。ただし、H と L は相対的なので、すべて H とすべて L はどちらもピッチの変化がない同じパターンになるので、2 のモーラ数乗から 1 を引いた数が可能なアクセントパターンの数になるはずである。しかし、実際にはそれほど多くのパターンは見られない。1 モーラ語では、「葉が、日が」に見られる LH と「歯が、火が」の HL の 2 パターンしかなく、ピッチの変化のないパターンは存在しない。

【Q】2 モーラの語、3 モーラの語を集めて、東京方言でどのようなアクセントパターンがあるか、表で整理してみよう。

2 モーラの語＋「が」では L と H の可能な組み合わせは 7 通り（LLL/HHH（変化なし）、LLH, LHL, LHH, HLL, HLH, HHL）であるが、実際に存在するのは LHL, LHH, HLL の 3 通りのみである。3 モーラ＋「が」では 15 通りのうちの 4 通り、4 モーラ＋「が」では 31 通りのうちの 5 通りが実際に存在するパターンであり、すなわち語のモーラ数に 1 を足した数のパターンだけが存在することがわかる。

　表 5.1 のように存在するパターンを整理すると、明らかな規則性があることがわかる。「どこでピッチが下がるか」（つまり H から L への切り替わり；表では「˥」で表示）に着目してみてほしい（下がる直前のモーラに**アクセント核**があると言う）。表では 1 行ごとに 1 つずつ右にずれていることがわかる。1 つの語に下がる箇所が 2 つ以上あるような例はないし、L から H に切り替わる（ピッチが上がる）場所にも規則性がある。東京方言は（1）の規則に従うことが知られている。

表 5.1　東京方言のアクセントパターン

2 モーラ語	3 モーラ語	4 モーラ語	5 モーラ語
は˥しが（箸）	め˥がねが	コ˥スモスが	ア˥クセントが
はし˥が（橋）	たま˥ごが	むら˥さきが	おと˥うさんが
はしが（端）	ひかり˥が	かみな˥りが	クリス˥マスが
	くるまが	いもうと˥が	じどうド˥アが
		ごきぶりが	ななかいめ˥が
			アルコールが

H を太字、L を普通の文字で、アクセント核を「˥」で表示。

(1) 東京方言のアクセント
　　a. 1モーラ目にアクセント核がある場合を除いて1モーラ目のみLで2モーラ目はHとなる。
　　b. アクセント核は1語に最大1つである。

アクセント核の位置は語のモーラの数だけ可能性がある。加えてアクセント核がない平板型（「が」の前でも下がらない；表5.1の各列一番下のパターン）の可能性があるので、アクセントパターンの数はモーラ数＋1となるのである。

　さて、最初の【Q】の「サコモガバル」という新語に戻ろう。聞いたことのない新語であっても、(1) の規則に従うので、そこから外れるアクセント（たとえばHHLLHLなど）になることはない。しかしそれだけではなく、なぜ多くの東京方言話者が共通してLHHHLLというアクセントで発音するのか。語末から3モーラ目にアクセント核があるこのパターンは、東京方言の名詞において、平板型とともに多く見られるパターンであり、外来語などにも適用される（「オーストラリア、モーリタニア」など）。文脈なしに新語を見せられると、まずは名詞だと考えてこの名詞に多いパターンを適用していると考えられる（窪薗 2006）。一方、動詞の終止形のアクセントは、「着る（LH）、たたかう（LHHH）」のように平板型もあるが、アクセントがある場合は「切る（HL）、しらべる（LHHL）」のように語末から2モーラ目にアクセント核が来るという規則がある。そのため、「さこもがばる」を動詞の文脈に入れると、LHHHHLというアクセントになるのである[1]。

◖5.1.3 複合語アクセント規則（CAR）

　5.1.2項で見たように、名詞については、語末から3モーラ目にアクセント核が置かれるパターンが多いとは言え、「箸、橋、端」のようなアクセントのみが異なって意味が変わる組み合わせがあることから、アクセントが個々の語の特性として記憶されていると考えられる。

　しかし、このアクセントが変化してしまうことがある。

---

[1] 外来語は、名詞には自由になれるが、動詞にはなりにくい。動詞文脈でひらがな表記にしてあるのはそのためである。

【Q】単独で発音する「箸（HL）」と「箸箱（LHLL）」では「箸」のアクセントが異なる。どのような場合にこういう変化が起こるか。

語と語が組み合わされて 1 つの語（複合語）ができるとき、アクセント核も 1 つになる（**複合語アクセント規則**（CAR: Compound Accent Rule））（窪薗 1995）。東京方言の複合名詞では、アクセント核の位置を決めるのは第二要素であり[2]、第一要素のアクセントは失われて、LH（H...）となる（H の数はモーラ数による）。この規則によって、「箸（HL）」と「橋（LH）」の対立は複合語の第一要素位置では失われてしまうことになる。橋のおもちゃをしまう箱があってそれを「橋箱」と呼ぶとしたら、それは「箸箱」と同じ発音になるはずである。このような規則があることを母語話者は知っていて、言語処理に活用していることを示す実験結果がある。

【実験】 **「みかんたぬき」の発音による語構造の予測**
(Hirose and Mazuka 2015)

「みかん」と「みかんジュース」では「みかん」のアクセントに変化が起こるのに対し、もともとアクセント核をもたない「りんご」は「りんごジュース」になっても「りんご」の部分のアクセントが変化しない。これを踏まえて、この研究では、「みかん」が LHH と発音されれば、「ジュース」が聞こえる前から聞き手は複合語であることを予測するが、「りんご」の場合にはそのような予測はしないという仮説を立て、眼球運動計測を用いた視覚世界パラダイム（3.1.3 項参照）を用いて検証した。

実験用に「みかんリス、りんごコアラ」のような果物の名前と動物の名前を組み合わせた複合語を作り、それを図 5.1 のような絵で表現した。実際には存在しない新奇複合語を用いることで、話者が覚えている単語を想起するのではなく、CAR を用いて計算処理する状況を作り出している。（印刷の都合でわかりにくいが、実際の実験では「みかん〜」にあたる絵はオレンジ色、「メロン〜」にあたるものは緑色、単独の場合は動物本来の色、というように、色でも区別できるようになっている。）実験では、(a)〜(d) の 4 種類の単語の音声を聞いているときに、図のどこに視線が置かれたかを計測している。

(a) 複合語、アクセント変化あり（例：「みかんリス」）
(b) 複合語、アクセント変化なし（例：「りんごコアラ」）
(c) 単純語、アクセントあり（例：「みかん」）

---

[2] 実際にアクセント核の位置を決める規則は複雑なのでここでは立ち入らない。窪薗（1995, 2006）などを参照。

図 5.1　視線計測実験で用いられた図
（Hirose and Mazuka 2015 より
改変）

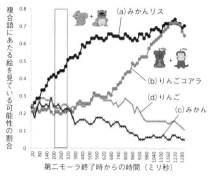

図 5.2　視線計測実験の結果
（Hirose and Mazuka 2015 より改変）

（d）単純語、アクセントなし（＝平板型）（例：「りんご」）

　図 5.2 に結果を示す。（a）と（c）とを比較すると、第二モーラ（「みかんリス」の「か」）が終わった後 200〜320 ms という早い時点（複合語第三モーラ（「みかんリス」の「ん」）が終わるのは 300 ms あたりである）で（a）の方がみかんたぬきやみかんリスの絵を見る時間が長くなっている（その時点では、聞いている単語が「みかんリス」なのか「みかんたぬき」なのかはまだわからないので、2つの絵に視線が集中する）。一方、（b）と（d）では差が見られるのはずっと遅く、「りんご」を聞き終わった後に「コアラ」が続いているかどうかがわかった時点であると考えられる。仮説を立てた通り、「みかん」が CAR を経た LH... で聞こえてくるか、本来の HL... で聞こえてくるかによって、聞き手は複合語であるか単純語であるかを予測し分けているが、「りんご」の場合にはそのような予測はしていないということが示唆される。

5.2　連濁―カバの子どもは「子ガバ」再訪―

　CAR は、語がつながって 1 つの語を作っていることを示すマーカーであると考えられるが、この節では、同じように複合語において語がつながっていることを示すマーカーである連濁（2.1.2 項参照）を考察する[3]。

---

[3]　ここで立ち入ることはできないが、複合語のアクセントと連濁には関連性がある。たとえば、「石蹴（け）り」と「横蹴（げ）り」、「淡路島（しま）」と「桜島（じま）」など、連濁の有無の対比が見られる例のアクセントを考えてみよう。

5.2.1 ライマンの法則

【Q】 親のカラスは「親ガラス」、子どものカエルは「子ガエル」となるが、親の
クジラを「*親グジラ」、子どものカバを「*子ガバ」と言えないのはなぜか。

2.1.2 項ではこの問いを途中まで検討し、「濁音の連続になる場合に連濁は起
こらない」という仮説は「ウサギ小屋（うさぎごや）」や「筆箱（ふでばこ）」
といった例が反例となることを見た。濁音が連続して容認されない場合（「*親
グジラ、*子ガバ」）と、容認される場合（「筆箱、ウサギ小屋」）の違いは何
か、考えてみてほしい。ヒントは、複合語内の2つの要素の境界がどこにある
かである。加えて、「生卵、子羊、赤とんぼ」のような例でも連濁が起こらな
い（「*生だまご、*子びつじ、*赤どんぼ」）ことを考えると、次のような法則
が導かれる。

　（2）**ライマンの法則**（Lyman's Law）[4]
　　　　X + Y という形の複合語において、Y が濁音を含む場合、連濁は起こらない。

「筆箱、ウサギ小屋」の例では、X の最後が濁音であるために連濁によって濁
音の連続が起こるのだが、この場合はライマンの法則は適用されないので問題
ないということになる。

5.2.2 語種制限

　連濁は、濁音に変化する右側要素の**語種**によって制限がかかる（左側要素の
語種は関係ない）。連濁は基本的に右側要素が和語の場合に起こる現象であり
（「宝箱、宝石箱、ドル箱」）、漢語では起こりにくいが（「貸金庫、耐火金庫、
ダイヤル金庫」）、連濁する例もある（「株式会社、気苦労」など）。一方、外来
語ではほとんど起こらない（「ペンケース、*ペンゲース」「車椅子テニス、
*車椅子デニス」）。「カルタ」はポルトガル語からの借入であるにもかかわら
ず連濁するため（「いろはガルタ」）、この原則の例外と言われることもあるが、

---

[4]　この法則は、1885 年に Benjamin Lyman が報告したことから Lyman's Law として広く知られてい
　　るが、本居宣長『古事記伝』（1798）や賀茂真淵『語意考』（1769）が早くから記述していたことが
　　指摘されている（鈴木 2017）。

現代の話者は「カルタ」を外来語とは認識していない可能性が高いだろう。

　なお、この場合の「認識」というのは意識的に知っている語源についての知識ではなく、第1章で見たような「無意識のうちの知」であることに注意してほしい。連濁以外にも様々な音韻現象・語形成現象から、和語・漢語・外来語という語種の区別（**語彙層**（lexical strata）とも呼ばれる）は母語話者の暗黙知の一部であると考えられる。たとえば、否定を表す**接頭辞**（prefix）のうち、「不-」は漢語だけでなく和語にも付加できる（「不確実、不適切」「不確か、不似合い」）が、「非-」は和語には付加できない（「非対称、非武装」「*非釣り合い、*非戦い」）といった事実は、母語話者が語種の区別を無意識レベルで知っていると仮定して初めて説明できる一般化である。（英語でも同様に、ラテン系とゲルマン系の区別を知っていると仮定することで説明できる現象が多く観察される。）連濁も、このような暗黙知による制約を受けていると考えられる。

5.2.3　連濁の生産性─規則か記憶か─

　私たちは「親」や「カエル」などの語をレキシコン（3.1.1項参照）に記憶していると考えられる。この「親」と「カエル」を組み合わせて複合語を作るときに連濁が起こって「親ガエル」になるわけだが、では、「親ガエル」も連濁が起こった形で1つの語としてレキシコンに記憶されていると考えるべきだろうか。それとも、「親」＋「カエル」＝「親ガエル」というような計算を頭の中で行っていると考えられるだろうか。複数の要素から成る語について、丸ごとまとめて覚えているのか、それとも要素を覚えていてそれを組み立てる計算処理をしているのか、という問題を考えてみよう。

　規則による計算処理がかかわっていることを示す事実として、実際には存在しない新奇複合語への適用がある（このように、記憶されている可能性のない場合に適用できる性質をもつことを**生産的**（productive）であると言う：7.2.1項参照）。たとえば、草で作った靴が登場して「草靴」なるものができたら、それは「くさくつ」ではなく「くさぐつ」だという直感を多くの母語話者がもつだろう。同様に、「マンモス小屋、きのこ皿、紙箸」など、おそらく見たことのない組み合わせの複合語でも連濁した発音になるだろう。聞いたことのない組み合わせでも連濁が起こるとすれば、連濁の有無を含めて複合語全体を覚えているとは考えにくく、計算処理が働いていることが示唆される。

　一方で、記憶がかかわっていることを示唆する例外も、連濁には多く観察される。ライマンの法則や語種制限などに違反しないにもかかわらず、連濁がかからない例が多く見られるのである。たとえば「姫、ひも、土」などはどのような語が左側についても連濁は起こらない（「白雪姫、靴ひも、赤土」）。また、語によっては左側につく要素によって連濁が起こったり起こらなかったりするものもある（「草原（くさはら）、松原（まつばら）」「小鳥（ことり）、親鳥（おやどり）」など）。さらに、同じ複合語でも、両方の発音が可能なものもある（「悪口（わるくち・わるぐち）」など）。このような例は、個々の語、または複合語について、連濁がかかるか否かの区別を記憶していると考えられる。

◗5.2.4　連濁の処理

　このように、連濁には規則による計算処理とレキシコンにおける記憶という異なる心内処理（頭の中での処理）のメカニズムがかかわっているように見える。「規則か、記憶か」という問いは、第 6 章で詳しく述べるように、英語の動詞や名詞の屈折の処理に関して、大論争になってきたことであり、この論争が連濁を理解する際にも役に立つ。英語動詞の屈折と日本語の連濁では関連性があるように思えないかもしれないが、その心内処理のメカニズムを考えるとよく似た側面を見せるのである。

　英語動詞の屈折は、規則活用（-ed を付加）と、不規則活用（swing/swung, keep/kept, grow/grew など）とに分かれる。規則活用は、実験用新語にも問題なく用いられることがわかっている（たとえば、ploamph のような新語でも ploamphed が容認される（Prasada and Pinker 1993）；1.4 節の過剰一般化の説明も参照）。しかし、不規則活用をする動詞に -ed を付加することはできない（*swinged, *keeped, *growed）という点で例外がある。また、swing/swung のような不規則活用のパターンも新語に適用される場合があることがわかっている（たとえば、spling という実験用新語の過去形として、規則形の splinged だけでなく splung といった形も容認されることが報告されている；Prasada and Pinker 1993）。第 6 章で詳しく見るが、規則活用は計算処理によって、不規則活用は記憶によって処理され、規則活用の過剰適用（ploamphed など）（これを、**過剰規則化**（overregularization）と呼ぶことにする）は計算処理され、不規則活用の過剰適用（spling/splung など）（これを**過剰不規則化**

（overirregularization）と呼ぶことにする；第6章脚注4参照）は既存の語との類似によるアナロジーと考えることができる。

　連濁を規則であるとする考え方は、連濁が英語動詞の規則活用と同じような心内処理を受けるもので、新語にも自由に適用できると考えることになる。連濁を起こさない「姫、ひも、土」などは、英語の不規則活用動詞と同様に規則の例外と指定されていることになる。一方、連濁した形の複合語が記憶されると考える立場であれば、連濁はむしろ不規則活用に似たもので、新語に適用できるのは spling/splung などの過剰不規則化と同種のアナロジーによるものであると捉えることになる。この2つの考え方のどちらが正しいかを検証できるいくつかの実験が行われているので、紹介したい。

【実験】「耳血」が「みみぢ」なのは「鼻血」のアナロジー（Ohno 2000）

　この研究では、インタビューや質問紙というオフラインの手法（3.1.1項参照）を用いて、聞きなれない複合語において連濁が起こるかどうかを調査した。その結果、「前髪、日本髪」など連濁することの多い「髪」という語を用いて「白＋髪」という語を作ると「しろかみ」と連濁しない回答が多いこと、逆に、「生き血、返り血」など連濁しないことの多い「血」が「耳＋血」という語になると「みみぢ」という連濁する回答が多いことを報告している。それぞれ「黒髪」という連濁しない語、「鼻血」という連濁する語との意味的類似性によってアナロジーが働いた結果と考えられ、この結果は、連濁が規則ではなく、記憶とアナロジーによって捉えられるべきであることを示唆する。

【実験】SLI の子どもは馴染みのない複合語は連濁させない（Fukuda and Fukuda 1999）

　3.2.3項で見たように、特異性言語障害（SLI）の子どもたちは文法にかかわる計算処理に困難があると考えられている。この研究では、2つの語を組み合わせて複合語を産出する実験を行い、SLI 児が連濁を適用するか否かを調べた。ここでは、(i) 頻度の高い馴染みのある複合語（例：「なが＋くつ」）、(ii) 頻度の低い複合語（例：「ことば＋つかい」）、(iii) 複合語としては存在しない組み合わせの新奇複合語（例：「ことば＋ほん」）について、SLI 児と同年齢の非 SLI 児の連濁適用率を比較した結果を紹介する。図5.3に結果を示す。SLI でない定型発達の子どもたちは (i)〜(iii) いずれについても高い率で連濁を適用したのに対し、SLI 児は、(i) については非 SLI 児と同じくらいの連濁適用率であったが、(ii)(iii) については連濁を適用する率が有意に非 SLI 児よりも低かった。上述のような SLI 児の特質を踏まえると、この実験結果は、少なくとも馴染みのない複合語における連濁には

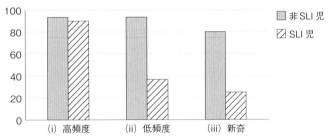

図5.3　非SLI児とSLI児の複合語産出課題における連濁適用率（%）
（Fukuda and Fukuda 1999 に従って作成）

規則による計算処理がかかわっていることを示唆する。

【実験】　連濁の過剰適用は規則活用の過剰一般化と同じ脳波成分
（Kobayashi et al. 2014）

　3.2.4項で見たように言語処理にかかわるERP成分として、N400, LAN, P600などがよく知られている。ヨーロッパ言語の過去形について、規則活用と不規則活用で処理に相違が見られるかどうかがERP計測の手法を用いて広く検討されてきており（6.3.2項参照）、ドイツ語、英語などの複数の言語で、過剰規則化の誤り（grow の過去形を*growed としてしまうような誤り）に対しては、正しい形（grew）と比較してLAN が観察されているのに対し、過剰不規則化の誤り（glow の過去形を grow/grew のパターンとの類似から*glew とするような誤り）には、正しい形（glowed）と比較して、実験によってN400 が観察されるか、あるいは陰性波が観察されないという結果が出ている（Marslen-Wilson 2007, Ullman 2007 など参照）。陽性波は研究によってどちらの誤りにも観察されたりされなかったりしているので、ここでは陰性波に焦点を当てて検討することにする。

　この実験では、2つの実在語を組み合わせ、複合語としては見たり聞いたりしたことがないと思われる新奇複合語の処理におけるERP計測実験を行った。ここでは、(i) 語彙的に連濁しないはずの語を連濁させた誤り、(ii) 連濁するはずの語を連濁させない誤りという2種類の異なるタイプの誤りに対するERP反応を紹介する。

　(i) 連濁例外語条件：海姫（a. *うみびめ、b. うみひめ）
　(ii) 連濁不適用条件：猫寺（a. ねこでら、b. *ねこてら）

もし連濁が規則であれば、(ia) は本来連濁しないはずの語に連濁の規則を過剰適用しているので、*growed のような過剰規則化と同様に、正しい条件（ib）と比較してLAN が観察されることが予測される。一方、(iib) では連濁しない例外の指定を、本来指定のない「寺」にまで適用しているので、過剰不規則化の*glew 同様に、正しい条件（iia）と比較してN400 が観察されるか、または陰性波が観

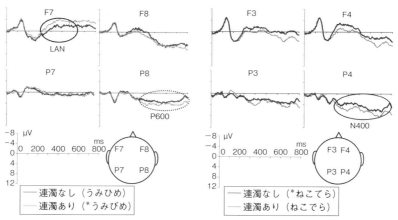

図 5.4　連濁にかかわる ERP 実験の結果（Kobayashi et al. 2014 より改変）
左：(i) 連濁例外語条件（連濁の過剰適用）、右：(ii) 連濁不適用条件（連濁例外の過剰適用）。

察されないことが予測される。これに対し、もし連濁が記憶とアナロジーによる
ものであれば、(i)(ii) いずれの条件でも誤りは記憶に対する違反のはずであり、
条件による反応の相違は予測されない。

　図 5.4 に結果を示す。(i) の連濁例外語条件では左前頭に LAN、後頭に P600
が、(ii) の連濁不適用条件では全頭にわたって広い範囲で N400 が、それぞれ対
応する正しい条件との比較において観察された。新奇複合語における連濁には規
則による計算処理が関与していることが示唆される。

　これらの実験結果の意味するところを検討するにあたって、まず気をつけて
おきたいのは、よく使われる定着した複合語と、馴染みのない新奇複合語（実
験用に作られたもの）とで、用いるメカニズムに相違がある可能性である。英
語の屈折でも、過去形の頻度の高い語の場合は、規則活用であっても過去形も
記憶されている可能性があることを示唆する実験結果が報告されている（Alegre
and Gordon 1999；3.1.1 項参照）。上述の SLI 児を対象とした連濁の実験
（Fukuda and Fukuda 1999）では、「長靴」などの馴染みのある語については
SLI 児も連濁すると報告されているので、これらについては（少なくとも SLI
児は）記憶処理を用いている可能性が高い。

　これに対して、馴染みのない新奇複合語について、最初に紹介した実験
（Ohno 2000）の結果は記憶に基づくアナロジーで処理されていることを示唆
し、一方他の 2 つの実験（Fukuda and Fukuda 1999, Kobayashi et al. 2014）

の結果は規則による計算処理であることを示唆している。特に、第一と第三の実験はどちらも障害のない成人を対象とした実験で異なる結論に至っている。このような相違を生む1つの可能性は、実験手法の違いである。第一の実験（Ohno 2000）は質問紙やインタビューという形で母語話者の回答を得ており、ある程度時間をかけて意識的に考えた上での回答である可能性が高い。これに対して第三の実験（Kobayashi et al. 2014）はオンラインのERP計測実験で、決まったスピードで文節ごとに呈示される文を読んでいる際の反応であり、即時の無意識レベルの反応を計測している。この違いが、結果の違いに反映されている可能性が考えられる。「白髪」や「耳血」の発音が、馴染みのある「黒髪」や「鼻血」などの語とのアナロジーによって決まったのではないかと論じられているが（Ohno 2000）、このアナロジーが意識的な思考の結果であったとすれば、無意識レベルの処理を反映したERP実験（Kobayashi et al. 2014）の結果と食い違う結果が得られても不思議はない。無意識レベルの処理では連濁が規則として計算処理されているが、その後の意識的な思考の結果として、無意識レベルとは異なる語形を産出したと考えれば、両方の結果がうまく説明できるように思われる。

まとめ

　この章では日本語東京方言のアクセントの体系について、母語話者がどのような知識をもっているかを明らかにし、さらに複合語を作る際に起こるアクセント変化と連濁という現象を扱った。いずれも、無意識のうちに母語話者が操っている規則が背景にあると考えられる。実際にそのような規則に従って母語話者が言語処理を行っていることを示す心理・神経言語学的な実験も紹介した。さらに、意識レベルの思考の結果は、無意識レベルの言語処理と異なる結果を生む可能性も示唆された。

　すでに述べたように、CAR（アクセント変化）も連濁（子音変化）も、複合語を作る際に「一語」になっていることを示すマーカーであると考えることができる。同じ機能をもっているとすれば、何か共通の性質を示すだろうか。以下の問題を検討すると、CARと連濁が同じ制約に従っていることがわかるだろう（これについては、第7章で再度扱う）。

【Q】次の各ペアで、発音の相違と意味の相違はどう関連しているか（(a) の例の2行目はアクセントを示している。アクセント、連濁を示すためにカナで表記する）。この例は、CAR と連濁に、どのような共通点があることを示すだろうか（窪薗 1995：第2章3節参照）。
  (a) ドイツぶんがくきょうかい vs. ドイツぶんがくきょうかい
     HLL LHHH H LLL   LHHHHHH H LLL
  (b) ビニールかさ（傘）いれ vs. ビニールがさ（傘）いれ

❋ ❋ ❋ さらに学びたい人へ ❋ ❋ ❋

窪薗晴夫（1999）『日本語の音声』岩波書店
窪薗晴夫（2006）『アクセントの法則』岩波書店
⇒ 1冊目は広く日本語の音声・音韻現象、2冊目はアクセントにかかわる現象が、初学者にもわかりやすくまとめられている。思ってもいないところに一般化を見出す面白さを、身をもって体験できるだろう。

6 同一語の語形変化
―屈折と二重メカニズム―

英語の動詞には、規則活用（walk/walked）と不規則活用（grow/grew）がある。この 2 種類の語形変化は同じ心内・脳内メカニズムで処理されているだろうか、それとも異なるメカニズムが関与するだろうか。この章では英語を中心に屈折の心内・脳内処理を考える。

　英語の動詞の過去形や名詞の複数形などの、同一語の語形変化を**屈折**と呼び、異なる語を作る**派生**（derivation）による語形変化と区別する。この 2 種類の語形変化を扱う分野を**形態論**（morphology）と呼ぶ。Part 3 ではこれらの語形変化のほか、語の意味も含めて「語の文法」を扱う。この章ではまず英語の屈折に焦点を当てる。

6.1　英語の屈折―計算している？　記憶している？―

6.1.1　過剰一般化― hold/holded? glow/glew? ―

　英語の動詞の過去形には -ed を付加する規則活用と sing/sang, feel/felt, hit/hit など様々なパターンがある不規則活用の区別がある[1]。1.4 節で、不規則活用をすべき hold に子どもが規則活用をあてはめてしまう（holded と発話する）過剰一般化という現象が観察されることを見た。このことから、子どもは「記憶したもの」を使うだけでなく、インプットから何らかの一般性（この場合は -ed という接尾辞を付加すると過去形になるという一般性[2]）を抽出し、規則として身につけていると考えられる。このような過剰一般化は新語を用いた実験でも確認されている。

---

[1]　このほかに、補充形と呼ばれる go/went や be/was,were などもあるが、これらは 1 つずつ記憶されているという点に議論の余地はなく、以下の議論にかかわらないので検討の対象から外す。

[2]　実際には子どもは綴りで接尾辞を把握しているわけではなく、[t], [d], [ɪd] という音声で把握しているのであるが、便宜的に -ed と表記する。以下、複数形の -s なども同様に綴りを用いた表記を用いる。

【実験】 wug が 2 匹いたら wugs (Berko 1958)

仮想の動物 1 匹の絵を見せ、たとえば「これは wug だよ」と実験用新語で名付ける。さらに、同じ動物が 2 匹いる絵を見せて、2 匹いるね、"There are two ___." と空所部分の発話を促す実験を 4〜7 歳の子どもを対象に行った（図6.1）。結果としては、[z] を付加する wugs, luns などでは 90 % 前後の正答率であった。[əz] の形になる tasses, nizzes などでは正答率が 30 % 前後と低くなり、子どもは、[əz] の形はまだ獲得できていない可能性があるものの、-s という接尾辞を付加することによって複数形を作るという規則は獲得していると考えられる。このほか、過去形についても、特定の動作をたとえば「rick と言う」と教え、He is ricking. と進行形の文を導入した上で、昨日もやったよ、"Yesterday he ___." という形で空所部分の発話をさせている。名詞の複数形よりは少し成績が悪いが、[t] を付加する ricked で 73 % の正答率を示している。子どもの言語獲得が「覚えたものを使う」だけではないことを示したこの画期的な研究にちなんで、実験用新語を用いて語形変化をさせる課題は **wug テスト**（wug test）と呼ばれている。

This is a wug.

Now there is another one.
There are two of them.
There are two ___.

図 6.1　wug テストに用いられた図と文（Berko 1958 より改変）

しかし、不規則活用についても同様のことが観察されることがわかっている。たとえば、bring の過去形を*brang としてしまう（正しくは brought）、あるいは glow の過去形を*glew としてしまう（正しくは glowed）といった例である。このような場合、sing/sang, ring/rang といったパターンからのアナロジーで*brang が、grow/grew, blow/blew のようなパターンからのアナロジーで*glew が出てくることが容易に理解できる。つまり、不規則活用にはいくつかの音韻的パターンがあり、そのパターンに則って不規則活用を「過剰適用する」ことが起こっているのである。この章では、第 5 章同様、規則活用を過剰適用することを**過剰規則化**、不規則活用を過剰適用することを**過剰不規則化**と呼ぶことにする[3]。過剰一般化はその両者を含む概念と捉えることができる[4]。

6.1.2 複数形を取り込む複合語
— teeth mark は良くても claws mark はダメ—

　過剰一般化については、規則活用と不規則活用、どちらにも見られることがわかったが、2 種類の活用には異なる面もある。複合語内の名詞複数形の振る舞いを見てみよう。第 5 章で日本語の複合語を見たが、英語でも複合語、特に2 つの名詞を組み合わせる複合語は、hairbrush, lunchbox, apple juice など多数用いられる[5]。このような複合語の第一要素は、一般的に単数形である。しかし、複数形でも不規則形のものは第一要素として複合に含まれる例が容認される場合があり、容認されない規則形と、以下のような対比を成すことが報告されている（Kiparsky 1982）。

⑴　a. teeth-mark, men-bashing, mice-infested
　　b. *claws-mark, *guys-bashing, *rats-infested

このような対比は、容認度を評価してもらう実験でも確認されており（Cunnings and Clahsen 2007 など）、（1a）のような語は、第一要素が単数形のものよりは容認度が下がるものの、（1b）とは容認度に差があると報告されている。さらに興味深いことに、このような対比を子どもも「知って」いることを示唆する実験結果がある。

【実験】　子どもも知っている規則形と不規則形の違い（Gordon 1985）

　3～5 歳の子どもに X-eater という複合語を産出させる実験が行われた。まず練習段階では、rice のような複数形のない物質名詞を用いて、それを食べる怪獣を rice-eater と呼ぶ、と教え、X-eater が言えるようにする。その後、実験では X を、rats, ducks のような規則形の複数形と、mice, geese のような不規則形の複数形とし、子どもに怪獣の名前（X-eater）を発話させる。実験では X にあたるも

---

[3]　このように規則活用も不規則活用も、いずれも過剰に適用されることは、子どもの自然発話の記録だけでなく、成人を対象とした実験用新語を用いた wug テストでも繰り返し確認されている。Berko (1958), Bybee and Moder (1983), Prasada and Pinker (1993) などを参照。

[4]　過剰一般化と過剰規則化とは区別なく用いられることが多く、過剰不規則化という用語は一般に用いられる用語ではないが、本書では過剰規則化と過剰不規則化の区別が重要なのでこのような用語の用い方をする。

[5]　英語の複合語では、綴りとして 1 語にするかハイフンでつなげるか、独立した 2 語にするかは、語によって異なり、同じ語でも揺れがある場合もある。

表6.1 Xの複数形とX-eaterの産出数（Gordon 1985に従って作成）

産出されたXの語形 （例：単数／複数）			規則形名詞 （rat/rats など）	不規則形名詞（mouse/mice など）		
			規則形 （rat/rats）	不規則形 （mouse/mice）	規則形 （mouse/mouses）	不規則形＋s （mice/mices）
産出された複合語の形（例）	Xの形	単数形	(rat-eater) 161	(mouse-eater) 4	(mouse-eater) 86	(mouse-eater) 1
		規則複数形	(rats-eater) 3	(mouses-eater) 0	(mouses-eater) 1	(mices-eater/ mouses-eater) 0
		不規則複数形	— —	(mice-eater) 36	(mice-eater) 1	(mice-eater) 8

規則形・不規則形各5語について33名の回答なのでそれぞれ165回答となるが、種々の理由で表に含まれない回答が若干ある。

の（おもちゃなど）1つを見せてXの単数形を発話させ、複数のものを見せてXの複数形を発話させた上で、子どもが発話した複数形を用いて「X（複数形）を食べるのは何て呼ぶ？」という形でX-eaterを発話させている。つまり、単数形をmouse, 複数形をmiceと正しく産出した子どもには「miceを食べるのは」、単数形をmice、複数形をmicesと言った子どもに対しては、「micesを食べるのは」、mouse, mousesと言った子どもには「mousesを食べるのは」と尋ねている。

結果を表6.1に示す。規則形では、複数形を取り込んだrats-eaterを発話した子どもはほとんどいないのに対して、不規則形の複数形（miceなど）を正しく言えた子どもは複数形を複合語に用いている。不規則名詞に-sを付加する過剰規則化を見せた子どもは、規則形の場合と同様に、自分が単数だと思った形（複数形がmousesだと思った子どもはmouse、micesだと思った子どもはmice）を複合語に用いている。

この実験結果は何を意味するだろうか。3〜5歳までの間に子どもが耳にしたデータの中から、「規則形の複数形は複合語に入ることはできないが、不規則形であれば入っても良い」という一般化を獲得したという可能性はかなり低いと思われる。第一に、実際に用いられる複合語は、たとえばtooth brush, mouse trapのように、不規則形の複数形をもつ名詞であっても単数形が含まれるものの方が多い。第二に、(1)のような対比が報告されているにもかかわらず、実際にはadmissions office, publications catalogueなど規則形の複数形が複合に含まれる例も散見される[6]。このため、この実験結果には何らかの生得的な知識が関係していると考えられる。

---

[6] (1)のような対比が確かにあるにもかかわらず、なぜこのような規則形の複数形を取り込んだ複合

6.2 　二重メカニズムモデル―記憶も計算も両方必要―

　6.1 節で、英語の規則活用と不規則活用がどちらも過剰一般化の現象を見せること、しかし複合語における振る舞いが異なることを見た。こうした事実を説明できるモデルとして、英語の屈折形の処理に 2 つの質的に異なる心内メカニズムがかかわるとする表 6.2 のような**二重メカニズムモデル**（Dual Mechanism Model）が提案されてきた[7]。規則形の処理に想定される計算処理とは、言語の産出においては、各要素（たとえば、walk という動詞原形と -ed という接尾辞）を組み合わせて語全体（walked という過去形）を作り上げ、理解においては、語全体を各要素に切り分けて処理するメカニズムである。一方、**連想記憶**（associative memory）とは、個々の項目を一つ一つ独立して記憶するのではなく、音韻・形態・意味などの共通点・類似点があるものをネットワーク的に相互に結びつけた形での記憶である。言語の語彙項目について話者が頭の中にもっている知識の総体であるレキシコンにおいて、語彙項目についての知識がネットワーク的に関連付けられていることは、プライミング実験などからも裏付けられている（3.1.1 項参照）。このような 2 つのメカニズムを仮定する二重メカニズムモデルは、5.2.4 項でも概略の説明をした通り、規則活用には規則による計算処理がかかわり、活用形がレキシコンに記憶される必要はないのに対し、不規則活用は、活用形がレキシコンにネットワーク的に記憶されると考えるモデルである（Pinker and Prince 1991, Pinker 1999）。

　以下、この節ではこのモデルの特徴を概説するが、その前に、6.1.2 項で見た複数形を取り込んだ複合語の問題にこのモデルで明快な答えが与えられることを見ておきたい。複合語がレキシコンに記憶されている語を組み合わせて作

語が許されるのかについてここで立ち入る余裕はないが、事実としては雑誌などでこのような用法はかなり多く見られ、単純な数としては不規則形の複数形を取り込んだものよりも多いと思われる（伊藤 1999）。にもかかわらず、子どもの実験結果が、大人の容認性判断（1）と同じである点が興味深い。

[7]　本書では、記憶と計算処理の両方が言語処理にかかわるという立場で様々な現象を紹介していくが、これが唯一の解であるというわけではない。すべてを同一のメカニズムで処理できるとする立場との間で論争がある。*Trends in Cognitive Sciences*, Vol.6, No.11（2002）の誌上論争（pp. 456-474），Marslen-Wilson（2007）などを参照。

表6.2　屈折の二重メカニズムモデル（Pinker and Prince 1991）

	実在語処理	過剰適用 （誤用・新語）	特徴
規則活用 walk/walked	規則による計算処理 記憶不要	規則による計算処理	頻度・類似性に依存しない
不規則活用 sing/sang	連想記憶	連想記憶に基づくア ナロジー	頻度・類似性に依存

るものであるとすれば、不規則活用の活用形（teeth などの複数形）はレキシコンに記憶されるものであるから、複合語を作ることができるが、規則活用の活用形（claws などの複数形）はレキシコンに記憶されるものではないので、複合語の内部に現れることはない。つまり、このモデルを仮定すれば、複合語内の複数形名詞の分布が、必然的な結果として予測できるし、子どもがこれを「知って」いるのも当然のことだと考えることができる。

6.2.1　頻度への依存

　記憶は、その性質上、頻度に依存する（よく見聞きするものは覚えやすい）。一方、計算処理は、規則に従って要素を組み合わせる操作なので、頻度には依存しない。したがって、二重メカニズムモデルは、記憶処理を行う不規則活用は頻度に依存するのに対し、計算処理を行う規則活用は頻度に依存しないという予測をする。では、活用が頻度に依存するというのはどういうことだろうか。

> 【Q】英語には、数は少ないが、複合動詞がある。以下の複合動詞の過去形はどうなるか、考えてみよう。
> 　to sightsee, to ghostwrite, to daydream, to giftwrap, to gatecrash

英語は基本的に複合動詞を用いない言語で、これらの複合動詞は、sightseeing や ghostwriter などの複合名詞が先にでき、-ing や -er などの接尾辞を取り除くことによって例外的に作られたものである[8]。動詞として用いる場合も、go sightseeing のような -ing 形で使うことが多く、やがて原形でも用いられるよ

---

[8]　**接辞**（affix）を付加する語形成があるのに対し、逆に接辞を取り除くことで新しい語を作るので**逆成**（backformation）と呼ばれる。

うになるが、あまり過去形では使われない。つまり、過去形の頻度が低い動詞なのである。過去形の頻度が低い場合、不規則活用には違和感を覚える母語話者が多く、˸sightsaw, ˸ghostwrote などは容認度が低い。これに対して、規則活用はそのような制約がかからず、使ったことがなくても giftwrapped, gatecrashed などは問題なく容認される。Dream は dreamed と dreamt という 2 つの過去形をもつ動詞であるが、daydreamed は容認されるのに対し、˸daydreamt の容認度は低いという対比があって興味深い（伊藤・杉岡 2002：第 4 章）。

　同様に、過去形の頻度が低い動詞として、afford や「がまんする」の意味の bear がある。ほとんどの場合 can, cannot などの助動詞と共起するため原形で用いられるが、過去形にした文の容認度は、afforded では特に下がらないが、bore では低くなるという報告があり（Pinker and Prince 1991）、ここでも規則活用は頻度に依存しないが、不規則活用は頻度に依存することがわかる。

◗6.2.2　類似性への依存

　人間の語彙に関する記憶は、音韻的類似性、意味的類似性など様々な側面で類似するものをネットワーク的につなげた記憶であると考えられる。このため、二重メカニズムモデルによれば、連想記憶によって処理される不規則活用は類似性に依存するのに対し、計算処理される規則活用は類似性に依存する理由はない。

　英語の動詞活用の不規則形は、いくつかの音韻パターンに分類される。詳述する余裕はないが、swing/swung, wring/wrung, cling/clung のパターン、feel/felt, keep/kept, sleep/slept のパターンなど、音韻的な類似があることに異論はないだろう。6.1.1 項で紹介した過剰不規則化（bring/ *brang や glow/ *glew）も、sing/sang, ring/rang や grow/grew, throw/threw のパターンへの類似によるものであることは明らかである。一方、規則活用の語形に共通の音韻パターンがあるとは考えにくい。Walked と talked のように類似しているものもあるが、そのパターンは skipped や laughed にはあてはまらない。実在する語の活用形について、このような相違があるだけでなく、この相違は実験用新語でも確認されている（Prasada and Pinker 1993）。たとえば、swing/swung のパターンに見られる母音交替について見ると、spling のよう

にパターンに類似している実験用新語では、過去形として splung が産出されたり容認されたりするが、類似しない nist に対して nust は産出も容認もされにくいことが報告されている。一方、英語動詞に音韻的に類似しない krilg, ploamph のような実験用の新語でも、規則活用を適用した krilged, ploamphed は問題なく産出・容認され、規則形の過剰適用（過剰規則化）は類似性には関係なく起こることが示されている。

6.2.3 デフォルト規則としての適用

6.2.2 項で見たように、不規則活用には音韻的なパターンがあるが、パターンに合う音韻特徴をもっているものが必ずそのパターンの活用をするとは限らない。Glow や flow の過去形は glowed, flowed であって *glew, *flew（flow の過去形として容認不可）ではない。したがって、不規則活用をする動詞は「不規則活用である」というマークをもっていると考えられる。これに対して、規則活用は、そのマークがないものにおしなべてデフォルトとして適用される。

このように考えることで、英語の名詞から派生される動詞の活用が説明できる。英語は、語形の変化なしで統語カテゴリーを変更する**転換**（conversion）と呼ばれる語形成の生産性が高い。Box や cool がそれぞれ「箱に入れる」「冷やす」という意味の動詞になったり、walk が「散歩」という意味の名詞になったりするのがその例である。名詞から転換で動詞になる場合、音韻的に不規則活用が可能であっても規則活用になることが知られている。たとえば、「鳴らす」という意味の動詞 ring は ring/rang/rung という不規則活用をするが、同音異義の「輪」という意味の名詞から転換で派生する「丸で囲む」という動詞は規則活用をする。Ring の場合は別の語であるが、さらに興味深い例としては、「飛ぶ」という意味の fly が不規則活用（fly/flew/flown）をするにもかかわらず、転換によって「（野球の）フライ」という名詞になり、そこからさらに転換によって「フライを打ち上げる」という意味の動詞になると規則活用（flied）になる、といった例がある。この場合、元の動詞は「不規則活用をする」というマークをもっているが、名詞には過去形の情報が意味をもたないのでこのマークがなくなり、そのため最終的に派生する動詞はマークがないためにデフォルトの規則活用になると説明できる。複合語の grand-stand（「観覧席」）から派生する「派手なプレーをする」という意味の動詞が grand-standed

という規則形の過去形になることなども同様の説明ができる。

　Fly や grand-stand のように実際に用いられている語の場合は、規則活用として記憶されているという解釈が可能かもしれない。しかし、実験用新語でもこの現象が見られることがわかっている（Kim et al. 1991）。Line-drive のような実験用新語を複数作成し、「線に沿って運転する」といった動詞の意味を維持する新語として示された場合と、「ライナー性のヒットを打つ」（line-driveは「（野球の）ライナー」の意味の名詞）のように名詞から転換で動詞にした意味の新語として示された場合とで、規則活用と不規則活用の過去形の容認度を調査した。前者では line-drove という過去形の方が line-drived という規則形よりも容認度が高かったのに対し、後者では逆に規則形の方が容認度が高かったと報告している。

6.3　記憶と計算—脳科学からのアプローチ—

　このように、記憶と計算という異なる心内メカニズムが屈折に関与するというモデルには、それを支持する多くの証拠が提示されてきているが、そのような心内メカニズムの相違があるのであれば、脳の働き方にも相違が見られるはずであり、実際、脳科学的な証拠が積み上げられてきている。脚注7でも述べたように、2つの異なるメカニズムがかかわっているか否かについては議論があるが、言語事実だけから論証することは難しくなっており、それだけ脳科学的な検証が重要になっている。

6.3.1　失語症研究・SLI 研究の成果

　3.2.1項で見たように、失語症には様々なタイプがあり、病巣のある部位と失語症状のタイプとの間に関連があると考えられている。英語の動詞活用について左前頭のブローカ野周辺に損傷のある失文法症状（3.2.1項参照）の失語症患者では不規則活用の方が規則活用より成績が良く、左側頭・頭頂領域に損傷があり単語の想起に困難のある失語症患者では、逆に、規則活用の方が不規則活用より成績が良いという二重乖離（3.2.2項参照）が多くの研究で示され（Pinker and Ullman 2002, Marslen-Wilson 2007, Ullman 2007 など）、2種類の活用の脳内処理が異なることを示唆する。さらに興味深いことに、後者のタイ

プの患者に過剰規則化（sing の過去形を*singed とするような誤り）が観察されることが報告されており（Pinker and Ullman 2002）、記憶処理に困難があるために特定の不規則形が想起できない場合に計算処理で補完していることが示唆される。

　3.2.3項で見たように、特異性言語障害（SLI）の子どもは失文法失語とよく似た特徴を示し、規則活用に特に困難がある SLI 児がいることが観察されているほか、受身文理解に困難があることも報告されている。この規則活用や受身文理解の困難については、文法にかかわる計算処理に困難があると考える説と、聴解処理に困難があるために語末の弱い子音（屈折接尾辞の -s, -ed など）が処理しにくいことの反映であるとする説とが対立している（van der Lely and Christian 2000, van der Lely and Ullman 2001）。SLI 児が計算処理に困難があるという前者の説を支持する興味深い実験結果を 2 つ紹介したい。

【実験】　SLI 児は規則形にも頻度効果（van der Lely and Ullman 2001）

　SLI 児と複数の定型発達児のグループを対象として、実在する規則動詞と不規則動詞を、それぞれ高頻度の語のグループと低頻度の語のグループに分け、1 人称現在の文（Every day I weep over her. など）の中で動詞を聞いた後に、過去の文脈（Yesterday, I ____ over her.）でその動詞を産出する課題を行った（実験用新語動詞も用いているがここでは省略する）。ここでは、SLI 児のグループ（平均 11 歳 3 か月）と、その SLI 児グループと語彙力を揃えた定型発達児のグループ（平均 6 歳 11 か月）を取り上げ、その結果を図 6.2 に示す。

　頻度の影響を受けるのは、レキシコンに記憶されている語が示す特徴である（3.1.1 項、6.2.1 項参照）。定型発達児では、不規則活用にのみ頻度効果が見ら

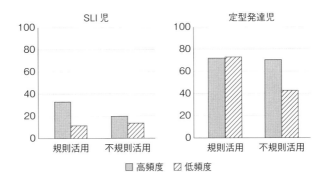

図6.2　SLI 児と定型発達児の活用形正答率（%）（van der Lely and Ullman 2001 に従って作成）

れる（低頻度語の正答率が低い）。これに対して、SLI児は、全般に成績が良くないものの、規則活用にも明確な頻度効果が観察されている。

　この実験結果から、定型発達児では表6.2に示すような規則形と不規則形の処理の相違があること、それに対してSLI児では規則活用の過去形も不規則形同様に記憶によって処理していることが示唆される。すなわち、SLI児は計算処理に困難があるため、記憶で補完していると考えられるのである。

> 【Q】6.1.2項で、複合語内部に不規則形の複数形が入ることができる（mice-eater）のに対して規則形の複数形は入れないこと（*rats-eater）、それを子どもが知っていることを示す実験結果があることを見た。さらに、6.2節冒頭で、二重メカニズムモデルでは、レキシコンに記憶されている語を組み合わせて複合語を作ると仮定することで、この事実が説明できることを見た。SLI児が規則形の活用形も記憶しているとしたら、SLI児の複合語形成についてどういう予測が立てられるだろうか。

【実験】 SLI児は規則形も複合語内に入れる (van der Lely and Christian 2000)

　6.1.2項で見た【実験】（Gordon 1985）と同じデザインで、SLI児が複合語の中に複数形を入れて産出する割合を調査する実験が行われた。SLI児のグループ（平均年齢13歳11か月）と、文理解力をSLI児グループに揃えた定型発達児のグループ（平均年齢7歳2か月）の結果を図6.3に示す。
　図6.3（a）に示すように、この実験に参加したSLI児は規則形の複数形を正しく産出できており、活用形の正答率は定型発達児との間に有意差がない。しかし

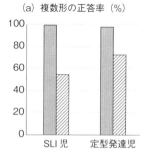
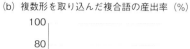
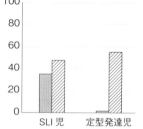

図6.3　SLI児と定型発達児の複数形の産出（van der Lely and Christian 2000に従って作成）

図 6.3（b）では SLI 児は不規則形（mice）同様に規則形（rats）を取り込んだ複合語も産出しており、定型発達児とは異なる振る舞いをしていることがわかる。SLI 児は計算処理に困難があり、規則形を正しく用いることができている場合でも、記憶で補完していると理解できる。

　この実験結果も、SLI 児が計算処理に困難があるという説を支持する[9]。語末子音の聞き取りが難しいことを原因とする対立仮説では、SLI 児の方が定型発達児よりも多く語末子音を付した規則形を用いるという現象は説明できない。6.2 節冒頭で見たように、複合語の要素となるのはレキシコンに記憶されている語であるということを前提とすれば、計算処理に困難があり、記憶で代替していると考えることで、SLI 児の方がより多く規則形を用いる環境があるという不思議な現象も説明ができるのである。

　このように、失語症患者や SLI の研究成果からは、2 種類の活用が異なる処理メカニズムを用いていることを示唆する結果が得られており、二重メカニズムモデルを支持する証拠となっている。

6.3.2　脳機能計測の成果

　脳機能計測研究でも、2 種類の活用に異なる脳内メカニズムが関与することを示唆する結果が得られている。ERP 計測を用いた研究（3.2.4 項参照）では、5.2.4 項の連濁にかかわる実験の紹介でも述べたように、ドイツ語やイタリア語などのヨーロッパ言語の活用について、規則活用を不規則動詞に適用した過剰規則化の誤り（英語で言えば、grow の過去形を*growed とするような誤り；正しくは grew）に対して、統語違反に対する反応とされる LAN が観察され、逆に不規則活用を規則動詞に適用した過剰不規則化の誤り（glow やpeep の過去形を grow/grew, keep/kept のパターンからのアナロジーで*glew, *pept とするような誤り；正しくは glowed, peeped）に対しては、陰性波が観察されないか、あるいは意味違反や語彙検索に対する反応として知られるN400 が観察されている（Marslen-Wilson 2007, Ullman 2007 など）。また、英語の過去形動詞が必要となる文に動詞原形を入れる誤り（*Yesterday, I

---

[9]　ただし、SLI と分類される子どもが必ずしも一様のグループではないということが指摘されており、この結果がすべての SLI 児が音声処理に問題がないということを意味するわけではないという点には注意が必要である。

whip/weep. など）を読んだ際の反応を正文（Yesterday, I whipped/wept.）
と比較すると、規則活用の違反（whip）では、一般に統語違反に対して観察
されている LAN が観察されたのに対し、不規則活用の違反（weep）では陰
性波は観察されなかった（Newman et al. 2007）。規則活用にかかわる誤りの
場合に統語違反と同じ LAN が惹起されることから、統語処理と同じ文法計算
が、規則活用にかかわること、しかし不規則活用にはかかわらないことが示唆
される。

　fMRI などを用いた血流の計測によって言語処理時に活性化した部位を調べ
る研究（3.2.4 項参照）でも、2 種類の活用が異なる脳内メカニズムを用いる
ことを示唆する結果が報告されている。活性化したと報告される部位の細部に
は様々な相違が見られるものの、概略的に言って、規則活用では左前頭葉ブ
ローカ野周辺を、不規則活用では左側頭・頭頂を、それぞれ中心とする活性化
が見られ、2 種類の活用の処理メカニズムが異なることが示唆されている
（Ullman 2007 参照）。

･･･････ **まとめ** ･･

　この章では、英語の動詞や名詞の活用形を中心に、屈折の心内・脳内処理を
見てきた。規則活用には規則による計算処理が、不規則活用には連想記憶がか
かわるとする二重メカニズムモデルを紹介し、様々な実験結果がそのモデルを
支持することを見た。ただし、この章での「二分法」は、やや単純化して提示
している。次の章で、別の現象を扱いながらこの二分法についてもう少し考え
てみたい。

　日本語の屈折について検討する余裕がなかったので、最後に考えてみよう。

【Q】日本語の wug テストをやってみよう。与えられた新語動詞を、「ですます」
の形を用いずに、(a) (b) 文の空所に活用させて入れる課題である。他の新語動
詞も作って考えてみよう。実在する動詞「付ける」の例を挙げておく。
　例：　付ける　(a) 今日も付けたい。　(b) 昨日も付けた。
　動詞：すまぶ　(a) 今日も＿＿たい。　(b) 昨日も＿＿。
　　　　とかつ　(a) 今日も＿＿たい。　(b) 昨日も＿＿。
　　　　すとく　(a) 今日も＿＿たい。　(b) 昨日も＿＿。

(b) の過去形は、意外なくらい難しいと感じられたのではないだろうか。6.1.1

項の【実験】（Berko 1958）で紹介したように、英語では子どもでもかなり高い正答率であるが、日本語の動詞では成人話者でも wug テストの成績は良くないことが報告されている（Klafehn 2013 など）。ただし、（a）のタイ形は過去形に比べれば迷わなかったのではないだろうか。実験でも、（a）のようなタイ形と（b）のような過去形では（a）の方が成績が良いことがわかっている（小林ほか 2019）。これが何を意味するのか、考えてみよう。

【Q】「食べログ」の CM で、「<u>たべろ</u>ぐっちゃえばいいのに」「だから、<u>たべろ</u><u>が</u>ないと」という新語動詞が用いられていた。下線を引いた 2 つの語形が同一の動詞の活用形として並存するのは、どういう点でおかしいだろうか。このようなことが起こることと、日本語の wug テストの難しさと、何か関係があるか、考えてみよう。

◆ ◦ ✳ さらに学びたい人へ ✳ ◦ ◆

Pinker, S.（1994）*The Language Instinct: How the Mind Creates Language*, William Morrow & Co.（椋田直子（訳）(1995)『言語を生みだす本能（上・下）』日本放送出版協会）
Pinker, S.（1999）*Words and Rules: The Ingredients of Language*, Basic Books.
⇒ いずれも、人間の言語に規則による計算処理と連想記憶という 2 つの異なるメカニズムがかかわることについて、豊富な事例を用いて示している。

7 語から別の語を作る
―複雑語の構造と処理―

語の中には複数の要素から成る派生語や複合語などの複雑語があり、そのような語には内部構造がある。また、全体の形を記憶しているのか、それとも複数の要素を組み合わせる計算処理が行われるのか、という第6章と共通の問題も生じる。この章では複雑語に焦点を当てて、その構造と処理を考える。

　第6章では同一の語の活用による語形変化（屈折）を検討した。Walk に -ed という接尾辞を付加すると過去形・過去分詞形の活用形となるが、同じように接尾辞を付加するプロセスでも、kind に -ness を付加して kindness とすると、元の語（以下、**基体**（base）と呼ぶ）とは異なる語（**派生語**（derivative））ができる。このように、複数のより小さな要素（**形態素**（morpheme））から成る語を**複雑語**（complex words）と呼ぶことにする。基体に接辞などの形態素を付加して派生語を作るプロセスは**派生**と呼ばれ、屈折とは区別される。また、新たな語を作るプロセスとしては、2つ以上の語を組み合わせる**複合**（compounding）も用いられる。この章では、このような複雑語に焦点を当てる。

7.1 複雑語の内部構造
― unkindness は kindness の否定？―

7.1.1 構造上の多義性

　同じ語の並びから成る表現で意味が2通り（以上）に解釈できることがある。

【Q】次の表現には2通りの解釈がある。どのような解釈か。その解釈の違いは、要素間の「まとまり」とどのような関係にあるだろうか。

　(1) 楽しい部活動の合間のおしゃべり

(1) では、楽しいのが、部活動なのか、おしゃべりなのか、という点で異なる2通りの解釈ができる。1.1.1項でも少し見たように、要素間の「まとまり」を捉えた構造で意味を理解することができる。

(2) a. [[[楽しい部活動] の合間の] おしゃべり]
　　b. [楽しい [[部活動の合間の] おしゃべり]]

（2a）では、「楽しい部活動」がひとまとまりになっており、楽しいのは部活動であるのに対し、（2b）では「部活動の合間のおしゃべり」がひとまとまりとなり、その全体を「楽しい」が修飾する構造であり、楽しいのはおしゃべりである。

　このように、同じ要素（語）が並んでいる表現であっても、要素間のまとまりを表す構造の違いによって多義となることを、**構造上の多義性**（structural ambiguity）と呼ぶ[1]。（多義性をもつ文の中には、「このはしわたるべからず」で「はし」に「橋」と「端」の解釈があるという例のように、単独の要素（この場合は語）の多義性によって複数の意味が生じるものもあるが、これと構造上の多義性とは区別される。）構造上の多義性は、文が、単語が一列に並んだだけのものではなく、「まとまり」による**階層構造**（hierarchical structure）をもつものであることを示している。

　このような構造上の多義性は、語の内部でも見られる。

【Q】 以下の例は、それぞれ 2 通りの解釈が可能である。どのような構造を仮定すればその多義性が説明できるだろうか。

　　(3) a. ドイツ文学協会　　　b. ビニール傘入れ　　　c. unlockable

（3a, b）は第 5 章の最後で見た例であるが、意味の違いは（4）に示すような構造の違いと関係している。

(4) a.　　　　　　　　　　　　　b.

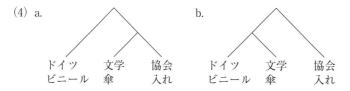

ドイツの文学協会という解釈では（4a）の構造、ドイツ文学についての協会という解釈では（4b）の構造と考えられる[2]。（4b）の解釈では全体で 1 つのア

---

[1]　ambiguity は「曖昧性」と訳されることが多いが、structural ambiguity は構造により複数の異なる意味をもつことを意味するので、本書では多義性という用語を用いる。

[2]　(2) のような [　] を用いた表記と（4）のような枝分かれ図（**樹形図**（tree）とも呼ばれる）を用い

クセント核をもつ（LHHHHHHHLLL）が、（4a）の構造では CAR（複合語ア
クセント規則；5.1.3 項参照）が全体にかからず、2 箇所にアクセント核のあ
る発音（HLLLHHHHLLL）になる。連濁についても、「ビニール傘の入れ物」
の解釈の（4b）の構造では「傘」に連濁が見られるが、「ビニール製の傘入れ」
の意味の（4a）では「傘入れ」に連濁がかからない。つまり、CAR も、連濁
も、（4a）のような構造では適用が阻止されるという共通点をもっていること
になる [3]（（4a）のように右側要素が枝分かれする構造を右枝分かれ、（4b）の
ように左側要素が枝分かれする構造を左枝分かれと呼ぶ）。

　（3c）も、接頭辞の un-、基体の lock、接尾辞の -able という 3 要素に分解で
きるので、その構造として右枝分かれの [un [lock-able]]、左枝分かれの [[un-
lock]-able] という 2 通りの可能性がある。前者の構造では「施錠可能（lockable）
ではない」という意味、後者の構造では「解錠する（unlock）ことができる」
という意味になる。

【Q】 Unpredictable, unkindness という語は、それぞれ、un-, predict, -able、
un-, kind, -ness という 3 要素に分解できる。この場合、どのような構造をもっ
ていると考えられるか。なぜそう言えるのか、根拠を挙げてみよう。

Unpredictable や unkindness の意味は 1 通りであり、構造上の多義性はない
と考えられ、構造も 1 通りに決まるはずである。右枝分かれと左枝分かれのど
ちらの構造になるだろうか。Unpredictable の場合は、比較的容易に答えが出
せそうである。Predictable という形容詞は存在するが、*unpredict という動
詞は存在しない（この点で、unlock が存在する unlockable の場合と異なる）。
したがって、構造は右枝分かれの [un-[predict-able]] と考えて良さそうである。
一方、unkindness の場合は、unkind という形容詞も、kindness という名詞も
存在するので、その点では unlockable と似ている。しかし、unlockable のよ
うに 2 通りの異なる解釈があるわけではないので、構造が 2 通りあるとは考え
にくい。どう分析すれば良いだろうか。

た表記は同じ情報を与えるもので、どちらを用いても構わない。

[3]　ただし、（4a）の解釈でも「ビニール傘入れ」はひとまとまりのアクセント（LHHHHHLL）をもつ
　　と思われるので、さらに検討が必要である。窪薗（1995：第 2 章 3 節）参照。

●7.1.2 基体の統語カテゴリー

Unkindness の構造を考えるために、まず un- と -ness という接辞がどのような性質をもつか考えてみよう。-ness は kindness, selfishness, harmlessness など様々な形容詞に付加されて名詞を作る接尾辞である。このように、接辞は「どのような統語カテゴリーの基体に付加されるか」と、「できあがる語の統語カテゴリーは何か」についての情報をもっている。ここでは前者の、基体の統語カテゴリーについての情報を検討する。どのような統語カテゴリーの語を作るかについては次の項で扱う。

Unkindness を [[un-kind]-ness] と分析するなら、形容詞（kind）に un- が付加されることになり、[un-[kind-ness]] と分析するなら名詞（kindness）に un- が付加されることになる。Unkind, unfair のように、kind, fair など単独の形態素から成る（つまりそれ以上分解できない）形容詞に un- が付加される例が多数あることから、un- が形容詞に付加されることは確実である。では、un- が名詞に付加されることがあるだろうか。この問題を考える際に、unlock の un- と、unkind の un- とでは意味が異なることに注意が必要である。Unkind, unkindness の un- は否定の意味を表している（「親切」に対して「親切でない（こと）」という意味になる）が、unlock の場合は否定ではなく、逆の動作を表している（「錠をかける」に対して「錠をかけない」のではなく、「錠を開ける」意味である）。この 2 つの意味の un- が同一の接頭辞であるかどうかは議論の余地があるが[4]、振る舞いが異なるので、ここでは便宜的に区別して考えることにする。否定の意味の un- がどのような基体に付加されるかを、(5) のデータで検討してみよう。

(5) a. unhappy, unkind, unfaithful, unlikely, unhealthy, unfortunate, unlucky
b. unhappiness, unfaithfulness, unlikeliness, unpredictability, unconsciousness
c. *unjoy, *unvigor, *unfear, *unrisk, *undoubt, *unfame
d. *unassurance, *unenjoyment, *unattention, *unfrustration

Unkindness 同様に、un- の後ろに名詞が続くように見える例は (5b) で、こ

---

[4] Yumoto (1997) などを参照。なお、逆の意味の un- は動詞に付加される。名詞に付加されるように見える例（uncrown「王位を奪う」など）は、名詞転換動詞（crown「王位につかせる」; 13.2.3 項参照）に付加されていると分析できる（伊藤・杉岡 2002）。

れはすべて un + 形容詞 + 接尾辞の形になっている。一方、(5c) のように単一形態素から成る名詞（joy, vigor など）に un- が付加される例は容認されないし、(5d) のように動詞から派生した名詞（assurance < assure, enjoyment < enjoy など）にも un- 付加は許されない [5]。つまり、un- で始まる名詞がある場合、その名詞は形容詞 + 接尾辞という形をもっているということになる。(5b) の unkindness のような例を根拠に un- が名詞に付加できると分析するなら、なぜ (5c) の *unjoy や (5d) の *unassurance などが不可能であるのか、説明できなくなる。一方、un- は形容詞に付加されるものであり、un-A-ness は [[un-A]-ness] という構造をもつと考えれば、これらのデータには自然な説明が与えられる。また、このように考えれば、unkindness の構造は一義的に決まることになり、意味解釈が 1 通りであることにも説明が与えられる。

　ここで重要なのは、un- が付加される基体の統語カテゴリーを選ぶということである。一般に、接辞の多くは決まった統語カテゴリーの基体を選ぶ。同じ**名詞化**（nominalization）の接尾辞でも、-ness や -ity は形容詞に、-ment や -ion は動詞に、それぞれ付加されるのである（kindness/*kindment, *enjoyness/enjoyment）。

🌙 7.1.3　語の主要部は右側

　2.3 節で、句に主要部があることを見たが、語にも主要部がある。複数の要素が組み合わされたときに、全体の働きや性質を決めるのが主要部である。具体的に、2 つの語を組み合わせて作る複合語で、考えてみよう。

> **【Q】**「猫窓」という複合語があるとしたら、それが指すものは、猫だろうか、窓だろうか。「窓猫」だったら、どうだろうか。なぜそういう違いがあるのだろうか。

「猫窓」は、猫の形をした窓、いつも猫がいる窓など、いろいろな解釈が可能であるが、窓の一種であると明確に判断できる。「窓猫」にもいろいろな解釈がありうるだろうが、猫であって窓ではないということには異論はないだろう。このように、聞いたことのない新奇複合語であっても、何を指すかの判断

---

[5] 単一形態素の名詞に un- が付加される unfaith や動詞から派生した名詞に un- が付加される unemployment など、いくつかの例外は存在する。

ができるということから、母語話者が複合語の主要部を決める規則を（無意識
のうちに）知っていると考えられる。主要部が「窓」であるから「猫窓」は窓
の一種であるし、主要部が「猫」であるから「窓猫」は猫なのである。実際に
存在する複合語の例を挙げれば、「瓦屋根」と「屋根瓦」、「窓ガラス」と「ガ
ラス窓」などでも同様で、複合語においては右側要素が主要部になると言え
る。また、統語カテゴリーが異なる語を組み合わせる場合、「心細い」は形容
詞であるが、「細道」は名詞である、というように基本的に統語カテゴリーを
決めているのも右側要素である。つまり、意味の面でも、統語カテゴリーの面
でも、全体の性質を決めているのは右側要素である。複合語において右側要素
が主要部になるのは、英語でも同様であり、sky blue は形容詞であるが、
greenhouse は名詞である。このように、語の主要部は右側要素であることが
多くの言語にあてはまると考えられており、**右側主要部規則**（right-hand
head rule）と呼ばれている（Williams 1981）。

　では、派生語の場合はどうだろうか。一部の接辞は「できあがる語の統語カ
テゴリーは何か」について情報をもっている。-ness という接尾辞は形容詞に
付加されて全体が名詞になるので、-ness という接辞に「できあがる語の統語
カテゴリーは名詞である」という情報がある（すなわち接辞が統語カテゴリー
を決めている）ことがわかる。これに対して、un- は形容詞に付加されて全体
が形容詞になるので、統語カテゴリーを決めているのが基体なのか接頭辞なの
かはわからない。英語や日本語の接辞を見ると、接尾辞は（6）に示すように
統語カテゴリーを決めるものが多いのに対して、接頭辞は（7）のように統語
カテゴリーを変更しない（基体の統語カテゴリーがそのまま派生語の統語カテ
ゴリーになる）ものが多いことがわかる。

(6)　a. 名詞：-ness (sadness), -ity (purity), -ion (construction),
　　　　　　　　-ment (development), -al (arrival), -er (runner)
　　　　　　　　－さ（寒さ）、－み（厚み）、－性（確実性）、－方（歩き方）
　　　b. 動詞：-ify (simplify), -ize (modernize), -en (widen)
　　　　　　　　－る（ググる）、－める（温める）、－まる（温まる）、－がる（嫌がる）
　　　c. 形容詞：-ish (childish), -al (postal), -ful (colorful), -less (hopeless),
　　　　　　　　　-ive (expressive), -able (washable)
　　　　　　　　　－らしい（男らしい）、－っぽい（子どもっぽい）
　　　　　　　　　－たい（読みたい）、－しい（みずみずしい）

(7) a. disadvantage（名詞），disappear（動詞），dishonest（形容詞）
　　b. copilot（名詞），coexist（動詞），coeternal（形容詞）
　　c. 小役人（名詞）、小突く（動詞）、小汚い（形容詞）、小綺麗な（形容名詞）[6]
　　d. ど根性（名詞）、どつく（動詞）、どぎつい（形容詞）、ど派手な（形容名詞）

　つまり、右側要素である接尾辞は統語カテゴリーを決める働きをもつ主要部であるのに対し、左側要素である接頭辞は主要部ではないと考えられ、ここでも右側主要部規則があてはまると言える[7]。

　2.3節では、句レベルでは主要部の位置が言語によって異なり、日本語は主要部後置型（右側が主要部）であるのに対して、英語は主要部前置型（左側が主要部）であることを見た。これに対して、この項では、日本語でも英語でも語の内部では基本的に右側が主要部であることを見た。英語で主要部の位置が、句と語で逆転することは、(8) のような句とそれに対応する複合語の例を見るとよくわかる（日本語では、「皿を洗う／皿洗い、酒を飲む／酒飲み」のように語順の逆転は生じない）。

(8) a. 句：wash dishes, drink beer　　（動詞句：左側が主要部）
　　b. 語：dishwasher, beer drinking　（名詞：右側が主要部）

言語によって、句レベルと語レベルでこのような主要部の位置の違いが生じるのがなぜなのかは、まだ解明されておらず、今後の課題である。

7.2　複雑語の処理

　第6章で、活用形の処理に、規則による計算処理と連想記憶という2つの異なるメカニズムが関与している可能性を見た。この節では、複数の形態素から成る複雑語の処理にも、二重メカニズムの考えが適用できるか、検討していく。

---

[6] 名詞を修飾する際に「な」で現れる語（例：「きれいな、確実な」）を**形容名詞**（adjectival noun）と分類する。形容動詞、ナ形容詞などとも呼ばれるが、形容詞と名詞の性質をあわせもつことから本書ではこの名称を用いる。

[7] ただし、右側主要部規則は絶対的な規則とは言えず、例外がある。たとえば、enrich の en- や deforest の de- など統語カテゴリーを決める英語の接頭辞も少数ではあるが存在するし、日本語でも否定の「不-」は名詞に付加されて形容名詞を作る場合がある（「不釣り合いな、*釣り合いな」）。

7.2.1 語形成の規則性と生産性

「語」は一般的に記憶されるものだと考えられている。個々の形態素の形式（音形）と意味の間には、（擬音語、擬態語などを除いて）必然的な関係はなく、**恣意的**（arbitrary）である。たとえば、特定の動物が、なぜ日本語では /neko/、英語では /kæt/ という音形で表されるのか、あるいは否定の意味を表す接頭辞がなぜ日本語では /hu/（不-）、英語では /ʌn/（un-）という音形で表されるのか、理由は何もない。理由がないのだから、これらの形態素の形式（音形）と意味のつながりは、レキシコン（3.1.1 項参照）に記憶していると考えるしかない。したがって、単一の形態素から成る語は、記憶されていると考えられる。しかし、複数の形態素から成る複雑語はどうだろうか。もし「語」が基本的に記憶されるものであるとするなら、派生語は基体とは別の語として記憶されているのが当然のように思われるかもしれない。しかし、un- と kind がレキシコンに記憶されていれば、それらを組み合わせて unkind を作ることができ、unkind という派生語自体は記憶される必要はないという可能性もある。

語形成の結果がレキシコンに記憶されているか否かを見分けるために、レキシコンに記憶されるタイプの語形成が示す 2 つの**不規則性**（irregularity）に着目したい。第一に、**語彙的ギャップ**（lexical gap）が手がかりになる。文と異なり、語には、理論的には可能でありながら、実際には用いられない語があり、これを語彙的ギャップと呼ぶ[8]。これはレキシコンに記憶されるものの特徴であると考えられる。たとえば、否定を表す「不-」という接頭辞は特に漢語の形容名詞に多く用いられる（「不誠実、不健康」など）が、用いられない語もある（「#不率直、#不頑健」）。実際に使われないというのは、レキシコンに記憶されていないということであり、語彙的ギャップのある語形成（この場合は「不-」付加）はレキシコンの記憶で処理されると考えるのが妥当である。計算処理による文レベルの否定（「率直でない、頑健でない」など）ができないような語は存在しないことからもこの考え方が支持される。第二に、語形や

---

[8] この章では、文法的に許されない例（たとえば、接辞が誤った統語カテゴリーの基体に付加された *enjoyness など）であることを示す「*」と区別して、「#」で示すことにする。

意味の不規則性がある。たとえば、「不-」は「不慣れ、不揃い」のように動詞の連用形に付加される例もあるが、「不届き」という語は、「不-」の意味と「届き（届く）」の意味を組み合わせても得られない特殊な意味（道・法にそむく行いをすること）をもつ。このような現象は**語彙化**（lexicalization）とも呼ばれ、個々の語が記憶されることによって可能になると考えられる。

　逆に、レキシコンに記憶されない（つまり計算処理される）語形成は、語彙的ギャップが存在せず、作られる語は構成要素の意味を組み合わせて得られる意味をもつという**規則性**を見せる[9]。語彙的ギャップがないということは、記憶されていない新語にも自由に適用できる**生産性**をもつということである（5.2節で見たように、連濁も生産的なプロセスである）。

　この節では、これらの点を踏まえて、複雑語の処理について、いくつかの実験の結果をもとに検討していきたい。

◗7.2.2　プライミング効果と頻度効果―ドイツ語の名詞化接辞―

　語がその構成要素（たとえば基体と接辞）を組み合わせる規則によって計算処理されるのであれば、語を理解する際には構成要素に分解されると考えられる。一方、全体をひとまとまりの語として記憶しているのであれば、理解の際にはその語全体をレキシコンで検索して処理すると考えられる。実際の処理過程において、語を分解して処理しているか、あるいは分解せずにひとまとまりのまま処理しているかを判断するには、語彙性判断の反応時間測定実験で、頻度効果とプライミング効果を観察する実験が有効である（3.1.1 項参照）。頻度効果があることは、3.1.1 項で見た通り、語全体がレキシコンに記憶されていることの根拠となる（6.3.1 項の【実験】も参照）。

　プライミングについては、屈折にかかわる実験（Stanners et al. 1979）が参考になる。この実験では、動詞原形をターゲットとし、同じ原形をプライムとする（同じ語形を繰り返して見るので反復プライミングと呼ばれる）場合と、過去形をプライムとする場合の、プライミング効果の比較を行った。規則活用

---

[9]　このように全体の意味が構成要素の意味から計算できることを**構成的**（compositional）であると言う。なお、生産的な語形成によって作られた語であっても、使用されていく中で語彙化された意味をもつことはある。その場合、語彙化された語は（例外として）記憶されていると考えられる。脚注 13 参照。

では、原形のターゲットに対して、原形と過去形が同等のプライミング効果を示した（たとえば、burned を見た後の burn と、burn を見た後の burn とで、プライミング効果は同等であった）のに対し、不規則活用では原形のターゲットに対し、過去形のプライムは、原形のプライムよりも弱いプライミング効果を示した（たとえば、shake を見た後の shake より、shook を見た後の shake の方が、プライミング効果が弱かった）と報告されている。反復プライミングと同等のプライミング効果があることは、プライムの語の処理の際にターゲットの語自体にアクセスしていることを示すと考えられる。したがって、規則活用では過去形が独自に記憶されておらず、過去形（burned）を処理する際には、原形と -ed に分解した上で原形（burn）にアクセスしているのに対し、不規則活用では過去形のプライムを見た際に過去形自体（shook）がアクセスされており、原形（shake）は関連語として活性化されているに過ぎないと考えれば、この結果が説明できる。このことは第 6 章で紹介した二重メカニズムモデルを支持する証拠の一つになっている[10]。

　これらの手法を用いて、ドイツ語の動詞から派生した名詞の心内処理について行った実験を紹介する。

【実験】　生産的な語形成による派生語は分解も記憶もされる　(Clahsen et al. 2003)

　この研究では、ドイツ語の派生語について、プライミング効果と頻度効果を検証している。ここでは動詞に接尾辞 -ung を付加する名詞化についての結果を紹介する。プライミング実験では、プライムを聞いた直後にターゲットが画面に現れるクロスモーダルプライミングの手法（第 3 章脚注 2 参照）を用い、動詞原形のターゲットに対して、プライムを (i) 動詞原形（反復プライミング）、(ii) -ung 名詞、(iii) 無関係の語とする 3 つの条件で語彙性判断課題を行った。たとえば、gründen（設立する）のターゲットに対し、プライムは (i) gründen、(ii) Gründung（設立）、(iii) Wertung（評価）といった具合である。頻度効果実験では、基体動詞の頻度が同等で、-ung 名詞の頻度が高いもの（例：Gründung）と低いもの（例：Fälschung（偽造））の 2 グループの語を用いて（3.1.1 項参照）、語彙性判断課題を行った。それぞれの反応時間の平均は以下の通りである。

　プライミング実験では、図 7.1 に示したように、(i) と (ii) で動詞原形の反応

---

[10]　その後も同様のプライミング実験が行われており、不規則活用については実験の手法などによって結果が異なっているが、規則活用については反復プライミングと同等のプライミング効果が見られることが繰り返し確認されている。

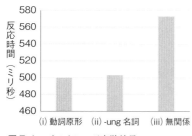

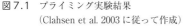

図7.1　プライミング実験結果
（Clahsen et al. 2003 に従って作成）

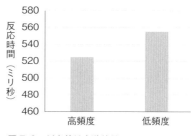

図7.2　頻度効果実験結果
（Clahsen et al. 2003 に従って作成）

時間にほぼ差がなく、(iii) より短くなっており、-ung 名詞が反復プライミングと同等のプライミング効果を示すことがわかった。一方、頻度効果実験では、図7.2に示したように、高頻度語の方が低頻度語よりも反応時間が有意に短く、-ung 名詞の頻度の影響が見られることがわかった。

　プライミング実験の結果は、-ung 名詞が基体動詞と接尾辞 -ung に分解して処理されている（-ung 名詞を聞いた際に、基体動詞にアクセスしている）ことを示唆するが、一方で頻度効果実験は -ung 名詞が名詞の形でレキシコンに記憶されていることを示唆する。つまり、分解処理しているか、語全体を記憶しているかという単純な二分法での議論は不十分であることがわかる。この点については、2 つの考察の方向性が考えられる。どちらがより説得力のある解につながるかは、今後の検討課題である[11]。

　一つの可能性は、分解されると同時に記憶もされているという二面性を、屈折とは異なる派生の特徴と考えることである（Clahsen et al. 2003）。弱いプライミング効果しか見せない不規則活用は、たとえば sing と sang が別語として記憶されているのに対し、反復プライミングと同等の効果を見せる -ed 付加などの規則活用は計算処理され、たとえば talked という語形が記憶されることはないと考えられる。それに対して、派生は別の語を作るプロセスであることから、派生語は基体語とは別の語として記憶されているが、-ung 名詞のよう

---

[11]　なお、詳しく紹介することはできないが、処理の非常に早い段階では、実際には形態関係のない corn と corner のようなペアでプライミング効果があり、corner が corn と -er に分解されていること、それに対して freeze と free のように綴りは重なっていても -ze という接尾辞が存在しないような場合にはプライミング効果が見られないことが、**マスク下プライミング**（masked priming）という手法で明らかにされている（Rastle et al. 2004）。このような点も踏まえた語の処理モデルを検討する必要がある。

な生産性の高い語形成の場合、基体と接尾辞から成るという構造をもった形で（すなわち、分解可能な形で）記憶されるとこの論文は提案している。内部構造をもたずに記憶されている sang とも、そもそも記憶されない talked とも異なるということになる。

　もう一つの可能性は、屈折でも派生でも、実際に存在する語は（計算処理されるタイプの語形成によるものであっても）特に頻度の高い語の場合は記憶される可能性もある、という考え方である。規則活用であっても、高頻度の語では頻度効果が見られることは 3.1.1 項で紹介した通りであり、このような考え方と整合する。

🌙 7.2.3　失語症患者の派生語処理─日本語名詞化接辞─

　この項では、失語症患者の派生語使用を検討することで、計算処理と記憶との関係についてさらに考えてみたい。扱う言語現象は日本語の名詞化である。

　日本語の形容詞を名詞化する接辞に、「−さ」と「−み」がある（「厚さ、厚み」）。この 2 つの接辞は、「−さ」が計算処理されるのに対して、「−み」形は記憶されることを示唆する様々な性質の違いを示す。まず、「−さ」は極めて生産性が高く、すべての形容詞に付加することができるが、「−み」は頻度の高い 30 語程度に限られており、多くの語彙的ギャップがある。

(9)　a. あたたかみ vs. #熱み　（cf. あたたかさ、熱さ）
　　 b. 厚み vs. #長み　（cf. 厚さ、長さ）

（9a）は 50℃、80℃ などの温度で、（9b）は 5 mm、3 cm などの単位で、それぞれ測ることができる性質を表すという点で、それぞれのペアの語は意味的な共通点をもつが、片方の語は用いられない。特に容認できない理由がないことから、「−み」形名詞には語彙的ギャップが存在することがわかる。さらに、「−さ」は（10）に示すように、複合語や受身の「−られる」、願望の「−たい」などの助動詞的な働きの接辞をもつ語にも付加されるが、そのような「−み」付加は許されない[12]。

---

[12]　2010 年代後半頃からネット上などで「食べたみ、行きたみ」など「−たい」を含む語にも付加される「−み」の「若者ことば」としての用法が多く観察されているが、「わかりみ」のように形容詞以外にも付加される例もあり、ここで述べる「−み」の本来的な用法とは異なる性質のものと考え

(10) a. 汗臭い／汗臭さ／*汗臭み　（cf. 臭み）
　　 b. ほめられたさ／*ほめられたみ

　また、「−み」形は、意味が必ずしも予測できず、たとえば「深み」は場所の意味（「深みにはまる」）のほかに性質の意味（「深みのある色」）ももつが、「高み」は場所の意味しかもたない（「高みにのぼる、*高みのある山」）といった不規則性を見せるが、「−さ」形は基体形容詞の表す性質・程度（「高さ」＝高いという性質、どのくらい高いかの程度）という構成的な意味をもつ[13]。

　このような観察から、「−さ」形は規則によって計算処理されるのに対し、「−み」形はレキシコンに記憶されるという仮説が立てられる（伊藤・杉岡 2002）。

【実験】「−さ」形と「−み」形は異なる処理 (Hagiwara et al. 1999)

　3.2.1項で見たように失語には様々な種類があり、この論文ではいくつかの異なるタイプの失語患者グループを対象として実験を行っているが、ここでは左前頭葉ブローカ野周辺に病巣があり、失文法症状を示すブローカ失語患者と、左中・下側頭回に萎縮による損傷があり、語の意味的な理解に困難が生じることのある語義失語患者とに焦点を当てる。3.2.1項、6.3.1項で見たように、失文法は規則による計算処理に困難を示す症状なので、ブローカ失語患者は「−さ」形の処理に困難があることが予測される。一方、3.2.1項で見たように語の意味記憶に障害があると考えられる語義失語患者は「−み」形の処理に困難があることが予測される。実験では、(11)(12)のような刺激文を示し、括弧内の選択肢から適切な方を選んでもらう二者択一課題を行った。「−さ」形名詞と「−み」形名詞の意味の違いを利用して、「−さ」形が好まれる文（さ優先文）と「−み」形が好まれる文（み優先文）を作成している。また、形容詞と派生名詞は実在語を用いた実験(11a)(12a)と、実験用新語（「かとんい、まこい」など）を用いた実験(11b)(12b)とを行った（1文目は、aでは実在形容詞、bでは新語を呈示）。比較のための失語症状のないグループ（対照群）を含めた結果を図7.3に示す。

　(11) さ優先文：a/b. ブロック塀は地震に弱い／かとんい。
　　　 a. その（弱さ・弱み）が今回の震災で証明されてしまった。

られる。なお、後述の実験は、このような用法の流行以前に行われている。

[13]　ただし、「悪さ」がいたずらという意味になるような、例外的に語彙化した例は存在する（脚注9参照）。この「悪さ」は記憶されていると考えられるが、それとは別に「悪さ」には規則通りの「悪いという性質・程度」という意味もあり、この意味の「悪さ」は他の「−さ」形名詞と同様に計算処理されると考えられる。

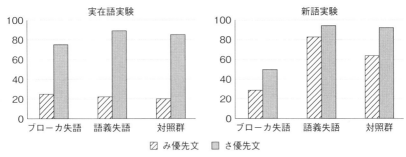

図7.3 各文タイプにおける「-さ」形選択率（%）（Hagiwara et al. 1999 に従って作成）

　　b. その（かとんさ・かとんみ）が今回の震災で証明されてしまった。
(12) み優先文：a/b. レバーは臭い／まこいので食べにくい。
　　a. 牛乳につけておくとその（臭さ・臭み）が抜ける。
　　b. 牛乳につけておくとその（まこさ・まこみ）が抜ける。

　実在語実験（左のグラフ）では実験協力者グループの間で有意差は見られなかったが、新語実験（右のグラフ）では明らかな差が観察された。二者択一の課題なので、「当てずっぽう」に選ぶと50%となるが、さ優先文でブローカ失語患者の「-さ」形選択率はそれに近い。一方、み優先文では語義失語患者がブローカ失語患者に比べて「-さ」形を多く選ぶ傾向が見られた。

　まず、実在語では、ブローカ失語患者がさ優先文において「-さ」形を選ぶことができていることから、実在語は「-さ」形であっても記憶されている可能性が示唆される[14]。一方、新語の場合は、「-さ」形も「-み」形も記憶されている可能性はない。ブローカ失語患者は、み優先文では文脈から好まれる「-み」形を既存語からのアナロジー拡張で選択することができているが、さ優先文では「-み」形を用いる文脈的要因がなく、しかしブローカ失語の特徴として「-さ」を付加する計算処理ができないために、どちらを選ぶこともできず、結果的に「当てずっぽう」に選んでいると説明できる。これに対して、語義失語患者は、記憶されている既存語からのアナロジーによる「-み」形の拡張ができないが、「-さ」付加の計算処理には問題がないので、み優先文でもさ優先文でも「-さ」形を多く選択していると考えることができる。

---

[14] これは、実験で用いたのが、「-み」も「-さ」も付加できる形容詞であったことと関係していると考えられる。「-み」は比較的頻度の高い語にしか付加されないため、必然的に「-さ」形も頻度の高い語が多かったので、記憶されていた可能性が高い。7.2.1項の議論を参照。

　これらの結果から、派生語は規則性のあるものでも実在語は記憶によって処理されている可能性があること、一方、記憶されている可能性のない新語では、規則性の高い生産的な語形成と、不規則性をもち生産性の低い語形成とでは異なる処理メカニズムが用いられていること（二重メカニズム；6.2節参照）が示唆される。7.2.2項の議論との関係で言えば、規則性のある派生語形成に関して、実在語（特に頻度が高い語の場合）は記憶によって処理され、実験用新語では計算処理が行われるという、処理メカニズムの棲みわけがあることが示唆される。これは、5.2節で扱った連濁について、定着した複合語は記憶処理されている可能性があり、実験用の新語では計算処理されている可能性が示唆されたこととも整合する。

まとめ

　この章では、まず複数の形態素から成る語には統語構造と同様の内部構造があること、語の内部では右側要素が主要部の役割をもつことを見た。後半では、派生語の処理について検討した。派生語は、形態素が組み合わされてできているという規則的な側面と、語として記憶されるという側面とが、処理の過程でもいわば「両立」しており、新語に対する適用という面で見ると、規則と記憶が明確に分かれる可能性があることを示唆する実験の結果を紹介した。

さらに学びたい人へ

伊藤たかね・杉岡洋子（2002）『語の仕組みと語形成』研究社
→「語」が、基礎単位として記憶されることから生じる語彙性と、複数の形態素から成る場合の規則性という相反する性質をもつことに焦点を当て、日英語の様々な語形成を取り上げて分析している。7.2.3項で紹介した日本語の名詞化のほか、使役（第9章参照）についての実験研究の結果も紹介している。

西山國雄・長野明子（2020）『形態論とレキシコン』開拓社
→ 屈折、派生の両方をカバーする形態論の概説書。日英語の興味深い形態現象が取り上げられているほか、形態論研究の理論史の概説があり、語の文法を本格的に学んでみたいと思う読者に薦める。

8 語の意味と構文
―動詞の意味分解―

> この章では語の意味を、動詞に焦点を当てて考える。どのような目的語や主語と
> 共起するかを決めるのは動詞であり、動詞は文全体の意味の「要」であると言え
> る。動詞の意味を分解することによって、動詞がどのような構文に現れることが
> できるかを予測できることを見ていく。

　第6章、第7章は語の「形式」を中心に検討したが、「語の文法」を扱う
Part 3の最後の章として、この章では語の意味を考えたい。語の意味、特に
動詞の意味は、構文にも関係するので、文の文法を扱うPart 4への橋渡しに
もなる。

8.1　2種類の他動詞―「たたく」と「開ける」はどう違う？―

　一般に、動詞は目的語をとる他動詞と目的語をとらない自動詞とに区別され
る。主語や目的語など、動詞が要求する要素を**項**と呼び、他動詞は2項動詞、
自動詞は1項動詞と呼ばれることもある。さらに項を3つ要求する3項動詞
（「親が子どもに本を渡す」の「渡す」など）もある。しかし、項の数だけで
は、動詞の分類としては不十分である。この節では、同じ他動詞のように見え
ながら、様々な点で異なる振る舞いを見せる2種類の他動詞を検討し、動詞の
意味分析によってその振る舞いが説明できることを見ていく。

8.1.1　自他交替―「たたく」に対応する自動詞がないのはなぜ？―

　まず、他動詞と対応する自動詞を考えてみたい。ここで「対応」というの
は、他動詞の目的語が自動詞の主語に相当する（1）のような対応関係のこと
を指す。

(1) a. 子どもがドアを開けた。　　b. ドアが開いた。
　　 a. The child opened the door.　b. The door opened.

同じ動詞が異なる構文に現れる現象を**構文交替**（alternation）と呼び、（1）の

ように自動詞と他動詞が交替する**自他交替**（transitivity alternation）もその 1
つである。日本語では（1a）のように形態的に関連する異なる語形になること
が多いが、ここではそれも含めて交替と呼ぶ。意味に着目した以下の議論では
日本語の例を用いるが、英語についても同様の議論ができる。

> 【Q】（2a）の他動詞には（2b）のような対応する自動詞があるが、（2c）には
> ない。（2a）と（2c）の他動詞にどのような意味的な違いがあるだろうか。
>
> （2）a. 開ける、壊す、溶かす、曲げる、落とす、折る、倒す
> 　　 b. 開く、壊れる、溶ける、曲がる、落ちる、折れる、倒れる
> 　　 c. たたく、押す、蹴る、なでる、殴る、さわる、つねる

「開ける／開く、壊す／壊れる」などの他動詞／自動詞ペアの意味関係を考え
ると、（2a）と（2c）を分ける意味特徴がわかってくるのではないだろうか。
答えを出す前に、もう少し別のデータを見てみよう。

8.1.2　テアル構文―「ドアがたたいてある」と言えないのはなぜ？―

　（3）のような、「N が V てある」（N は他動詞の目的語にあたる名詞、V は他
動詞）という構文を、テアル構文と呼ぶことにしよう。（2c）の、対応する自
動詞をもたない他動詞は、テアル構文に出られない。これに対して、（2a）の
他動詞はテアル構文が容認される。他の他動詞でも例を作って確認してほしい。

　（3）a. ドアが開けてある。　　b. *ドアがたたいてある。

テアル構文は、どのような意味をもっているのだろうか。（3a）と「ドアを開
けた」という普通の他動詞構文の意味を比べると、（3a）のテアル構文では何
らかの目的のためにドアを開いた状態のままにしている、という意味が感じ取
れるのではないだろうか。

　このテアル構文の意味を、【Q】の（2）で見たことと考え合わせると、「開
ける」と「たたく」の意味上の違いの本質が見えてくるのではないだろうか。
「開ける」には、その行為の結果、「開いた」状態になることが意味として含ま
れており、その結果の状態に至るという意味をもつのが対応する自動詞である
（「ドアが開く」＝ドアが開いた状態になる）と考えられる。それに対して、「た
たく」はそのような結果状態の意味を含んでおらず、したがって対応する自動

詞がなく、テアル構文も容認されないと考えられる。

● 8.1.3 動詞の意味分解—結果状態のある動詞とない動詞—

ここまでに見てきたデータとその検討を踏まえると、2種類の他動詞には以下のような意味の違いが考えられる。（Sは他動詞の主語が指す**モノ**[1]、Oは他動詞の目的語が指すモノを、それぞれ示すこととする。）このような意味分析は、動詞の意味を〈働きかけ〉〈変化〉〈結果状態〉などに分解して考えるので、**意味分解**（semantic decomposition）と呼ばれる[2]。

(4) a. 状態・位置変化他動詞（「開ける、壊す、入れる」など）
　　　〈SのOに対する行為〉＋〈変化〉＋〈Oの結果状態〉
　　b. 働きかけ他動詞（「たたく、押す、蹴る」など）
　　　〈SのOに対する行為〉

「開ける」のような他動詞は、目的語の指すモノ（たとえばドア）に対して（押す、あるいは引くなど、何らかの）働きかけの行為を行い、その働きかけによって変化が起こり、結果的に目的語の指すモノが何らかの状態（「開ける」の場合は開いた状態）になる、ということを意味している、というのが（4a）に示した分析である。これに対して、「たたく」のような他動詞は、（4b）に示すように目的語の指すモノに対する働きかけだけを意味しており、状態の変化は意味しないと分析される。

　ベビーカーを押したり、ボールを蹴ったりしたら、ベビーカーやボールが動くので変化が起こるではないか、と思うかもしれない。しかし、そのような変化は動詞がその意味として規定しているものではない。「壁を押す、電柱を蹴る」といった文で、壁や電柱には通常は特に変化は起こらないし、たとえば非常に重いベビーカーやボールを想定すれば「ベビーカーを押したが動かなかった、ボールを蹴ったが動かなかった」は矛盾を含まない。ベビーカーやボールが

---

[1] 本書では人や動物を含めた**物体**（entity）を表す用語としてモノを用いる。

[2] 形式的な分析としては、ACT, CAUSE, BECOMEなどの基本意味述語を用いた語彙概念構造（lexical conceptual structure）などが提案されている。たとえば、「開ける」は (i) のように分析される（影山 1996、伊藤・杉岡 2002 など参照）。

　　(i) [[x ACT-ON y] CAUSE [BECOME [y BE-AT **OPEN**]]]

　　この表記のxが（4）のSに、yがOにあたる。

動くというのは世界についての一般的な常識（**世界知識**（world knowledge）；第13 章参照）から推測されることであって、動詞の「語の意味」には含まれていないのである。これに対して、重いドアであっても「[?]ドアを開けたが開かなかった」は矛盾を含んでいると感じられ、容認度が低い。これは、「開いた状態になる」ということが「開ける」という動詞の意味に含まれていると分析することで説明できる。

　（4）のような分析をとると、他動詞と対応する自動詞はどのような意味分析になるだろうか。「開く、壊れる」などは、（4a）の働きかけの部分がなく、変化とその結果としての状態の部分を意味すると考えることができる。（1）で確認したように、自他交替においては自動詞の主語は他動詞の目的語に対応するので、これを O と表記すると、意味構造は（4c）のように表記できる[3]。

　（4）c. 状態・位置変化自動詞（「開く、壊れる、入る」など）
　　　　〈変化〉＋〈O の結果状態〉

このように分析すると、対応する他動詞と自動詞は働きかけの部分の有無が異なり、変化と結果状態を共有していることになり、共有すべき変化や結果状態をもたない（4b）タイプの他動詞に、対応する自動詞がないことが説明できる。

　また、テアル構文は、状態の維持を意味する構文なので、状態を含む（4a）のような意味構造をもつ他動詞は容認されるが、状態を含まない（4b）のような意味の他動詞は適切でないと説明できる[4]。

　ここで一点、注意が必要である。（4a）のような意味構造をもてば必ず対応する自動詞があるというわけではない（すなわち、（4a）の意味構造をもつことは対応する自動詞をもつことに対する必要十分条件ではない：2.2.2 項参照）。8.1.7 項で見るように、別の理由で対応する自動詞をもたない状態・位

---

[3]　主語であるのに O はおかしいと思われるかもしれないが、これを O と表記することで自他交替の対応関係を捉えている。実際、自他交替を示す自動詞の主語は、他動詞の目的語と同じ性質を多くもつことが知られている（8.1.6 項の【Q】もその例である）。

[4]　ベビーカーを押すと動くかもしれないが、「[*]ベビーカーが押してある」は容認されないことからも、この分析が支持される（「ベビーカーが動かしてある」は容認されることと対照的である）。ただし、エレベータについての文脈で「1 階のボタンが押してある」は容認される。この場合は押すことによってボタンに（あかりがつくなど）変化が生じるという世界知識によって、結果状態が推測されていると思われる。テアル構文の意味として求められる「状態」が世界知識によるものであっても良いのかどうかについてはさらに検討が必要である。

置変化他動詞もある。また、語彙的ギャップ（7.2.1 項参照）があるので、た
とえば料理にかかわる動詞の例を見ると、「焼く、煮る」には対応する「焼け
る、煮える」があるが、「炒める」に対しては「[?]炒まる」の容認度が話者に
よって異なるようであり、「蒸す」には対応する自動詞がない。したがって、
（4a）の意味をもつ他動詞の中に対応する自動詞がない例があるということは、
この議論の反証とはならない。

> ### 【実験】　複雑な意味構造には処理負荷がかかる（Mckoon and Love 2011）

　ここまで日本語の例で（4）のような意味分析を見てきたが、英語でも同様に 2
種類の他動詞の区別がある。この実験では、より複雑な意味構造をもつ状態・位
置変化他動詞の方が、単純な意味構造の働きかけ他動詞よりも、処理に負荷がか
かるという仮説を検証した。どちらも他動詞で主語と目的語をとるにもかかわら
ず、処理負荷に差があるとすれば、意味構造の違いによると考えられる。語彙性
判断課題（3.1.1 項参照）と、文の容認性判断課題（（5）のような文を他の容認
不可能な文と混ぜて 1 文ずつ呈示し、容認性を判断する課題）を行い、いずれも
反応時間を計測した。（5a）の chip（砕く）は状態・位置変化他動詞、（5b）の
bang（ドンドンたたく）は働きかけ他動詞である。語の長さや頻度など処理速度
に影響すると考えられる他の要因は統制されている。

　（5）a. The workmen chipped the tiles.　b. The workmen banged the nails.

　結果を表 8.1 に示す。いずれの課題でも、状態・位置変化他動詞の方が働きか
け他動詞よりも反応時間が有意に長かった。反応時間の長さは処理負荷を反映し
ていると考えられる。

表 8.1　語彙性判断と文容認性判断の反応時間（ミリ秒）
（Mckoon and Love 2011 に従って作成）

	状態・位置変化他動詞	働きかけ他動詞
語彙性判断	642	614
文容認性判断	2043	1865

このように、（4）のような意味分析を支持する実験結果が報告されているが、
言語事実としても他に（4）を支持する（つまり、（4）でうまく説明すること
のできる）現象がいくつかあるので見ていきたい。

8.1.4 テイルは進行？ 状態？—ポケットにお金を入れている—

1.2.2項でテイル構文には2つの解釈があることを見た。

(6) a. 選手が校庭で走っている。(進行) b. 先生が教室に来ている。(状態継続)

> 【Q】 (4) のような意味分解が妥当であるとすれば、2種類の他動詞をテイル構文にするとどのような意味になることが予測できるか、考えてみよう。1.2.2項で見た、2つのテイルの意味を形で区別できる方言の話者は、形の区別も考えながら検討すると良い。

テイルは「継続」を意味する要素であると考えると、(4a) のような意味構造の場合は、働きかけの行為と結果状態の2つの要素が継続の解釈を受けることができるため、テイル構文の解釈は行為の継続 (＝進行) と状態の継続と、両方の意味が可能であると予測される[5]。これに対して、結果の意味をもたない (4b) の意味構造の場合は働きかけの継続、すなわち進行の解釈しかないということが予測される。事実はその予測が正しいことを示す。

(7) a. 車を車庫に入れている。　　　　b. 美容師が客の髪を染めている。
(8) a. ポケットに小銭を入れている。　b. 若者の多くが髪を染めている。
(9) a. 祭で子どもが太鼓をたたいている。　b. 父親がベビーカーを押している。

(7)(8) の「入れる、染める」は状態・位置変化他動詞で、進行と状態継続と両方の解釈が可能であることが予測される。文脈によって、(7) では進行、(8) では状態継続で、それぞれ自然に解釈できるだろう。(7a) は状態継続の解釈も同じくらい自然かもしれない。一方、(9) の「たたく、押す」は働きかけ他動詞で、進行の解釈しかない。

　この場合も、対応する自動詞の有無の場合と同様に、状態・位置変化他動詞であれば必ず進行と状態継続両方の解釈が可能というわけではない。たとえば「子どもがおもちゃを壊している」を状態継続で解釈するのはかなり無理があ

---

[5] 「変化」の部分の継続という解釈の可能性は検討の余地が残る。1.2.2項で見たように、「アイスがとけている」が、状態継続の解釈のほかに進行の解釈も可能であるとすれば、(4c) のような意味構造の変化の部分が継続の解釈を受けられることになる。ただ、このような進行解釈の容認度は話者によって差があるようである。また、他動詞の場合、働きかけと変化は通常同時進行するため、働きかけの継続と変化の継続は区別が困難である。

ると思われるが、それは別の理由によると考えられる。状態継続の解釈は、変化前の状態が復元可能な場合に限られるようである。変化前の状態へ復元できるにもかかわらず結果状態が継続しているからこそ、継続していることを言語化することに意味があると考えられる。たとえば、ポケットに入れた小銭はポケットから出すこともできるが、今は入った状態を維持している、というのが(8a)の解釈である。これに対して、壊したおもちゃは通常は元に戻らないというのが一般的な世界知識であり、そのために状態継続で解釈することは困難になると考えられる。

🌙 8.1.5　時間を表す修飾表現―「窓を5分間開けた」は何が5分？―

次に、時間を表す修飾表現の分布を考えたい。時間を表す表現としては、(10a)のような継続時間を表す表現（以下、「継続時間句」）と、(10b)のような、何かが完結するまでにかかる時間を表す表現（以下、「完結時間句」）とがある。

(10) a. 子どもが30分間走った。　　b. ゼリーが30分で固まった。

(10a)では、子どもが走るという**コト**[6]が継続している時間が30分であるが、(10b)ではゼリーが固まるというコトが完結するまでの時間が30分である。英語では、継続時間句は for 30 minutes のように for、完結時間句は in 30 minutes のように in で表現され、この項での議論と同じように各種の動詞の意味を明らかにするテストとして用いられている。

これらの時間表現が、この節で検討している2種類の他動詞と共起する場合を考えてみよう。まず、継続時間句については、(11)(12)のように、どちらのタイプの動詞とも共起できるが、何が継続しているかが異なる解釈になる。

(11) a. 窓を5分間開けた。　　　　　b. ゼリーを冷蔵庫に1時間入れた。
(12) a. ベビーカーを30分間押した。　b. ドアを5分間たたいた。

(11)の継続時間句は、開けるあるいは入れるという行為を継続した時間ではなく、開いた状態、冷蔵庫に入った状態がどれだけ続いたかを表している。こ

---

[6]　本書では、**事象**（event）を表す用語としてコトを用いる（脚注1参照）。

れに対して、（12）の継続時間句は行為が継続した時間を表している。一方、完結時間句は、（13）のように状態・位置変化他動詞とは共起できるが、（14）に示したように働きかけ他動詞とは基本的に共起しない。

(13) a. 重いドアを 5 分で開けた。　　　　b. 車を車庫に 5 分で入れた。
(14) a. *ベビーカーを 30 分で押した。　b. *ドアを 5 分でたたいた。

　このような事実を、（4）の意味分析に照らして考えてみよう。（4a）に示したように、状態・位置変化他動詞の意味構造には結果状態が含まれるので、その状態の長さを測る継続時間句の解釈が可能になる。一方、働きかけ他動詞の意味には（4b）のように行為しかないので、状態の継続という解釈はできず、行為の継続の解釈のみが可能になる[7]。完結時間句の方は、意味構造において行為の始まりから変化までの時間を測ると考えることができる。たとえば、（13b）の車を車庫に入れるという行為は、車が車庫に入った状態に変化した時点で完結する。その変化が起こるまでに 5 分かかったということになる。したがって、意味構造として変化を含まない（4b）の働きかけ他動詞は基本的に完結時間句とは共起しない。

　なお、この場合も、状態・位置変化他動詞であれば必ず状態継続の解釈ができるというわけではない。テイルの解釈同様、復元可能でない状態・位置変化の場合、結果状態の継続の継続時間句は容認されない（「*5 分間おもちゃを壊した」）。

⬤ 8.1.6　結果構文―「箱をペチャンコに踏む」と言えないのはどうして？―

　最後に、**結果構文**（resultative construction）と呼ばれる構文を考えたい。日本語では、行為を行った結果を副詞などで表現することができる。

(15) a. 母親がペットボトルをペチャンコにつぶした。
　　　（＝ペットボトルをつぶした結果、ペットボトルがペチャンコになった。）
　　　b. 少女がビーチで肌を黒く焼いた。（＝肌を焼いた結果、肌が黒くなった。）

行為をどのように行うか（行為の様態）を示す（16）のような副詞と形の上で

---

[7] この分析では、状態・位置変化他動詞と共起する継続時間句は（テイル解釈の場合と同様に）行為の継続と、結果状態の継続と両方の解釈が可能であるという予測をするが、実際には行為の継続の解釈はできない（英語でも同様である）。これは、さらに検討を要する課題である。

は同じであるが、意味が異なる。

(16) a. 母が箱を静かにつぶした。(≠箱をつぶした結果、静かになった。)
　　 b. 父がパンを手際良く焼いた。(≠パンを焼いた結果、手際良くなった。)

(15)は目的語の指すモノの結果状態を表すのに対して(ペチャンコなのは
ペットボトル、黒いのは肌)、(16)は行為の様態を示す(つぶし方が静か、焼
き方が手際良い)という違いが明確である。(15)のような構文を結果構文と
呼ぶ。

(17)に示すように、結果構文にはどのような動詞でも出現できるわけでは
ない。

(17) a. *母がペットボトルをペチャンコに踏んだ。
　　 b. *チャンピオンが挑戦者の顔を青黒く殴った。

ペットボトルを踏んだらペチャンコになったとか、ボクシングで挑戦者の顔を
殴ったら青黒くなった、というのは実際に起こりうることであるにもかかわら
ず、(15)とは異なり、(17)のような結果構文でそれを表現することはできない。
　(15)と(17)の動詞を比較すると、(15)は状態・位置変化他動詞、(17)
は働きかけ他動詞であることがわかる。「踏む」や「殴る」は目的語の指すモ
ノに対して一定のやり方で(「踏む」は足で体重をかけて、「殴る」は手で勢い
をつけて)力を加えることを意味するが、結果状態は動詞の意味としては含ん
でいない。このことは、(15)の動詞に対応して「つぶれる、焼ける」という
自動詞があるのに対して(17)の動詞には対応する自動詞がないことからも支
持される。さらに、これまで見たテアル構文の可否やテイルの解釈、時間表現
などを用いてこの分類を確認してみてほしい。
　日本語の結果構文は、動詞の意味構造に含まれる結果状態をさらに詳述する
働きをもつと考えられている(影山 1996 など参照)。「つぶす」は、つぶれた
状態への変化、「焼く」は焼けた状態への変化を意味する動詞であるが、「ペ
チャンコに」や「黒く」という表現はその結果状態をさらに詳しく指定してい
るのである。したがって、(4b)の意味構造をもつ働きかけ他動詞では、詳し
く指定すべき意味要素である結果状態が意味構造に含まれていないので、結果
構文は容認されないと説明できる[8]。

> 【Q】 他動詞の様々な振る舞いを見てきたが、自動詞はどうだろうか。次のような文はどのような解釈になるか、それはなぜか、（4c）の意味構造を参考にして考えてみよう。
>   (a) 湖が凍っている。　　(b) 湖が 3 か月間凍った。　　(c) 湖がカチカチに凍った。

8.1.7 「磨く」や「きざむ」に自動詞がないのはなぜ？

　8.1.3 項で見たように、状態・位置変化の意味をもつ他動詞が必ず対応する自動詞をもつわけではない。理由のわからない語彙的ギャップもあるが、次のような例については自動詞をもてない理由が説明できそうである。

(18) a. 鍋をピカピカに磨く　　　b. *鍋が磨かる
(19) a. 玉ねぎを細かくきざむ　　b. *玉ねぎがきざまる

（18a）（19a）では、結果を表す副詞が現れている（磨いた結果としてピカピカになる、きざんだ結果として細かくなる）ことからもこれらの動詞が状態・位置変化他動詞であることが裏付けられる。しかし、（18b）（19b）に示したように対応する自動詞は存在しない。

　（4）の意味分析を導入した際に、状態・位置変化他動詞は、結果状態を意味として指定しているという説明をした。

(4) a. 状態・位置変化他動詞（「開ける、壊す、入れる」など）
　　　〈SのOに対する行為〉＋〈変化〉＋〈Oの結果状態〉

「壊す」は、目的語の指すモノが壊れた状態になることを意味しているという点で、「押す」などの働きかけ他動詞とは異なるという説明であった。これらの典型的な状態・位置変化他動詞は、個々の動詞の意味は（4a）の〈Oの結果状態〉に指定されており、「開ける」と「壊す」の違いは、結果状態が「開いた状態」であるか「壊れた状態」であるかの相違である。働きかけ部分〈Sの

---

8) 結果構文がどのような動詞と現れうるかは言語によって異なることがわかっている。英語では、状態・位置変化他動詞だけでなく働きかけ他動詞でも容認される（例：He pounded the metal flat（金属をたたいて平たくした））。この文を直訳すると日本語では容認されない文となる（「*金属を平たくたたいた」）。

Ｏに対する行為〉については特に何も指定しないのが普通であり、「壊す」の
は、地面にたたきつけても踏みつけても、上から何かを落としても、結果とし
て壊れていれば「壊す」という行為にあたると理解される。

> **【Q】**「磨く」や「きざむ」は、(4a) の意味分解の、どの部分を語の意味として
> 指定しているか、考えてみよう。

これらの動詞は、〈Ｏの結果状態〉も指定されている（だから、結果構文が可
能である）のだが、同時に〈ＳのＯに対する行為〉も指定されているという
直感があるだろう。「磨く」にはその意味としてこするという行為を行うこと
が含まれているので、鍋を薬液につけておくことでピカピカにしたとしても、
その行為を「磨いた」とは言えない。同様に、「きざむ」という行為には刃物
を使った行為が含意されるので、仮に玉ねぎを岩にたたきつけることで細かく
することができたとしても、それを「きざんだ」とは言えないはずである。

　ここで、自他交替の自動詞の意味 (4c) が、他動詞 (4a) の働きかけ部分が
欠けている意味構造として分析されていたことに注意したい。「磨く」や「き
ざむ」の語の意味として、結果状態だけでなく働きかけの指定もあるとすれ
ば、働きかけのない自動詞と交替することは、語の指定された意味の一部を
失ってしまうことになるために、不可能であると考えることができる（もう少
し詳しい説明として伊藤 2011 参照）。

8.2 構文交替と動詞の意味 ― 「ゴミを散らかす／部屋を散らかす」 ―

　8.1 節では自他交替を見てきたが、この節では (20)(21) のような**場所格交
替**（locative alternation）と呼ばれる構文交替を検討する。日英語以外にも多
くの言語で同様の交替が見られる。

(20) a. He sprayed paint on the wall.　　b. He sprayed the wall with paint.
(21) a. 壁にペンキを塗った。　　　　　　b. 壁をペンキで塗った。

いずれの文もペンキが移動し、壁という場所に付着したことを意味の中に含む
ので、「ペンキ」にあたる要素を「移動物（項）」、「壁」にあたる要素を「場所
（項）」と呼ぶことにする。

【Q】(20) や (21) は、前置詞や助詞が異なる以外は (a) と (b) で用いられている語は同じである。では、(a) と (b) では意味は同じだろうか、違うだろうか。違うとすればどのように違うだろうか。同様の交替をする例を考えて、検討しよう。

1 組の例だけではわからないかもしれないので、もう少し類例を挙げてみる。

(22) a. 部屋に花を飾る　　　　　　部屋を花で飾る
　　　b. 部屋にゴミを散らかす　　　部屋をゴミで散らかす
　　　c. ゴボウに牛肉を巻く　　　　ゴボウを牛肉で巻く
(23) a. load boxes on the truck　　　load the truck with boxes
　　　b. plant trees in the garden　　plant the garden with trees
　　　c. sprinkle water on the flower　sprinkle the flower with water

(21a) と (21b) を比較すると、(21b) の方は壁全面を塗ったという直感が働くのではないだろうか。すみの方に目立たないようにペンキを塗りつけたような状況では、(21a) は使えるが (21b) は不適切である。英語でも (20) について同じような観察があり、(b) タイプの構文の特徴として「全体解釈」があると言われる。(22)(23) の例でも、動詞によって違いの明確さに差があるかもしれないが、概ね、同様の意味の相違が感じられるのではないだろうか。
　しかし、常に「全体」の解釈が重要であるとは限らない。

【Q】(24)(25) の例では、(a) と (b) のどちらが適切だろうか (「*」をつけていないので各自判断してほしい)。その理由は (20)(21) の (a) と (b) の意味の違いと関連するだろうか。

　(24) a. 肉とネギに串を刺す　　　b. 肉とネギを串で刺す
　(25) a. 口論相手にナイフを刺す　　b. 口論相手をナイフで刺す

(24) はいずれも容認される (あるいは (24a) の方が自然だと感じられるかもしれない) が、(25a) は容認されにくいだろう。(25b) は (21b) と同じタイプの場所項を目的語とする構文であるが、ナイフ1本を1箇所に刺した状況で自然に用いられる文であり、口論相手の身体「全体」という解釈は必要ないし、普通はそのようには解釈されない。では、(20)(21) の移動物項を目的語とするタイプと場所項を目的語とするタイプの意味の違いの本質はどこにある

のだろうか。

8.1 節で見た意味分析を思い出すと、(20)〜(25) に用いられている動詞はいずれも状態・位置変化タイプの他動詞であることがわかる[9]。何の状態・位置が変化するのかを考えてみよう。状態・位置変化他動詞の意味構造 (4a) を再掲する。

(4) a. 〈S の O に対する行為〉+〈変化〉+〈O の結果状態〉

S は他動詞の主語の指すモノ、O は他動詞の目的語の指すモノを表している。助詞「を」を伴う名詞句が目的語であるとすれば、ここで 〈変化〉+〈O の結果状態〉は、(21a) ではペンキ（つまり移動物）の位置変化（壁に接触する位置への移動）、(21b) では壁（つまり場所）の状態変化（塗られた状態への変化）が述べられていることになる。(20b)(21b) に感じられる「全体解釈」とは、この「壁の状態変化」の 1 つの側面と考えられる。壁の一部に少しペンキを塗っただけでは、壁の状態が変化したと認識しにくく、全面に塗られていれば壁の変化と認識できる。それに対して、(25b) では、「全体」でなくても、口論相手は大変な状態変化を被っていると認識できる。一方、(20a)(21a) はペンキの位置変化を表すので、壁の一部であってもペンキがそこに移動していれば自然に用いられる。(25a) では、「刃傷沙汰」の状況を、（大怪我したであろう人の状態変化を差し置いて）ナイフの位置変化として記述することが不適切と感じられるため、容認しにくいと説明できる。

　ここまで、2 つの構文の意味の相違を見てきたが、ペアの文には意味が重なっている部分もある。(21) の「塗る」の例で言えば、(21b) の場所項を目的語とする構文であっても、ペンキが移動して壁に付着した、という状況は (21a) と共通である。言い換えると、(21b) では (4a) の意味解釈における O は場所項（壁）であり、その変化に焦点があるが、〈S の O に対する行為〉の中に、ペンキを付着させる（＝ペンキの移動）ということも含まれていると考えられる。動詞「塗る」は、ペンキという移動物と、壁という場所という 2 つの項をとっており、2 構文は、移動物が場所に移動する点が共通の意味とし

---

[9] 「塗る」には対応する自動詞はないが、テアル構文（「ペンキが塗ってある」）や結果構文（「壁を白く塗る」）は容認可能である。(22) の「飾る、巻く」も同様である。

て含まれ、移動物と場所のどちらの変化に焦点を当てているかが異なると考えられる。

【実験】大人も子どもも構文交替による意味の違いを知っている (Gropen et al. 1991)

　大人と子どもを対象とし、実験用新語動詞をどのような構文で用いるかが、動詞の意味によって異なるか否かを調べた実験を紹介する。2つの実験用新語動詞 (keat, moop) を作り、濡れた移動物 (スポンジなど) を場所 (布の表面) に接触させる形で、以下のように意味を教示した。

(a) keat：スポンジをジグザグに動かして布の色は変化しないのを keat と言い、別の動かし方をした場合は keat とは言わない。

(b) moop：スポンジをまっすぐに動かして布が特定の色に変化するのを moop と言い、別の色になる場合は moop とは言わない。

この際、構文を明示しない (すなわち目的語を伴わない) "It's (not) called keating/mooping." という形で教えている[10]。実験では、質問文によって移動物と場所のいずれかが際立つことがないように、(c)(d) 2つの疑問文の両方を用いて、どちらの名詞を目的語として答えるかを記録した。

(c) Can you tell me what I'm doing with the sponge?

(d) Can you tell me what I'm doing with the cloth?

　子どもは年齢により3グループに分けて報告されているが、真ん中の4歳7か月〜5歳8か月のグループと成人グループの、(c)(d) 2種類の質問に対する回答の平均値を図8.1に示す。大人と子どもの回答パターンにあまり違いはなく、ジグザグの意味の動詞 (上例では keat) では、動かされるスポンジの方を目的語とする構文を多く用いているのに対し、布の色が変わる動詞 (moop) では布の方を

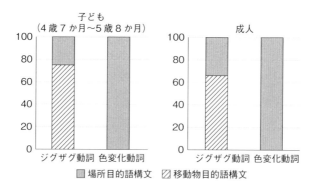

図8.1　子どもと成人の回答中の2構文の比率 (%) (Gropen et al. 1991 に従って作成)

---

[10] 実際には、動詞の語形の影響がないように、動詞の意味と語形 (keat か moop か) の対応は、半数の実験協力者では逆にしている。

　目的語にした構文を用いていることがわかる。大人だけでなく子どもも、動詞の意味と構文の関係を「知って」いることが示唆される。

まとめ

　この章では、動詞の意味を詳しく検討した。同じ他動詞であっても、目的語の指示するモノの位置や状態の変化を表す動詞と、単なる働きかけを表す動詞とでは様々な振る舞いの違いが見られること、その違いが意味分解を用いた分析によって合理的に説明できることを見た。また、場所格交替では、位置・状態の変化を受けるモノが目的語として表出されると考えることで、2つの構文の意味の違いが捉えられることを見た。

＊ ● ▓ さらに学びたい人へ ▓ ● ＊

影山太郎（編）（2001）『日英対照 動詞の意味と構文』大修館書店
→ 意味分解を用いた動詞意味論について、日英語の様々な構文や交替現象を取り上げ、わかりやすく解説している。
影山太郎（1996）『動詞意味論─言語と認知の接点』くろしお出版
→ 初学者には少し難しいかもしれないが、動詞の意味分析が詳細に論じられている。

⑨ 文の階層構造と二階建ての文
―日本語の使役文を中心に―

複数の語が並んで文ができるが、文の中の語は単に一列に並んでいるだけではなく、構造がある。この章では、文が階層構造をもつことを確認した上で、文構造の大きな特徴の一つである埋め込み構造に焦点を当て、日本語の使役文を中心に考えていく。

　Part 3 では「語」の文法を見てきたが、Part 4 では「文」の文法を考える。第 7 章で語に構造があることを見たが、この章では文の構造（**統語構造**）に焦点を当てる。

9.1　埋め込み構造―その文は何階建て？―

9.1.1　階層構造と回帰性

　文は、語が一列に並んでできている。2 つの異なる語を同時に発音することはできないので、必然的に「一列」に並ぶ。そのため、語順が文レベルの文法の大きな要素となる（2.3.1 項参照）。しかし、文レベルの文法には、一列に並んだ語の「まとまり」を示す**階層構造**があり、語順同様に重要な役割を果たす。7.1.1 項でも見たが、文に階層構造があることを、構造上の多義性をヒントに確認しておきたい。7.1.1 項とは別の例を見てみよう。

　（1）明子と一郎の母親が来た。

（1）の一つの解釈は「一郎の母親と明子が来た」と同義で来たのは 2 人であり、この場合は「一郎の母親」がまずひとまとまりになる [[明子と［一郎の母親]] が来た] という構造をもつ。別の解釈では「明子と一郎」がまずひとまとまりになり、その母親（つまり明子と一郎がきょうだいで、その母親）が来た（来たのは 1 人）という解釈であり、[[[明子と一郎] の母親] が来た] という構造となる。同じ構造は（2）のように樹形図を用いて図示することもでき、この図を見ると、構造が階層を成すことがよくわかる。

(2) a.  b.

明子と　一郎の母親　　　明子と一郎の　母親

（1）のような多義性は、何がまとまりになっているかを示す文の階層構造を仮定しなければ説明できない。この構造は、語を組み合わせて句を作る構造なので、**句構造**（phrase structure）とも呼ばれる。

　このような構造をもった表現を、さらに大きな構造の中に埋め込むことによって、理論的には無制限の長さの語や文を作ることができる。7.1.1項では、語のレベルで、たとえば「ドイツ文学協会」のように3要素から成る例が、2要素のまとまりと1要素に分解できる（「ドイツ文学」と「協会」、あるいは「ドイツ」と「文学協会」）ことを見た。つまり名詞＋名詞で作った新しい名詞（「ドイツ文学」あるいは「文学協会」）を、さらに大きな名詞＋名詞の構造（「ドイツ文学協会」）の一部として繰り返し埋め込むことができるのである。「ドイツ文学協会」の例では2度繰り返しているだけであるが、理論的にはこれを無限に繰り返すことができる。

(3) a. ドイツ文学協会会長
　　b. ドイツ文学協会会長就任
　　c. ドイツ文学協会会長就任記念講演
　　d. ドイツ文学協会会長就任記念講演開催予定日通知メール発信担当者…

　このような**埋め込み構造**（embedded structure）は、文レベルでも見られる（以下、文の中に埋め込まれる文を**埋め込み節**（embedded clause）、埋め込み節を内部にもつ文を**母型節**（matrix clause）と呼ぶ）。

(4) a. 明子が会長だ。
　　b. 明子が会長だと一郎が思っている。
　　c. 明子が会長だと一郎が思っていると歌子が言った。
(5) a. Ann is the president.
　　b. Bill thinks（that）Ann is the president.
　　c. Chris says（that）Bill thinks（that）Ann is the president.

（4b）（5b）は、「明子／Ann が会長だ」という埋め込み節が、「一郎／Bill が思っている」という母型節に埋め込まれた形になっており、いわば二階建ての構造である。（4c）（5c）ではさらにもう一段階の埋め込みがあり、三階建てに

なっている。(4)(5) のような埋め込みはさらに繰り返すことができ、実際に
はそれほど長い表現は作られないとしても、原理的には、何回以上埋め込みを
行うと文法的でなくなるといった上限はない。よく知られたイギリスの伝承童
謡に This is the cat, that killed the rat, that ate the malt, that lay in the house
that Jack built. と関係節をつないでいくものがあるが、これはまさに無限に長
くできる埋め込み構造の好例である（歌は 11 連までのようであるが、新たに
続きを作ることも容易にできる）。このような埋め込みの繰り返しは**回帰**
（recursion）と呼ばれ、人間の言語（動物のコミュニケーションシステムやコ
ンピュータの機械言語と区別して**自然言語**（natural language）と呼ぶ）が普
遍的にもつ特徴の一つであると考えられている。この回帰性によって、自然言
語は限られた数の要素（形態素や語）から無限に文を作り出す力をもつ。

9.1.2　時制をもたない節の埋め込み

(4)(5) はいずれも**時制**をもつ（現在形と過去形の違いがある）節の埋め込
みである。たとえば Bill thinks の中に埋め込まれる that 節は (6) に示すよう
に、現在形と過去形の対立がある（埋め込まれた動詞が現在形であるか過去形
であるかによって意味が異なる）[1]。

(6)　a. Bill thinks that Ann is in hospital.
　　b. Bill thinks that Ann was in hospital.

これに対して、時制をもたない節の埋め込みをこの項で検討してみたい。埋
め込み節が時制をもたないというのはどういうことだろうか。次の例を考えて
みよう。

(7)　a. Ann began to run. / Ann began running.
　　b. Bill failed to post the letter.
　　c. Chris wants to read the book.

これらの文では、母型節の動詞（begin, fail, want）が不定詞や動名詞をとっ
ている。不定詞や動名詞は行為（(7a) では走ること、(7b) では手紙を投函

---

[1]　英語には時制の一致と呼ばれる現象があり、母型節の動詞が過去形の場合は少し複雑であるが、そ
の問題にはここでは立ち入らない。

すること、(7c) では本を読むこと) を表しており、その行為を始めたり (begin)、
しそこなったり (fail)、やりたがったり (want) する (あるいはした) という
ことを文全体で表している。これらの文において、不定詞や動名詞は、母型節
の動詞と独立に時制をもつことができない。つまり、(7) のような不定詞や動
名詞の埋め込みには、(6) に示したような時制の対立はなく、埋め込み節が時
制をもっていないと言える [2]。

⬤9.1.3　一語の動詞による埋め込み構造

> **【Q】**(6) のような時制の対立のある埋め込み構造は、日本語ではどのような形
> になるだろうか。(7) のような時制のない埋め込み構造は、日本語ではどのよ
> うな文になるだろうか。

日本語では、(6) に対応する文は (4) と同様の文で表現できる (「明子が入院
して ｛いる／いた｝ と一郎が思った」)。一方、(7) のような時制をもたない埋
め込み節は、(8) のように動詞の連用形で現れることが多い。

(8)　a. 明子が歩き始めた。(*歩く始める／*歩いた始める)
　　　b. 一郎が手紙を出しそこなった。(*出すそこなう／*出したそこなう)
　　　c. 歌子が本を読みたがった。(*読むたがる／*読んだたがる)

　このような日本語の埋め込み構造を (7) の英語の例と比較すると、大きな
相違があることに気づくのではないだろうか。英語の場合は、begin と run、
fail と post、want と read というようにそれぞれの文に明確に 2 つの動詞が含
まれており、埋め込み構造だと理解しやすいが、日本語の場合は「歩き始め
る、出しそこなう、読みたがる」のように 1 つの動詞になっている [3]。「歩く
ことを始める、出すのをやりそこなう、読むことをしたがる」のように、独立

---

[2]　母型節の動詞の種類によっては、たとえば Bob believes Ann ｛to be/to have been｝ in hospital. のよ
　　うに不定詞でも時制の対立があるように見える例もある。しかしこれらの例で対立しているのは実
　　際に現在か過去かという時制ではなく、母型節の動詞 (believe) の時制 (この場合は現在) と同時
　　かそれより前か、という対立であり、その点で (6) の時制の対立とは異なっている。この問題は
　　複雑なので、ここでは立ち入らないこととする。

[3]　これらの動詞が「一語」になっていることは、たとえば「さえ」を挿入できない (「*歩きさえ始め
　　る」) ことなどから示すことができる。独立の動詞が現れる場合は「さえ」の挿入が可能である (「手
　　紙を出すのさえ忘れる」cf.「*手紙を出しさえ忘れる」)。

の動詞を用いる表現も不可能ではないが、不自然であると感じられる。「出す
のを忘れる、出し忘れる」のようにどちらも自然な場合もあるし、「行くのを
遠慮する」のように独立した2動詞の表現しかできないものもあるが、傾向と
して日本語では（8）のように一語の動詞として現れることが多い。

　日本語は**膠着言語**（こうちゃく）（agglutinative language）であると言われるが、（8）の
ような埋め込み構造にこの性質がよく現れている。英語のような言語であれば
独立の異なる動詞を用いて表現することがらを、2つの動詞を組み合わせる複
合動詞（「歩き始める、出しそこなう」など）や接辞付加（「読みたがる」（動
詞「読む」に願望の接尾辞「-たい」、動詞化接辞の「-がる」が付加されてい
る））などを用いて、形態的に一語の動詞として表現する傾向が強いのである
（多くの要素が膠（にかわ）を用いたかのようにくっついていくので膠着と言う）。「働か
されたがらない」なども「働く」という動詞に加えて使役の「-させ」、受身の
「-られ」、願望の「-たい」、動詞化の「-がる」、否定の「-ない」などが（それ
ぞれ活用した形で現れて）一語にまとまっているが、英語で同様のことを表現
しようと思えば、do not want to be forced to work のようにいくつもの独立
した動詞が含まれる言い方になるだろう。

9.2　日本語の使役―「乗せる」と「乗らせる」はどう違う？―

　9.1.3項で見た一語動詞による埋め込み節の例として、日本語の**使役**（causative）
を表す文について検討したい。埋め込みをもたないタイプの使役文との比較で
見ていこう。ここで、使役とは、使役者が被使役者の行為や変化を引き起こす
ことを意味することとする。

9.2.1　2種類の使役文

　「乗せる」と「乗らせる」、あるいは「着せる」と「着させる」は、カナ1文
字の違いであるが、様々な相違を見せる。

【Q】次の文の動詞の違いによって、どのような違いがあるだろうか。

(9) a. 父親が子どもを自転車に {乗せた・乗らせた}。
　　 b. 母親が子どもにセーターを {着せた・着させた}。

意味の違いが感じられるだろうが、そのことと、次のような文に見られる「**自分**」の**先行詞**（antecedent）（「自分」が誰を指すか）の違いはどう関連付けられるだろうか。

(10) a. 父親が子どもを自分の自転車に {乗せた・乗らせた}。
　　 b. 母親が子どもに自分のセーターを {着せた・着させた}。

「自分」を含む例から考えてみよう。（以下、紙幅の関係で「乗せる／乗らせる」だけの例を扱うが、「着せる／着させる」でも同じなので、自分で例を補いながら考えてほしい。さらに、他に同じような組み合わせの動詞があるか、考えてみよう。）(10a) で「自分の自転車」が誰の自転車かを考えると、「乗せた」では父親の自転車という解釈しかできないが、「乗らせた」であれば、父親の自転車という解釈のほかに、子どもの自転車という解釈も可能なはずである。なぜこのような違いがあるのだろうか。

　この問題を検討する前に、まず、「自分」が何を先行詞として指すことができるかを考える必要がある[4]。以下の文で、「自分」は誰を指すだろうか。

(11) a. 父親$_i$が子ども$_j$に自分$_{i/*j}$のハンカチを渡した。
　　 b. 父親$_i$が子ども$_j$を自分$_{i/*j}$の部屋で叱った。
(12) a. 父親$_i$が子ども$_j$が自分$_{i/j}$のハンカチを使ったと思った（こと）[5]。
　　 b. 父親$_i$が子ども$_j$が自分$_{i/j}$の部屋で勉強していると思った（こと）。

(11) は動詞が1つで埋め込み構造のない文であるが、「自分」は、(11a) のように目的語（「自分のハンカチを」）の中に含まれていても、(11b) のように修飾要素（「自分の部屋で」）の中に含まれていても、主語である「父親」と同

---

[4] 以下、下付きの i, j などで何を指すかを示す。(11a) で「父親」と「自分」両方に i があることは、これらが同一の人物を指すことができる（**同一指示**（coreference）が可能である）ことを示している。「*」がついている場合は、その解釈ができないことを示すので、(11a) の「自分」は「子ども」と同一指示ができない、という表示である。

[5] 詳細に立ち入ることはできないが、**主節**（main clause：最も大きな母型節）の主語を「が」という助詞で表すと容認度が低くなる傾向がある。助詞を「は」にすればこの問題はなくなるが、「は」は主語のマーカーではないので、主語であることを示す「が」の容認度があがるように「こと」を文末につけてある（「こと」をつけることで埋め込みを行っている）。

一指示が可能であるが、「子ども」と同一指示の解釈はできない。一方、(12)
は 2 組の主語と動詞の組み合わせをもつ二階建ての埋め込み構造の文である。
一階部分は「子どもが自分のハンカチを使った、子どもが自分の部屋で勉強し
ている」であり、それが二階の「父親が思った」に埋め込まれている。(12a)
でも (12b) でも、一階部分に含まれる「自分」は「父親」と「子ども」いず
れとも同一指示が可能である。(11) の一階建ての文で、主語以外の役割をも
つ「子ども」とは同一指示にならないことから、「自分」は主語のみを先行詞
として許容することがわかる。一方、(12) は主語と動詞の組み合わせが 2 組
あるため、母型節の主語である「父親」だけでなく、埋め込み節の主語である
「子ども」も先行詞となることができると考えられる。

　これを踏まえて、(10) に戻ろう。「乗せる」の場合に「自分」の先行詞が
「父親」のみであることは (11) と同じであり、特に問題はない。(13) として
再掲する「乗らせる」の場合に、なぜ「自分」の先行詞が「父親」だけでなく
「子ども」も可能なのか、(12) をヒントに考えてみよう。「乗せる」と「乗ら
せる」の意味の違いも手がかりになるはずである。

　(13)　父親$_i$が子ども$_j$を自分$_{i/j}$の自転車に乗らせた。

「乗せる」の場合は、父親が直接的に子どもを抱え上げるなどして、その結
果として子どもが自転車に乗った状態になっているが、「乗らせる」の場合は、
乗るように父親が指示を出して子どもが自分で自転車に乗るという解釈が普通
である。つまり、(10) の「乗らせる」の文は、「乗せる」の文と異なり、「子
どもが自転車に乗る」というコトを表す一階部分と、「父親が（何かを）させ
る」という二階部分とに分けられるということである。したがって、(11) と
同じ単文構造をもつ「乗せる」の構造は (14a) であると考えられるのに対し
て、(13) の文は (12) と同様に、(14b) のような埋め込み構造をもつことが
示唆される。

　(14)　a.［父親$_i$が　子ども$_j$を　自分$_{i/*j}$の　自転車に　乗せた］
　　　　b.［父親$_i$が　［子ども$_j$が　自分$_{i/j}$の　自転車に　乗る］させた］[6]

　このように考えれば、(13) で「自分」が父親とも子どもとも同一指示が可
能なのは、(12) と同じように、母型節の主語「父親」と、埋め込み節の主語

「子ども」がどちらも「自分」の先行詞として適格だからであると説明できる。
（14）のような構造には、「自分」の解釈以外に、証拠があるだろうか。

【Q】（15a）の文は、特殊な状況を考えなければ容認されない。

　（15）a. *明子はぬいぐるみを自転車に乗らせた。（通常の状況では容認不可）

どのような状況であれば容認できるだろうか。このような事実は、（14）のような構造と、どう関係するだろうか。

（15a）は、ぬいぐるみが自分で自転車に乗ることができるという童話などのような状況を設定しなければ、容認できない。そして、（15b）も同じ特徴をもつ。

　（15）b. *ぬいぐるみが自転車に乗った。（通常の状況では容認不可）

したがって、「乗らせる」が（14b）の構造をもつと考えれば、（15a）は（15b）を埋め込んだ構造をもっていることになるので、（15a）が特殊な状況以外で容認できないことは（15b）が同様の状況以外で容認できないことから自動的に導かれる。埋め込みのない（14a）の構造の「乗せる」の場合は内部に（15b）を含まないので、「明子はぬいぐるみを自転車に乗せた」は問題なく容認される。

　また、次のような文の解釈からも（14）のような構造上の相違が裏付けられる。

　（16）a. 父親が子どもを目を閉じたまま自転車に乗せた。
　　　　b. 父親が子どもを目を閉じたまま自転車に乗らせた。

（16a）では、目を閉じているのは父親という解釈しかない。それに対して、（16b）では子どもが目を閉じている解釈の方が普通であるが、（特に「子ども

---

6)　（14）の分析では、「子ども」がなぜ「が」ではなく「を」という助詞を伴って現れるのかについての説明が必要となる。別の分析の可能性として、「子どもを」は母型節の述語の「させる」がとる項であり、埋め込み節の主語は、その母型節の項を先行詞とする代名詞（PRO と表記）であるとする（i）のような分析も考えられる。

　（i）［父親$_i$が　子ども$_j$を　［PRO$_j$　自分$_{i/j}$の　自転車に　乗る］させた］

このような詳細はこの章の議論にかかわらないので、ここでは立ち入らない。

　また、形態分析としては、正確には「nor」という動詞語幹に「-(s)ase」が付加されるとすべきであるが、わかりやすさを優先して（14）のような表記としておく。脚注 7 も参照。

を」の後を区切って読むと）父親が目を閉じている解釈も可能になるはずである。「目を閉じたまま」のような埋め込み節は、その意味上の主語が母型節の主語になると考えられる。(16a) では、「目を閉じたまま」が (14a) の構造に埋め込まれているので、母型節の主語は「父親が」という 1 つしかないが、(16b) では (14b) の埋め込み構造の内側にさらに「目を閉じたまま」が埋め込まれているので、「子どもが自転車に乗る」の主語にあたる「子ども」と、「父親がさせる」の主語である「父親」と、どちらも「目を閉じたまま」の主語の解釈が可能になるのである。

　このように、「乗せる、着せる」と「乗らせる、着させる」は、(14) のような構造上の違いがあり、「乗らせる、着させる」の方は埋め込み構造をもっていると考えることができる。「‐させ（る）」という使役化の接尾辞が埋め込み構造をもつ点で、9.1.3 項で見た「‐たい」などと同じ性質をもっていると言える。

9.2.2　使役文処理における記憶と計算

　さて、このような 2 種類の使役文の構造の違いは、心内・脳内処理における違いにつながるだろうか。「乗らせる」タイプが埋め込み構造を含むとすれば、統語的な句構造形成の計算処理によって処理されることが示唆される。これに対して、「乗せる」タイプは、どのような処理が想定できるだろうか。この点を検討するために、まず語形の規則性を見てみよう。

　「乗らせる」は、「乗る」という自動詞に「‐させ」という使役の接尾辞が付加されたものなので、**サセ使役**（sase causative）と呼ぶことにする。サセ使役の語形は規則的である。「乗る」に対して「乗らせる」では「ら」が現れているのに、「着る」に対して「着させる」で「さ」になっていて異なるように見えるかもしれないが、これは動詞の活用タイプが異なるからである。学校文法などの分析に従えば、「乗る」などの五段活用の動詞では未然形（「乗ら」）に「‐せる」が、「着る」などの一段活用の動詞では未然形（「着」）に「‐させる」が付加されると考えられ[7]、語形は例外なく規則的である。したがって、語形を個別の語の特徴として記憶する必要はなく、計算処理されることが示唆される。

　これに対して、「乗せる」は、「乗る」に対応する他動詞である。このような

自動詞と他動詞の対応は多数見られるが（8.1 節で見た自他交替の例を参照）、その語形は必ずしも予測できない。たとえば、「変わる」の他動詞は「変える」であって「*変わす」ではないが、「まわる」の他動詞は「まわす」であって「*まえる」ではない。また、「開く／開ける」のペアでは前者が自動詞、後者が他動詞であるが、音韻的に類似する「解く／解ける」では、前者が他動詞で後者が自動詞である。すなわち、自動詞と他動詞の語形の対応が規則的ではなく、個々の語彙項目の特徴として記憶されていると考えられる。（ただし、「解く／解ける、裂く／裂ける」などの類似性によるパターンがあるので、英語の不規則動詞と同様に（6.2.2 項参照）、ネットワーク的に関連付けられる連想記憶であると考えられる。）このため、これらの他動詞（「乗せる、着せる、変える、まわす、開ける、解く、裂く」など）を、**語彙的使役**（lexical causative）と呼ぶことにする。

　語形の規則性以外に、生産性（7.2.1 項参照）においても 2 種類の使役は相違を見せるが、その事実を確認するためには意味的な条件を見ておく必要がある。サセ使役は、指示による使役を表すので、埋め込み節の動詞（「-させ」が付加される動詞）は意図的な行為を表す動詞でなければならない。「*おもちゃを壊れさせる」が容認されないのは、「壊れる」というのはおもちゃが意図的に行うことではないので、指示することはできないからである。このように、共起する要素を意味的に選ぶことを、**意味選択**（semantic selection）と呼ぶ。この意味選択条件を満たしていれば、サセ使役にできない動詞は見つからない。一方、語彙的使役は自他交替する他動詞であり、8.1 節で見たように状態・位置変化を表す動詞に限られるが[8]、状態変化を表す自動詞であっても、「錆びる、疲れる」などには対応する他動詞が存在せず、語彙的ギャップであると言える。7.2.1 項で見たように、語彙的ギャップはレキシコンに記憶されることから生じる特徴である。したがって、この生産性の相違も、サセ使役はレキシコンに記憶される必要がなく、規則による計算処理が行われ、一方、語

---

[7]　いわゆる一段活用の動詞（「着る、閉める」など）では、-sase という形の接尾辞が、五段活用の動詞（「読む、走る」など）では -ase という形の接尾辞が、それぞれ語幹に付加されると分析できるが、詳細は割愛する。

[8]　多くの状態・位置変化自動詞は、「壊れる」のように意図性をもたないので、サセ使役と語彙的使役は異なる動詞を基体とするように見えるが、「乗る、着る」のように状態・位置変化であり意図性もある動詞であれば両方の使役が可能になる。

彙的使役はレキシコンに記憶されているという相違を裏付けると考えられる。

　このように、語彙的使役は、レキシコンに記憶され、(14a) のような単文構造をもつのに対して、サセ使役はレキシコンに記憶される必要はなく、規則による計算処理がなされ、(14b) のような埋め込み構造をもつ、という相違があると考えられる。これを踏まえて、2 種類の使役文の処理を検討する。

9.2.3　2 種類の使役文の処理

　日本語では、サセ使役と語彙的使役が、(9) で見たように、表面的には動詞の語形のみが異なり、他に相違はないミニマルペア (4.1.1 項参照) を成す。この性質を用いて行われた失語症患者を対象とした実験を紹介する。

【実験】　失文法失語患者はサセ使役の処理に困難 (Sugioka et al. 2001)

　この論文では、サセ使役と語彙的使役の意味の相違を利用したいくつかの実験結果が報告されているが、ここでは、選択課題を紹介する。(17) のような 3 つのタイプの文を作成し、それぞれ 3 つの選択肢の中から最も自然なものを選んでもらう課題を、失文法失語患者と、患者と年齢を揃えた失語症状のない対照群とを対象に実施した。

(17) a. 自動詞文：生徒が校庭に一列に {並んだ・並べた・並ばせた}。
　　　 b. 語彙的使役文：生徒がトランプのカードを
　　　　　　　　　　　　　　　　　　　　　{並んだ・並べた・並ばせた}。
　　　 c. サセ使役文：先生が生徒を大声で一列に {並んだ・並べた・並ばせた}。

(17a) は自動詞の「並んだ」、(17b) は語彙的使役の「並べた」、(17c) はサセ使役の「並ばせた」が最も自然であると判断できる。失文法失語の患者が文法規則の計算処理に困難があるとすれば、サセ使役文 (17c) の正答率が低くなることが予測される。

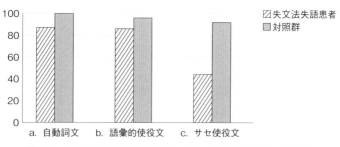

図 9.1　選択課題の正答率 (%) (Sugioka et al. 2001 に従って作成)

　結果を図 9.1 に示す。失文法失語患者では、文タイプによる正答率の差があり、サセ使役文のみが他の 2 つのタイプの文よりも有意に正答率が低かった。一方、対照群には、文タイプによる正答率の差はなかった。

　失文法失語患者と同様に、SLI 児についても、語彙的使役に比較してサセ使役の産出が低正答率であるという実験結果が報告されている（Fukuda and Fukuda 2001）。これらの結果から、語彙的使役文とサセ使役文とでは、脳内処理に何らかの相違があることが示唆される。ただし、これらの結果は 9.2.2 項で見たような記憶と計算といった処理メカニズムの相違があるとする仮説と整合的ではあるが、サセ使役文の方が語彙的使役文よりも複雑な構造をもっているので、処理が難しい（すなわち、質的な処理メカニズムの相違ではなく、処理の難しさの程度の相違である）という説明も可能である（3.2.2 項の二重乖離の説明を参照）。

　この問題への答えを求めたのが、2 種類の使役文の処理に質的な相違があるか否かを ERP 計測（3.2.4 項参照）を用いて調べた実験である。

【実験】 2 種類の使役は異なる脳内処理（Ito et al. 2009）

　この実験では、(18a)(19a) のような、語彙的使役の違反文とサセ使役の違反文を作成し、それぞれ正しい文と比較して、その ERP 反応を計測した[9]。

　(18) a. 語彙的使役違反文： *選手が歓声を野球場に並べた。
　　　 b. 語彙的使役正文： 　シェフが料理をテーブルに並べた。
　(19) a. サセ使役違反文： 　*シェフが料理をテーブルに並ばせた。
　　　 b. サセ使役正文： 　　監督が選手を野球場に並ばせた。

(18a) では、「並べる」は目的語が固体のモノを表さなければならないという意味選択があるが、「歓声」は固体ではないので適合しないという意味違反であり、他の語彙的使役違反文も同様の動詞の意味選択の違反となっている。一方、(19a) の違反は、9.2.2 項で見たように、サセ使役が意図的な行為を表す埋め込み節を要求するという意味選択を使っている。「料理」が意図をもって「並ぶ」ことはできないという (15a) と同様の違反である。なお、埋め込み節（(19a) では「料理がテーブルに並んだ」）は容認可能であるように作成されている。

　(18a) のような語彙的使役の違反文は典型的な意味違反なので、違反が判明する動詞位置で N400 が予測される。これに対して、(19a) のようなサセ使役違反

---

[9] この実験は、比較する文同士がミニマルペアになっていないという点で変則的であるが、その点が結果に影響しないことが確認されている。

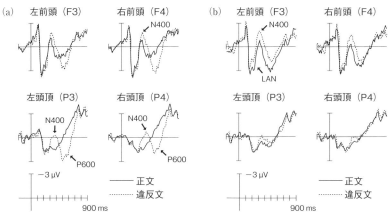

図9.2 　(a) 語彙的使役動詞位置の ERP 波形　(b) サセ使役動詞位置の ERP 波形
　　　　（Ito et al. 2009 より改変）

文は意味違反ではあるものの、二階建ての埋め込み構造処理を経てその意味違反
が検知されるので、(18a) とは異なる反応が観察される可能性がある。

　図 9.2 にそれぞれのタイプの文の動詞位置での ERP 反応を示す。時間帯ごとに
見ると、まず動詞呈示後 200〜300 ms という早い段階で、サセ使役（図 9.2(b)）
の違反文は左前頭で正文よりも陰性になっており、これは LAN と判断できる。図
9.2(a) の語彙的使役ではこのような早い時間帯の陰性波は観察されていない。動
詞呈示後 300〜400 ms では、どちらの条件でも比較的広い分布の陰性波が観察
され、N400 と判断できる。さらに、500〜600 ms 後には、図 9.2(a) の語彙的
使役の違反文に P600 が観察されている。

　ここで重要なのは、LAN と判断できる陰性波がサセ使役（図 9.2(b)）のみに観
察された点である。これは、(19a) のようなサセ使役の違反文の意味違反が、サ
セ使役文の埋め込み構造処理を経た違反検知であることを反映するものと理解で
きる。

　3.2.4 項でも触れたように、ERP 実験の結果は必ずしも一義的に解釈できる
とは限らない。ここで紹介した研究でも、語彙的使役の違反文になぜ P600 が
観察されたのか、また、両条件での N400 の分布の相違については必ずしも明
確な説明は与えられていないし、さらによく似たデザインの実験（小泉ほか
2019）でやや異なる結果が報告されているなど、日本語の使役文にかかわる
ERP 計測研究は、今後のさらなる検討が待たれる状態である。

まとめ

　この章では、文レベルの統語構造について、埋め込み構造を中心に検討した。まず文に階層構造があることを見た上で、埋め込み構造によって言語が回帰性をもつことを見た。さらに、時制のない文の埋め込みについて、日本語では動詞の連用形を埋め込む形で、接辞付加や複合動詞形成などによって形態的には一語の動詞で埋め込み構造が実現されることを確認し、実例として使役文を検討した。埋め込み構造を伴わない語彙的使役文と、埋め込み構造を含むサセ使役文とが、表面的にはよく似た形をしていながら、様々な異なる振る舞いを見せることがわかった。さらに、この2種類の使役文の処理に異なる心内・脳内メカニズムがかかわっていることを示唆する実験結果を紹介した。

◆ ● ◆ さらに学びたい人へ ◆ ● ◆

長谷川信子（1999）『生成日本語学入門』大修館書店
→ 日本語を題材とした統語論の入門書。この章で扱ったサセ使役文の埋め込み構造も扱われている。統語論の入門はどうしても英語の現象が中心になりやすいので、ぜひ日本語の分析を通して学ぶ機会ももってほしい。
高見健一（2011）『受身と使役―その意味規則を探る』開拓社
→ この章では使役を統語構造の側面から見たが、意味の側面から日英語の使役を豊富なデータに基づいて詳細に検討している書としてこれを挙げる。次の章で扱う受身についても詳しく論じている。

10 名詞句の移動
―受身文の構造と処理―

文の文法では、様々な形で「形と意味のミスマッチ」と言える現象が見られる。この章では英語の受身文を中心に、行為の動作主を目立たないようにするという意味機能によって名詞句の移動（目的語の主語位置への格上げ）が起こり、そのためのミスマッチが生じることを含め、いくつかのミスマッチの例を見る。さらに、後半では日本語の受身文を、名詞句移動の有無を軸に、英語と比較しながら検討する。

　第 9 章では文の階層構造を中心に見てきたが、この章では、名詞句の現れる位置と、その名詞句が動詞に対してもつ意味関係とに着目して、文の文法を考えたい。

10.1　英語の受身文

10.1.1　能動文の目的語＝受身文の主語

　英語には、（1）に示すように、同じコト（事象）を表す**能動**文と**受身**文の対がある。

(1) a. 能動文：The teacher scolded the boy.
　　 b. 受身文：The boy was scolded by the teacher.

（1a）の能動文では、scold という行為を行う主体（**動作主**（agent））である the teacher が主語として、行為の対象（**被動者**（patient））[1] である the boy が目的語として、それぞれ現れているのに対し、（1b）の受身文では被動者である the boy が主語となり、動作主 the teacher は by で表される前置詞句になっている。言い換えると、意味的には動詞 scold の目的語と解釈される名詞句が、（1a）では統語的にも目的語位置に現れているのに対し、（1b）では主語位置に現れており、（1b）において形（文中のどの位置に現れるか）と意味

---

[1] 第 8 章で見たように、働きかけ他動詞と状態・位置変化他動詞では意味構造が異なっている。そのため、他動詞の目的語のもつ意味役割も動詞の種類によって異なると考えられるが、以下の議論にはかかわらないので、ここでは便宜的に他動詞の目的語がもつ意味役割をすべて被動者と呼ぶことにする。

（動詞に対してどのような意味関係をもつか）のミスマッチが見られる。（1a）のようなミスマッチのない構文が基本であると考えられ、（1b）のようなミスマッチは（2）のように捉えることができる。

(2) a. 基本形の目的語が受身文では主語として現れる。
b. 基本形の主語が受身文では by で表される前置詞句として現れる。

　文の中で、モノ（人や動物を含む物体）を表す要素は、主語が最も目立った位置にあり、ついで目的語、前置詞句という順序になると考えられる。したがって、能動文と受身文の関係は、意味機能の面で捉えると（3）のように考えることもできる。

(3) a. 受身文では、行為の被動者が前景化されている（より目立っている）。
b. 受身文では、行為の動作主が背景化されている（目立たなくなっている）。

　この節では、英語の受身文においては、意味機能としては動作主の背景化（3b）が、統語構造上は目的語の格上げ（2a）が、それぞれ重要であるとする分析を紹介する。

10.1.2 to 不定詞の前に現れる名詞句の二面性

　受身文において、形と意味の間にミスマッチがあることを見たが、この項では、少し受身文を離れて、別のタイプのミスマッチを見ておきたい。

　（2）では、基本形（能動文）の目的語が受身文の主語として現れると述べたが、「目的語」とは何だろうか。一般に「目的語」は、英語では動詞の直後に現れる名詞句であり、代名詞にすると him, them といった目的格の形で現れ、意味的には動詞の表す行為の対象（被動者）の解釈を受けるもの、と考えられる。（1a）では、the boy はこの特徴すべてをもっている。

【Q】（4a）の文において、believe の目的語は何だろうか。（4b）ではどうだろうか。（5）では、persuaded の目的語は何だろうか。

(4) a. They believe (that) the defendant is guilty.
b. They believe the defendant to be guilty.
(5) They persuaded the doctor to work in the village.

（4a）と（4b）はほぼ同じ意味を表している。（4a）は、埋め込み構造（9.1 節

参照) をもっており、that 節全体が母型節の動詞 believe の目的語であると考えるのが一般的である。これは that 節が believe の表す行為[2] の被動者であると解釈できることと整合する。一方、(4b) は、学校文法では the defendant を目的語とみなすと思われるが、そうだとすると、the defendant が信じられているということになってしまわないだろうか。

　意味の面を考えると、(4b) は被告が有罪だと信じていると述べているのであって、被告を信じていると述べているわけではないので、the defendant は believe の表す行為の被動者とは言えない。(4a) において that 節が believe の被動者であると分析するのが適切であることを踏まえれば、(4b) でも「被告が有罪である」というコトが believe の被動者であり、それを the defendant to be guilty が表していると考えられる。Believe の直後に現れている the defendant という名詞句が、不定詞 (to be guilty) の主語にあたると考えれば、(4a) の that 節との並行性が明確になる。このように考えると、the defendant to be guilty が 1 つの埋め込み節(**不定詞節** (infinitival clause))であると分析できる。この不定詞節全体が believe の被動者であるとすれば、the defendant という名詞句は、この埋め込まれた不定詞節の主語であって、母型節の動詞 believe とは意味関係をもたないことになり、(4a) と (4b) の同義性を捉えることができる。

　(4b) において動詞に後続する名詞句が、埋め込まれた不定詞節の主語であるとする分析には、(4a) と (4b) が同義であるということ以外に証拠があるだろうか。存在を表す there の振る舞いが強い証拠になる。存在を表す there とは、(6a) のような文に現れるもので、(6b) のような場所を表す副詞の there とは区別される。

(6)　a. There is a book on the desk.
　　b. I put the book there.　cf. I put the book on the desk.

(6b) の there は cf. の on the desk などの場所を表す前置詞句に代わる表現として特定の場所を示している。これに対して、(6a) の存在構文の there は特

---

[2]　Believe は状態を表す動詞なので「行為」という言い方は適切ではないが、この章の議論では状態と動作・行為とを区別する必要はないので、便宜的に動詞が「行為」を表すと述べることにする。目的語を被動者と呼ぶことについては脚注 1 参照。

定の場所を表すわけではないので、on the desk のような場所を示す前置詞句と共起する。つまり、(6a) の there は実質的な意味をもっていない。このように意味をもたない要素を**虚辞**（expletive）と呼ぶ。この虚辞の there は、基本的に be 動詞（あるいは exist, appear など存在や出現を表すいくつかの動詞）の主語位置にのみ現れることが知られている。

(7) a. There are millions of immigrants in the U.S.
    b. *There work millions of immigrants in the U.S.

There が主語位置に現れる場合、(7a) に示したように動詞が be であれば容認されるが、(7b) のように work などの動詞とは共起できない。

これを踏まえて、believe のような動詞を含む文を見てみよう。

(8) a. They believe there to be millions of immigrants in the U.S.
    b. *They believe there to work millions of immigrants in the U.S.

(8a) が容認され、(8b) が容認されないことは、believe の直後の there が不定詞節の意味上の主語であると分析すれば、(7a) と (7b) の対比と同じ現象であると説明できる。すなわち、(8) の文の可否は、不定詞節の中の動詞が主語としての there と共起できるもの（be）であるか共起できないもの（work）であるかによって決まっていると考えることが、この分析によって可能になるのである。

この believe タイプの動詞の振る舞いを、(5) の persuade と比較すると、その特徴がよくわかる。(5) は「動詞＋人を表す名詞句＋不定詞」という形をしており、その点では (4b) と同じである。しかし、意味を考えると、(5) では、(4b) の場合と異なり、説得するという行為は医者に対して行われており、the doctor が persuade の被動者であると考えられる。このことは、(5) を that 節を用いて言い換えるなら、(9) のようになることからも確認できる。

(9) They persuaded the doctor that he/she should work in the village.

ここで、(10) に示した there の振る舞いを検討しよう。

(10) a. *They persuaded there to be doctors in the village.

　　b. *They persuaded there to work doctors in the village.

不定詞の動詞が be であろうと work であろうと容認されないことがわかる。
Persuade の場合、動詞の直後の名詞句（the doctor）は persuade の表す行為
の被動者であるため、人を表すものでなければならないという意味選択があ
り、意味をもたない虚辞の there はこの位置に現れることができないのである。

　　これらの観察から、（4b）のような文において、動詞の直後の名詞句は、意
味関係という面で動詞の目的語の役割を果たしておらず、不定詞の意味上の主
語の役割を果たしていること、これに対して、（5）のような文では動詞の直後
の名詞句は意味の面で動詞の目的語の役割を果たしていることがわかる。

　　一方で、（4）の 2 文を受身にしてみると、異なる側面が見えてくる。

（11）a. It is believed that the defendant is guilty.
　　　 b. The defendant is believed to be guilty.
　　　 c. *It is believed the defendant to be guilty

（4a）に対応する受身の（11a）では、主語は学校文法で仮主語と呼ばれる it
であり、これが後ろの that 節を指すと分析できる。すなわち、（4a）で
believe の目的語である that 節が（11a）の受身では主語になっており、これは
（2）に合致する。これに対して、（4b）に対応する（11b）では the defendant
が主語となっており、（11c）に示すように不定詞節全体を主語にすることはで
きない。（2）を前提にすれば、不定詞節全体ではなく、the defendant という
名詞句が動詞の目的語の役割を果たしていることが示唆される。

　　さらに、この the defendant が動詞 believe の目的語の役割を果たすことは、
この名詞句を代名詞にした場合の形にも現れる。

（12）a. They believe (that) she/he is guilty.
　　　　 cf. *They believe (that) her/him is guilty.
　　　 b. They believe her/him to be guilty.
　　　　 cf. *They believe he/she to be guilty.

（12b）では、her/him が形の上で believe の目的語であるために目的格の形に
なっていると考えられ、（12a）の that 節の主語が主格の形をもつのと対照的
である。

　　（11）（12）のデータから、（4b）の the defendant は、形の上で動詞 believe

表 10.1　「動詞＋名詞句＋不定詞」における名詞句の機能とその根拠

believe (4b)	意味上の機能＝不定詞の主語		形の上の機能＝母型節の動詞の目的語	
	(4a) とほぼ同義	there：不定詞動詞が be であれば OK (8)	受身の主語 (11b)	目的格代名詞 (12b)
persuade (5)	意味上の機能＝母型節の動詞の目的語		形の上の機能＝母型節の動詞の目的語	
	(9) とほぼ同義	there：不定詞動詞に かかわらず不可 (10)	受身の主語 (13a)	目的格代名詞 (13b)

の目的語の役割を果たしていると理解できる。なお、that 節を用いた言い換え (4b)(9) や there の振る舞い (8)(10) では persuade が believe と異なる振る舞いをすることを見たが、(11b)(12b) については persuade は believe と同じ振る舞いを見せる。

(13) a. The doctor was persuaded to work in the village.
　　 b. They persuaded him/her to work in the village.
　　　 cf. *They persuaded he/she to work in the village.

ここまでの議論をまとめると、(4b) や (5) のような「動詞＋名詞句＋不定詞」の形の文における動詞の直後の名詞句の機能とその根拠を表 10.1 のように整理できる。(4b) のような文では、believe に後続する名詞句が意味上の機能（不定詞節の主語）と形の上での機能（母型節の動詞の目的語）とが異なる二面性を示しており、形と意味のミスマッチが観察されると言える[3]。一方、(5) の persuade ではそのようなミスマッチは見られず、意味の上でも形の上でも母型節の動詞の目的語の機能をもっている。Believe と同じ類としては、declare, imagine, judge, predict, understand など、persuade と同じ類としては ask, convince, force,（命じるという意味の）tell, urge などがある。なお、believe 類の動詞に後続する名詞句が目的語の性質を示すのは不定詞節に限られることに注意が必要である。(4a) のような that 節で that を省略した場合、the defendant は動詞の直後に現れるが（They believe the defendant is guilty.）、上述のような二面性を示さない。この場合、動詞の直後の名詞句は形の上でも埋め込み節主語の働きをするので、(12a) に示したように代名詞を

---

[3]　(4b) のような文の名詞句がもつ動詞の目的語としての性質を「形の上の機能」とするのは極めて概略的な言い方である。この二面性をどう分析するかについては、生成統語論の枠組みで様々な議論がなされてきた。興味のある読者は統語論を学んでみよう。

用いれば主格であり、目的格は容認されないし、受身の主語になることもない。
(*The defendant is believed is guilty.)

● 10.1.3　受身文形成のプロセス─動作主の背景化と目的語の格上げ─

さて、(4b) のような文におけるミスマッチを踏まえて、受身文に戻ろう。
(4b) タイプの文を受身にすると、能動文 (14a) で動詞に後続する名詞句が
受身文 (14b) の主語位置に現れる。その名詞句 (the defendant) が意味の上
で、believe の被動者ではないということはすでに述べた通りである。

(14) a. They believe the defendant to be guilty. 　(=(4b))
　　　b. The defendant is believed to be guilty. 　(=(11b))

同様に there を含む (15a) に対応する受身は (15b) のようになる。言うま
でもなく、容認されない (16a) に対応する受身 (16b) は容認されない。

(15) a. They believe there to be millions of immigrants in the U.S. 　(=(8a))
　　　b. There are believed to be millions of immigrants in the U.S.
(16) a. *They believe there to work millions of immigrants in the U.S. 　(=(8b))
　　　b. *There are believed to work millions of immigrants in the U.S.

(15b) の場合は、意味をもたない虚辞の there が主語位置に現れており、意味
をもたない要素を前景化する（目立たせる）ということは考えにくいので、こ
のような受身文では、10.1.1 項 (3) で見た動作主の背景化と被動者の前景化
という捉え方で言えば、被動者の前景化を含んでいないことがわかる。一方、
受身の機能としては動作主の背景化は作用しているように思われる。実際、英
語の受身文の 80 ％程度で動作主を表す by 句は省略されていると言われる
(Crystal 2019: 237)。動作主を明確にしないための選択肢として受身文がある
と言っても良い。

　このような考察から、英語の受身を、(i) 動作主の背景化（動作主を目立た
なくする、あるいは言わずにすませる）という意味的な機能と、(ii) 動作主が
ないために空席となっている主語位置に（形の上の機能としての）目的語を格
上げする、という統語的なプロセスが関係していると分析することができる。
この分析では、英語の受身文は被動者の前景化という意味機能を必ずしももた
ないため、(15b) のような受身も可能になると説明できる。

　では、受身文はどのように作られるのだろうか。例として（1）のscoldという動詞を考えてみよう。この動詞は、主語に動作主、目的語に被動者をとるという性質をもっている。ここで、(i) の動作主の背景化が適用されて受身分詞ができる。つまり、scoldedという受身分詞は、主語位置が空席（φで表示、そこに要素がないことを示す）である（17a）に示すような構造の中に現れる（動作主は背景化されているので、現れる場合はby句となるし、現れなくても良い）。英語は、主語が空席のままでは文が成立しないので、目的語位置にある名詞句が主語位置に移動し、（17b）のような構造ができると考えることができる[4]。これが (ii) の目的語の格上げである。移動した要素がもともとあった位置に**痕跡**（trace）が残ると考え、それをtとして表記してある。

(17) a. φ was scolded the boy (by the teacher).
　　 b. The boy was scolded t (by the teacher).

　（15b）のような虚辞が主語となるような受身文も同様に（18）のような構造になると考えられる。

(18) a. φ are believed there to be millions of immigrants in the U.S.
　　 b. There are believed t to be millions of immigrants in the U.S.

このような移動を考えなければ、（15b）の埋め込み節（不定詞節）のbeの主語であるはずの虚辞のthereが受身文の主語位置に現れること、不定詞節の動詞がworkであればthereが主語となる受身（16b）が容認されないことは、説明が困難である。言い換えれば、（15b)(16b）に示した言語事実が、移動を仮定する分析の強い証拠となる。

　このような移動があること（さらに言えば、元の位置に残る痕跡が、移動した名詞句を指す代名詞的な性質をもつこと）を示す実験結果がある。

---

[4]　実際には、主語が空席になっている場合は仮主語のitが現れることもあり、（11a）のような受身文ができる。主語が空席であること以外にも名詞句の移動を引き起こす要因があると考えられているが、ここでは割愛する。興味のある読者は生成文法の入門書を読んでほしい。

【実験】　受身文の主語は動詞の目的語位置から移動
(Bever and McElree 1988)

　この実験では、プライミング効果（3.1.1 項参照）を用いた課題を行った。いくつかの句に区切られた文を自己ペース読文法（3.1.2 項参照）で読み進め、最後の句の次に提示される語（探査子と呼ぶ）が、文中にあったかどうかをなるべく速く判断してもらい、その反応時間を測定した。前提として、探査子と同じ語が文中に現れる位置が文末に近いほど（つまり、文中で見てから探査子を見るまでの時間が短いほど）、プライミングの効果が大きく、反応時間が短くなる。代名詞を含む文について、（19b）の方が（19a）よりも astute（「明敏な」）という探査子に対する反応時間が短いことがわかっている。

(19) a. The <u>astute</u> lawyer who faced the female judge hated the long speech during the trial.

    b. The <u>astute</u> lawyer who faced the female judge hoped <u>he</u> would speak during the trial.

（19b）において、he という代名詞の処理の際に、代名詞が先行詞として指している名詞句（the astute lawyer who faced the female judge）を想起していると考えれば、その中に astute という語があることから、he を処理している時点で astute という語にアクセスしていると考えられる。そのため、（19b）では astute へのアクセスから文末までの距離が（19a）よりも近くなるので、文末の探査子に対する反応時間が短くなると説明できる。

　これを踏まえ、（20）のような文を読んだ直後に呈示される主語名詞句内の形容詞（astute）を探査子とする反応時間測定を行った（受身の痕跡の位置を t で示す）。

(20) a. The astute lawyer who faced the female judge was suspected <u>t</u> constantly.

    b. The astute lawyer who faced the female judge was suspicious constantly.

（20a）は受身文であり、suspected の目的語位置から主語位置に名詞句が移動していると分析でき、この痕跡（t）の位置で astute を含む主語名詞句が想起されていれば、移動を含まない（したがって痕跡がない）（20b）よりも反応時間が短いことが予測される。結果としては、（20a）のタイプの文における平均反応時間は 1.00 秒で、（20b）の移動を含まないタイプの文の 1.12 秒よりも短く、有意差があることが確認された。

　この研究では、受身文において名詞句の移動があり、移動は痕跡を残すとする理論的分析を支持する結果が、心理言語学的実験によって得られたと言える。

10.2 日本語の受身文

日本語にも受身文があり、英語には見られないタイプもある。

【Q】次の文は受身の形をしているが、英語の受身とは異なる。どのような点で異なるか、整理してみよう。

(21) a. 父親が赤ちゃんに大声で泣かれた。
　　　b. 通勤客がスリに財布を盗まれた。

(21a) は、「泣く」という自動詞が受身になっている。英語では、自動詞を受身にすることはできない。(*The father was cried loudly by the baby.) (21b) では動詞「盗む」は他動詞であるが、その目的語「財布を」が目的語の形のままで現れており、このような受身も英語では容認されない。(*The commuter was stolen a purse by a pickpocket.) 英語の受身文 (1b) と同様の、他動詞の目的語を主語にする受身(「男の子が先生に叱られた」)もあるが、(21) はそれとは異なる性質をもっている。この節では、日本語の受身文をいくつかのタイプに分けて検討していく。

10.2.1 英語と同じタイプの受身(直接受身)

英語と同様に、対応する能動文があり、能動文における動詞の目的語が主語になっている受身を**直接受身**(direct passive)と呼ぶ。英語の (17) と同様に、動詞の目的語の位置(日本語では動詞の直前の位置)から主語位置へ名詞句が移動していると分析できる[5]。

(22) a. 子どもがウサギを捕まえた。
　　　b. φ(子どもに)ウサギが　捕まえられた。
　　　c. ウサギが(子どもに)t 捕まえられた。

英語の場合は、10.1 節で見たように、be 動詞などの主語としてしか現れな

---

[5] (22b) の「ウサギ」には便宜的に「が」という助詞をつけて表記してあるが、実際には主語位置に移動した後で主格を表す「が」がつくと考える方が正確である。

い虚辞 there の受身文における振る舞い（15）（16）が移動分析の強い根拠となるが、日本語には there にあたるような虚辞がないので、同様の議論はできない。日本語では「たくさん、いっぱい」などの**数量詞**（quantifier）の振る舞いが移動分析を支持する証拠になると考えられる（影山 1993、岸本 2009）。（23a）では、「たくさん」はウサギの数が多いという解釈ができるが、子どもの数が多いという解釈はできない。つまり、数量詞が動詞の直前に現れる場合、その数量詞は目的語の指すモノの数を表すことはできるが、主語の指すモノの数を表すことはできない[6]。（23b）のように自動詞でも、主語の「ウサギ」の数が多いという解釈はできず、走った量が多いという解釈しかない。しかし、（23c）に示すように、受身文では主語の表すモノの数を表すことが可能になる。

> (23) a. 子どもが野原でウサギをたくさん捕まえた。
> b. ウサギが野原でたくさん走った。
> c. ウサギが（子どもに）野原で t たくさん捕まえられた。

これは、（22c）に示したような受身の移動分析を採用すれば、移動前に「ウサギ」という名詞句があった位置（（23c）において t で示した痕跡の位置）において「たくさん」との意味関係が結ばれる（すなわち、（23a）においてウサギの数が多いという解釈が可能であるのと同じである）と考えることで説明できる。

🌙 10.2.2　主語が影響を受ける者を表す受身（間接受身）

（21a）のような自動詞の受身には、主語が指す人（（21a）では父親）が、述べられているコト（（21a）では赤ちゃんが大声で泣くこと）によって何かしらの影響（多くの場合、迷惑）を被るという意味がある。他動詞の受身で目的語が残るタイプの受身にも、同様に「迷惑」の解釈が出るものがある。これらは**間接受身**（indirect passive）（あるいは迷惑受身）と呼ばれる。

> (24) a. 夜中に赤ちゃんに泣かれた。カラオケ客に大声で歌われた。
> b. 隣人に大音量で音楽を流された。4番打者にヒットを打たれた。

---

[6] 正確に言うと、動詞の直前にあることが重要ではなく、動詞と「ひとまとまり」になる句（動詞句）の中にあることが重要である。（23a）は、語順を変えて「子どもがウサギをたくさん野原で捕まえた」であっても、ウサギの数が多いという解釈が可能なこと、（23b）に対して「ウサギがたくさん（野原で）走った」であればウサギの数が多いという解釈が可能であることに注意されたい。

カラオケ客が大声で歌うとか、4番打者がヒットを打つといったコトは、迷惑であるとは限らないが、(24) のように受身で表現されると明らかに（文中に現れていない主語の指す人物が）迷惑を被っているという解釈が生じる。この点は、受身でない文（「カラオケ客が大声で歌った、4番打者がヒットを打った」）と比較すれば明らかである。この迷惑解釈のために、たとえば (24b) の4番打者の例では、主語が相手チームの投手か、あるいは相手チームの関係者やファンであろうという推測まで可能になるのである。

　このようなタイプの受身文には、対応する能動文が存在しない。受身文の主語は動詞のもともとの目的語ではないから、このような受身文に目的語の移動という (22c) のような分析を採用することはできない。むしろ、受身文を作る「-られ」という接辞が、被害を被る人を主語としてとる (25) のような構造が仮定できる[7]。「-られ」が主語のほかに埋め込み節をとるという分析で、「主語の指す人が（何かを）される」という二階部分と、「何か」にあたるコトを表す一階部分（「赤ちゃんが泣く、4番打者がヒットを打つ」）とから成る（第9章のサセ使役の埋め込み構造分析も参照）。

(25) a. [父親が [赤ちゃんが　泣く] られた]
　　　b. [新人投手が [4番打者が　ヒットを　打つ] られた]

◔ 10.2.3　主語が所有者を表す受身（所有受身）

(21b) の目的語が残っている受身文は、一見 (24b)(25b) と同じ形に見えるが、性質が異なると考えられる。受身文の主語の指すモノ（(21b) では通勤客）が、残っている目的語の指すモノ（(21b) では財布）の所有者であるという関係があるのが特徴である。この点で (21b) は (24b)(25b) と異なっており（(25b) では新人投手はヒットの所有者ではない）、(21b) のタイプは**所有受身**（possessive passive）と呼ばれる。対応する能動文を参考にすると、所有者を表す名詞句が主語位置に移動するという (26) のような分析の可能性

---

[7] (25) の埋め込み節主語（「赤ちゃん、4番打者」）の助詞がなぜ「に」になるのかについては、ここでは立ち入らない。動詞の語形については、使役の -(s)ase（第9章脚注7参照）と同様に、一段活用動詞の語幹に -rare（あるいは未然形に「-られ」）、五段活用動詞の語幹に -are（あるいは未然形に「-れる」）が付加されると考えられる。

がある。

(26) a. スリが　通勤客の財布を　盗んだ。
　　　b. 通勤客が　スリに t 財布を　盗まれた。

しかし、この分析には、直接受身に対する (23) のような明確な根拠を提示できない。(23) では、移動前の t の位置で数量詞「たくさん」との関係づけができる (「ウサギ」が移動前は目的語位置にあるので、動詞直前の数量詞がその数を表すことができる)、ということがポイントであったが、(21b) の場合、(27) に示すように、移動前の位置でそもそも数量詞解釈が許容されないので、(23) と同様の論理で移動の有無を議論することができないのである。

(27) *スリが　通勤客の財布を　たくさん　盗んだ。
　　　 (通勤客の数が多いという解釈で容認不可)

したがって、(21b) のような所有受身は、(25) のような移動を伴わない分析と、(26b) のような移動分析のどちらが適切であるか、言語事実の観察だけからは判断しにくい。

10.2.4　日本語受身文の処理

失文法症状のあるブローカ失語患者は、直接受身の解釈に困難があることが知られており (3.2.1 項参照)、(17)(22) に示したような移動という統語上の操作の処理に困難があるとする考えが提案されてきた (Grodzinsky 1986)。このような考えに基づくと、同じ受身でも、移動のない間接受身は、ブローカ失語の患者にとって難しくないという予測ができる。さらに、所有受身については、直接受身と同様に難しければ移動分析が、そうでなければ移動を伴わない分析が、正しいことが示唆される。

【実験】　所有受身は直接受身と同じ性質をもつ (Hagiwara 1993)

　この研究では、ブローカ失語患者を対象として、6 つのタイプの文について、意味を正しく表示する絵をそれぞれ 4 枚のうちから選んでもらう実験が行われた。4 枚の絵は (「男の子が女の子を押した」という文を例にとると) (i) 正しい絵、(ii) 行為の動作主と被動者を逆転した絵 (女の子が男の子を押している絵)、(iii) 異な

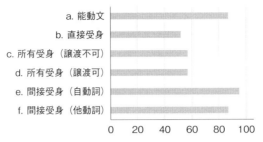

図 10.1　ブローカ失語患者の文理解課題正答率（%）
（Hagiwara 1993 に従って作成）

る動作の絵（男の子が女の子の腕を引っ張っている絵）、(iv) 動作も異なり、行為
の動作主と被動者も逆転した絵（女の子が男の子の腕を引っ張っている絵）になっ
ている。6 つの文タイプは以下の通りである（(28c) と (28d) の違いについて
はここでは立ち入らないので、合わせて「所有受身」と理解してほしい）。

(28) a. 能動文：　　　　　　　　お母さんが男の子を押した。
　　　b. 直接受身：　　　　　　　男の子がお母さんに押された。
　　　c. 所有受身（譲渡不可所有）：男の子がお母さんに腕をつかまれた。
　　　d. 所有受身（譲渡可所有）：　お父さんが女の子に財布をなくされた。
　　　e. 間接受身（自動詞）：　　　お母さんが赤ちゃんに泣かれた。
　　　f. 間接受身（他動詞）：　　　お母さんが息子に風邪をひかれた。

　結果を図 10.1 に示す。(b)(c)(d) の直接受身と所有受身は統計的に有意差の
ない同等の正答率、(a)(e)(f) の能動文および間接受身も同等の正答率であり、前
者が後者よりも有意に正答率が低いことが確認された。

　まず、間接受身の正答率が能動文と同等であることから、ブローカ失語患者
にとって難しいのが (22) のような移動の処理であって、「-られる」という受
身要素の処理ではないことがわかる。英語の受身文理解から、移動の処理が難
しいという仮説が立てられてきたのであるが、英語だけでは移動以外の be ＋
過去分詞という受身文型が難しいという可能性も排除できない。日本語の間接
受身を研究の射程に含めることによって、受身文型であっても移動を含まない
文は正答率が高いことから、困難を引き起こしているのが受身文型ではなく、
移動操作であるという仮説の妥当性を補強する証拠が得られたと言える。さら
に、所有受身の正答率が直接受身と同等であることから、理論的な検証だけで
は移動があるかどうかを明確に示すことができなかった所有受身に、移動操作
があることを示唆する根拠が得られた。

この章では紙幅の関係で立ち入ることができなかったが、実は日本語の受身については、直接受身にも（間接受身同様に）移動が関与しないとする立場もあり、論争がある（Hoshi 1991 参照）。この実験は、この理論上の論争に対しても、実験研究から示唆するところの大きい研究である。

このように、この実験は、(i) 日本語という異なる言語を考察対象に含めることによって、英語だけを見ていたのではわからないことがわかってくることがある、(ii) 理論的な検証だけでは明確な証拠が得られないことについて実験研究による根拠が得られることがある、という二点を示す好例であると言える。

まとめ

この章では受身文を中心に考察した。まず、英語の受身について、「形と意味のミスマッチ」があること、それを「移動」として分析できることを示し、実際に移動がある（元位置に痕跡がある）ことを示唆する実験の結果を紹介した。次に、日本語には複数のタイプの受身があることを導入し、理論的に移動があると示すことのできる受身（直接受身）、移動がないと考えることができる受身（間接受身）、移動の有無を証拠づけられない受身（所有受身）があることを見た上で、ブローカ失語患者の理解実験によって、所有受身が直接受身と同等の低い正答率であったことから、移動があることが示唆されることを論じた。

ただし、9.2 節で扱った使役文の分析と合わせて考えると、実はブローカ失語患者の理解については、検討すべき課題が残っている。9.2 節では、サセ使役が埋め込み構造をもっていることを示し、その構造の複雑さのためにブローカ失語患者には処理が困難になると考えた。一方、この章では、移動という操作が処理の難しさにつながると考えた。埋め込み構造と移動という異なる要因が、それぞれ処理の難しさにつながるということ自体は、正しいかもしれない。何が問題になるのか、以下の【Q】を考えてみてほしい。

【Q】 間接受身について、(25) の構造を示したが、その構造の根拠は明確には示さなかった。次のような文で「自分」が誰を指すかを考慮して、直接受身と間接受身の構造の相違を考えてみよう。その構造上の違いは、ブローカ失語患者にとって、直接受身と間接受身のどちらがより難しいことを予測するだろうか（9.2 節の使役の分析を参照しながら考えてほしい）。

  (29) a. 直接受身：父親が息子に自分の部屋に閉じこめられた。
        b. 間接受身：父親が息子に自分の部屋に閉じこもられた。

     ◆　●　❖　さらに学びたい人へ　❖　●　◆

Davies, W. D. and S. Dubinsky（2004）*The Grammar of Raising and Control: A Course in Syntactic Argumentation*, Blackwell.
→ 初学者には少し難しいが、この章で紹介した believe タイプの動詞にかかわるミスマッチおよび関連現象を扱う読み応えのある入門書。
伊藤たかね（2011）「一人二役か、役割のミスマッチか―コントロールと繰り上げ」東京大学言語情報科学専攻（編）『言語科学の世界へ―ことばの不思議を体験する 45 題』pp.92-105　東京大学出版会
→ Believe タイプのミスマッチに類似したミスマッチ現象のわかりやすい解説。

なお、日本語の受身の統語分析および日英語の受身の意味分析については、第 9 章の本欄を参照されたい。

11 節境界を越えた関係
―疑問文の構造を中心に―

> 移動によって生じる「形と意味のミスマッチ」には、本来あるべき位置から遠く離れた位置に要素が出てくる現象も見られる。この章では、まず英語の疑問文を取り上げ、節の境界を越えることもある疑問詞（wh 要素）を含む句とその痕跡の関係に焦点を当てて検討し、さらに日本語の類似の現象について考察する。

　第 10 章では、動詞の目的語位置にある名詞句が主語の位置まで移動する受身文を見たが、移動によるミスマッチの中には、もっと「遠く」へ移動するように見える現象もある。この章ではそのような例として、英語の wh 疑問文と日本語の語順変更について考える。

11.1　英語の疑問文

11.1.1　疑問詞とその痕跡

> 【Q】次の 2 文において、who はそれぞれどの動詞に対してどのような関係をもつと考えられるか。
>
> (1) a. I don't know <u>who</u> admires the professor.
> 　　 b. I don't know <u>who</u> the professor admires.

(1) は、文全体が答えを求める疑問文（**直接疑問文**（direct question））ではないが、母型節の動詞（know）の目的語の働きをする埋め込み節が疑問を表す**間接疑問文**（indirect question）である（埋め込み構造については第 9 章参照）。Who は、(1a) では admires の主語であるが、(1b) では admires の目的語である。この 2 文は同じ語が異なる語順で並んでできているが、母型節の動詞（know）の直後という同じ位置に現れている who が全く異なる役割を果たしていることになる。すなわち、語順に示される「形」と、何が動詞の主語や目的語にあたる意味関係をもつかという意味の間に、ここでもミスマッチが見られると言える。このような解釈は、who を「元の場所」に戻して考えるの

が最もわかりやすいだろう。第 10 章で見た「痕跡」という考え方をここでも
用いることができる。(2) のように、admires の主語あるいは目的語の位置に
あった who が、know の目的語になっている埋め込み節の冒頭に移動し、元
の位置に痕跡が残っていると考えられる[1]。

(2) a. I don't know [who t admires the professor]

b. I don't know [who the professor admires t]

受身の場合は、動詞の目的語がその動詞の主語位置に移動するので、痕跡の
場所は一義的に決まるが、疑問文の場合、同一の文（たとえば (3a)）に対し
て 2 通り（以上）の可能性（3b, c）が生じることがあり、その場合、構造上の
多義性（7.1.1 項参照）が生まれる。（以下、移動した要素と痕跡 t を矢印で結
ぶ代わりに、下線と下付きの i, j などの文字でその関係を示すことにする。同
じ下付き文字をもつ下線部同士が移動の矢印で結ばれていると理解してほし
い。）

(3) a. I don't know which student the professor wants to call.
b. I don't know which student$_j$ the professor wants t$_j$ to call.
   （どの学生が電話することを教授が望んでいるのか、私は知らない）
c. I don't know which student$_j$ the professor wants to call t$_j$.
   （教授がどの学生に電話したいのか、私は知らない）

(3b) は、The professor wants Ann to call（アンが電話することを望んでいる）
の Ann が誰かわからない場合、(3c) は The professor wants to call Ann（ア
ンに電話したい）の Ann が誰かわからない場合である。このような多義性が
生まれるのは、埋め込まれた動詞 call が (3b) のように電話の相手を特定し
ない自動詞と、(3c) のように電話する相手を目的語にとる他動詞と両方の用
法をもつからである。同様の多義性は直接疑問文でも観察される。

(4) Which student does the professor want to call?

---

[1] (2a) の場合には、who が移動しているのかどうかは語順からは判断できないが、その問題につい
ては脚注 3 を参照。

11.1.2　直接疑問文における助動詞の移動—構造に依存する操作—

次に文全体で疑問を表す直接疑問文における助動詞について考えてみたい。

(5) a. The student will buy this book.
　　b. Which book_i will the student buy t_i?

(5) は平叙文と疑問詞を含む wh 疑問文の対応を示している。(5a) の this book がどの本かを知りたい場合に質問するのに (5b) が用いられるのだが、このような直接疑問文では、疑問詞（wh 要素）を含む句（以下、**wh 句**（wh phrase）と呼ぶ）は**主節**（最も大きな母型節）の文頭に移動する。これに加えて、直接疑問文では、間接疑問文には見られなかった助動詞の移動があり、will という助動詞が主語の前の位置に移動している。これも含めて痕跡を示すと (5c) のようになる。

(5) c. Which book_i will_j the student t_j buy t_i?

　この助動詞の移動は、どのような規則に従うだろうか。まず、この助動詞の移動は、疑問詞のない yes/no 疑問文でも起こる。(5a) の平叙文に対応する yes/no 疑問文は (5d) のようになる。

(5) d. Will_j the student t_j buy this book?

一方、(6) に示すように、間接疑問文の場合には助動詞の移動は不可能である。

(6) a. I don't know which book the student will buy.
　　b. *I don't know which book will the student buy.

これらのことから、助動詞が主語の前に移動するのは、主節全体が疑問文であることを示すマークであると考えられる。このように、助動詞の移動は主節において起こる現象であるが、文の中に助動詞が 2 つ以上ある場合にも、この「主節の現象」であることが関与すると思われる規則性が見られる。

【Q】次の文を yes/no 疑問文にする際、主語の前に移動するのは、can と will のどちらの助動詞だろうか。それは、なぜだろうか。

  (7) a. The girl who can sing beautifully will win the prize.

(7b, c) に示すように、疑問文にする際に移動するのは will であって can ではない。

  (7) b. <u>Will</u>$_i$ the girl who can sing beautifully t$_i$ win the prize?

     c. *<u>Can</u>$_i$ the girl who t$_i$ sing beautifully will win the prize?

これを (8) のような例と比較すれば、どの助動詞を移動するかは、最初の助動詞とか 2 番目の助動詞といった語順では捉えられないことがわかる。

  (8) a. The teacher will praise the girl who can sing beautifully.

     b. <u>Will</u>$_i$ the teacher t$_i$ praise the girl who can sing beautifully?

     c. *<u>Can</u>$_i$ the teacher will praise the girl who t$_i$ sing beautifully?

どの助動詞が移動するかを判断するためには 9.1.1 項で見た「二階建て」の文構造の理解が必要になる。(7a) の文は、次のような構造になっている。

  (7) d. [[The girl [who can sing beautifully]] will win the prize]

関係節の who can sing beautifully が girl を修飾しており、主語名詞句の中に埋め込まれている。つまり、主節主語は the girl who can sing beautifully、それを受ける主節述部が will win the prize であり、主節を疑問文にする際には主節の助動詞 will を移動する、ということになる。(8a) の構造は (8d) のようになっており、ここでも移動するのは主節の助動詞である will であることがわかる。

  (8) d. [[The teacher] will praise [the girl [who can sing beautifully]]]

このように、英語の疑問文における助動詞移動は文の階層構造によって決定される操作である[2]。言い換えれば、(7b)(8b) のような疑問文を作る際に、

---

[2] 主節の述部に助動詞がない場合は do/does/did などが文頭に出るが、その扱いについてはここでは立ち入らない。

話し手は (7d) (8d) のような構造分析を行っていると考えられる。このように構造によって決まる言語現象があるのは、自然言語に共通の特徴であると考えられ、これを言語の**構造依存** (structural dependence) と言う。ここまでに見てきた連濁や CAR の右枝分かれ構造における適用阻止 (7.1.1 項)、「自分」の解釈と二階建て構造の関係 (9.2.1 項)、(構造については詳しく議論できなかったが)「たくさん」などの数量詞が数を表す対象となる名詞句と離れて現れることの可否 (10.2.1 項) なども、構造に依存した現象である。

11.1.3　節境界を越える移動

(4) や (5b) のような直接疑問文では、wh 句が文頭に移動することを見た。このような wh 句の移動は、(10) (11) のように節境界を越えることができる（すなわち、埋め込み節の中から、主節の文頭に移動できる）ことが大きな特徴である。(10) (11) では節境界を [　] で示している。

(9)　a. The student will buy this book.
　　　b. Which book$_i$ will the student buy t$_i$?
　　　c. Who$_i$ t$_i$ will buy this book?
(10)　a. Ann believes the student will buy this book.
　　　b. Which book$_i$ does [Ann believe [the student will buy t$_i$]]?
　　　c. Who$_i$ does [Ann believe [t$_i$ will buy this book]]?
(11)　a. Bill thinks Ann believes the student will buy this book.
　　　b. Which book$_i$ does [Bill think [Ann believes [the student will buy t$_i$]]]?
　　　c. Who$_i$ does [Bill think [Ann believes [t$_i$ will buy this book]]]?

(9) は単文の平叙文 (9a) とそれに対応する直接疑問文 (9b, c) であるが、(10) はそれを Ann believes に埋め込んだ形、(11) はそれをさらに Bill thinks に埋め込んだ形になっている。(11b) は、(11a) の this book がどの本か知りたいときに、(11c) は the student が誰かを知りたいときに、質問する文である。(11) は三階建ての埋め込み構造であるが、このような埋め込みはさらに繰り返すことも可能で、原理的には無限に埋め込むことができる (9.1.1 項参照)。

　これらの疑問文では、埋め込み節の動詞の主語や目的語にあたる wh 句が、主節の冒頭の位置に現れるというミスマッチが生じている。Wh 句とその痕跡の間（すなわち、語順として wh 句が現れる位置（＝主節の文頭）と意味解釈から考えてその wh 句が本来あるべき位置（＝埋め込み節内）との間）の関係

が節境界を越える例である[3]。

● 11.1.4 島の制約と連続循環移動

このような節境界を越える関係は、いつでも可能なわけではない。例として、以下の 2 文を比較してみよう。

(12) a. Which book_i do you believe [Ann claimed [that the professor wrote t_i]]?
　　 b. *Which book_i do you believe [Ann's claim [that the professor wrote t_i]]?

(12a) では、claim という動詞の目的語として that 節が埋め込まれているのに対して、(12b) では Ann's claim という名詞句の同格節として that 節が埋め込まれている。この、動詞と名詞という点以外に両者に相違はないように見えるが、埋め込まれた that 節の中から、which book という wh 句を取り出せるかどうかについて、(12a) では可能であるが (12b) では不可能であるという相違がある。

　一般的に、名詞句の中に節が埋め込まれている場合、その名詞句からの取り出しができないことが知られている（**複合名詞句制約**（complex NP constraint））。(12b) のような同格節だけでなく、(7) で見たような関係節でも同様の制約がある。((12b)(13) の英語の例が本当に容認されないのか、ピンとこない、という読者は、11.2 節の日本語のデータを参照してほしい。)

(13) *Which book_i do you know [the professor [who wrote t_i]]?

複合名詞句以外にも wh 句が取り出せない構造上の環境がわかっており（渡辺 2009: 5 章など参照）、そのような構造は総称として**島**（island）と呼ばれ、島からの取り出しを禁じる制約を島の制約と言う。

　(12a) では三階建ての一番下の階から一番上の主節文頭位置まで移動できる wh 句が、(12b) ではなぜ移動できないのだろうか。Wh 句は、本来的に（主節であっても埋め込み節であっても）節の冒頭に移動する性質をもっていると

---

[3] (9c) では疑問詞と t が隣接しているので，本当に移動があるのかという疑問があるかもしれないが，(10c)(11c) のような埋め込み構造を考えると，主語が wh 句の場合であっても移動している（will buy this book の主語位置から主節文頭に移動している）ことが語順から明確になる。したがって，(9c) や (2a) のように語順からは判断できない場合でも wh 句は移動していると考えられる。

考えられる（埋め込み節の文頭に移動すれば間接疑問文、主節の冒頭に出れば直接疑問文になる）。そこで、（12a）のような埋め込み構造では、（14）のように、埋め込み節の冒頭への移動を経て最終的に主節冒頭に移動すると考えることができる。このような移動を**連続循環移動**（successive cyclic movement）と呼ぶ。

(14) Which book$_i$ do [you believe [t$_i$ [Ann claimed [t$_i$ [that the professor wrote t$_i$]]]]]

Wh 句は、「節」の冒頭に出る性質をもつのであって、名詞句の冒頭に出るという性質はもっていない。以下の例を比較してみよう。

(15) a. The editors discussed which book$_i$ they should publish t$_i$.
　　　（編集者らはどの本を出版すべきか議論した）
　　b. The editors discussed which book$_i$ to publish t$_i$.
　　c. *The editors discussed which book$_i$ the publication of t$_i$.

Discuss という動詞が、（15a）では時制のある節、（15b）は時制のない節（9.1.2項参照）を目的語としてとり、埋め込み節冒頭に wh 句が移動しているが、名詞句を目的語としてとる（15c）では名詞句冒頭に wh 句が移動することはできず、The editors discussed the publication of this book. に対応する間接疑問文として容認されない。このようなことから、移動した wh 句が「着地」するための場所が節の冒頭にはあるが、名詞句冒頭にはないと考えられる。

では、複合名詞句という島からの取り出しを含む（12b）はどうなるだろうか。

(16) Which book$_i$ do [you believe [[Ann's claim [t$_i$ [that the professor wrote t$_i$]]]]]

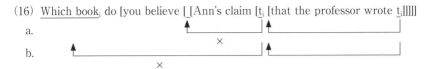

（16）では、wh 句がまず埋め込まれた that 節の冒頭に移動するのは（14）と同じであるが、その次に（a）のように Ann's の前に移動しようとしても、Ann's claim that... は名詞句であって節ではないので wh 句の着地点がなく、この移動はできない、と説明できる。一方で、wh 句は（14）に示したように、順々に繰り返し移動するものなので、（16）の（b）に示したように、that の前の位置から主節冒頭まで「一気」に移動することは許されない[4]。言い換えると、（12b）のような文では wh 句が元の位置から「遠く離れて」現れている

ように見えるが、実は「遠距離移動」が可能なわけではなく、(14) のような「近距離移動」のみが可能でそれを繰り返していると考えることによって、節と名詞句の性質の違い（＝wh 句の着地点の有無）から (12a) と (12b) の対比が説明できるのである。

11.1.5　子どもの疑問文—子どもは何を「知って」いるか—

このような節境界を越える移動を含む疑問文において、(14) のような連続循環移動があるとしたら、目に見えない形であっても、wh 句は各埋め込み節の冒頭の位置に立ち寄っていることになる。そうであれば、通常は wh 句が主節文頭に現れる直接疑問文において、wh 句の「着地点」である埋め込み節の冒頭に wh 句が現れることがあるだろうか。

【実験】**子どもの「間違い」が連続循環移動の証拠
(Thornton and Crain 1994)**

この実験では、3〜4 歳の子どもに短い物語をおもちゃで演じて見せ、その内容について「Ratty（人形の名前）に質問してね」と促す形で、子どもたちが埋め込み構造のある疑問文（たとえば What do you think is in the box? のような疑問文）を発話するように促した。実験者は埋め込み構造の疑問文を発することはなく、たとえば、We know there is a marble under the box. Ask Ratty what he thinks. といった形で、子どもに人形に対して質問させている。21 人の実験協力者のうち、多くの子どもは「正しい」（つまり大人と同じ）文を産出したが、3 分の 1 ほどの子どもが以下のような「間違い」の（つまり大人の文法では容認されない）文を発話したと報告されている。

(17) a. Who do you think who is in the box?
　　 b. Who do you think who Cookie Monster likes?

(17a) では埋め込み節の主語、(17b) では埋め込み節の目的語が、それぞれ wh 句であるが、who が埋め込み節冒頭と主節冒頭との 2 箇所に現れている。Wh 句の移動が、(14) に示した連続循環移動であると考えれば、移動の途中の「立ち寄り箇所」にも who が現れていると考えることができる。連続循環移動を仮定せず、元位置から一気に主節文頭に移動すると考えるなら、なぜ (17) のような文を子どもが発話することがあるのか、説明は困難であろう。

---

[4] 「一気」に移動することのできない「遠さ」は構造によって定義されるが、複雑な問題なので、ここでは立ち入らない（渡辺 2009 など参照）。

　(17) のような発話は、周囲の大人の発話には存在しないので、子どもが
データから学んだとは考えにくい。このような子どもの発話の中には、たとえ
ば What do you think? と What is in the box? という 2 つの可能な文を組み合
わせて What do you think what is in the box? になったという説明が可能な
タイプのものもあるが、(17b) のように埋め込み節の目的語が wh 句の場合は
*Who Cookie Monster likes? は大人の発話に存在しないので、そのような説
明はできない。2 つの可能な文を組み合わせるなら、むしろ、What do you
think? と What does Cookie Monster like? とを組み合わせて #What do you
think what does Cookie Monster like?[5] が作られそうであるが、そのような
発話をする子どもはいなかった (Crain and Thornton 2012)。つまり、このよ
うな子どもの「間違い」は、周囲のデータから「学んだ」ものではなく、wh
句などの移動が連続循環移動であるということを、子どもが「知って」いるた
めに起きるものであると考えられる。

　さらに興味深いことに、(大人の) 英語では許されない (17) のような wh
句を繰り返す疑問文が容認される言語 (ドイツ語のいくつかの方言のほか、ロ
マニ語、アイルランド語、チャモロ語など) があることがわかっている
(Thornton and Crain 1994)。(18) はドイツ語の例である。

(18) Wer glaubst du　wer nach Hause geht?
　　 Who think　　you who to　　home goes
　　 "Who do you think who goes home?"

　ドイツ語と子どもの英語で同じ構文が許されるだけでなく、この構文が可能
な条件にも共通点がある。子どもの発話では、which smurf のような一語では
なく複数の語から成る wh 句を含む文については、(19a) のような文は見られ
ず、(19b) のような形が見られた (Thornton and Crain 1994)。

(19) a. # Which smurf do you think which smurf is wearing roller skates?
　　 b. Which smurf do you think who is wearing roller skates?

　ドイツ語でも、複数の語から成る wh 句は (18) のような構文の埋め込み節冒
頭の位置に出られない。

---

[5]　Thornton and Crain (1994) に倣って、この章では「子どもが産出しない」ことを「#」で表記する。

(20)　*Wessen Buch glaubst du　wessen Buch Hans liest?
　　　 whose　book　think　　you whose　book Hans reads
　　　 "Whose book do you think whose book Hans is reading?"

　他にも、埋め込み節が不定詞節である場合にはこの構文が用いられない
(#Who do you want who to take a walk?) など (Thornton and Crain 1994)、
ドイツ語の当該構文と子どもの「間違った」英語の発話が同じ性質を示すこと
から、(17) のような文を産出する子どもはドイツ語などと「同じ文法」を
使っていると考えられる。

　2.3.2項で、普遍文法とパラメータという考え方を紹介した。自然言語に共
通の、可能な文法の枠組みが普遍文法として存在し、子どもはそれを学ぶ必要
もなく「知って」いる。そして、普遍文法が許す範囲で個々の言語の文法の違
いを決めるパラメータがあり、子どもはその値を周囲から得られるデータに
従って設定する、という考え方である。この節で扱った疑問文について言え
ば、子どもは wh 句が連続循環移動によって節冒頭に移動することを普遍文法
の一部として「知って」おり[6]、最終着地点である主節冒頭だけでなく中間の
着地点（埋め込み節冒頭）にも wh 句が現れることができるかどうかはパラ
メータの設定によって言語による差異がある、と考えることができる。そし
て、(17) のような「間違い」を産出する子どもたちは、パラメータの設定を
誤っている、と捉えられる。この考え方を採用すると、子どもが獲得の段階で
発する「間違い」は、当該言語とはパラメータ設定が違うものの、普遍文法に
即したものに限られるということになる。そのため、ここで紹介したように、
他の（その子どもたちが聞いたこともない）言語と同じ文法になる可能性があ
るということになる。

11.2　日本語における島の制約—疑問文とかきまぜ—

　日本語でも、(12)(13) のような島の制約が観察されるだろうか。(12)(13)
に対応する日本語の疑問文を考えてみよう。

---

[6]　次の節で見るように wh 句がすべての言語で移動するわけではないので、正確には、何らかの要素
が主節冒頭に移動する際には連続循環移動による、ということになる。

(21) a. あなたは教授がどの本を書いたという明子の話を信じているのですか。

　　　b. あなたはどの本を書いた教授を知っているのですか。

(12b) に対応する (21a) では、「…という明子の話」という名詞句の中に節「教授がどの本を書いた」が埋め込まれ、疑問詞「どの」を含む wh 句[7] はその節の中に含まれており、また、(13) に対応する (21b) では関係節の中に wh 句が含まれているが、どちらの文も問題なく容認される。

　日本語と英語では、制約が異なるのだろうか。(21) では、wh 句「どの本」が、「書いた」という埋め込み節の動詞の目的語の位置に現れていることに注意しよう。つまり、日本語の疑問文では、英語と異なり、wh 句が文頭に移動する必要がないのである。島の制約は、(16) に示したように、繰り返しの移動が妨げられることによって起こる現象なので、移動のかかわらない (21) のような疑問文では観察されないと考えられる。

　それでは、日本語で (16) のような移動を伴う構文はあるだろうか。日本語は語順を比較的自由に変えられる言語であるが、基本語順は「主語-目的語-動詞」(「教授がこの本を書いた」) であり、**かきまぜ** (scrambling) という語順変更を行う移動によって、たとえば「この本を教授が書いた」といった語順の異なる文が作られると考えられている。そして、このかきまぜは、(16) の英語疑問文と同じように、埋め込み節内の要素を主節文頭まで移動することができる。(22) に示すように、移動する要素は wh 句であってもなくても構わない (埋め込み節を [　] で、移動した要素の元位置を t で表示する)。

(22) a. <u>どの本 $_i$</u> を、[あなたは [[教授が t_i 書いたと] 明子が言ったと] 信じている] のですか

　　　b. <u>この本 $_i$</u> を、[私は [[教授が t_i 書いたと] 明子が言ったと] 信じている]

　この移動が、(16) のように埋め込み節を含む複合名詞句からの取り出しになる例を考えてみよう (当該の複合名詞句を [　] で示す)。

(23) a. *<u>どの本 $_i$</u> を、あなたは [教授が t_i 書いたという明子の話] を信じているのですか

　　　b. *<u>この本 $_i$</u> を、私は [教授が t_i 書いたという明子の話] を信じている

---

[7] 日本語の疑問詞はもちろん wh という綴りはもたないが、便宜的にこの用語を用いる。「誰、どの、どれ、どこ、いつ」などを含む句が該当する。

(24) a. *どの本ᵢを、あなたは［tᵢ 書いた教授］を知っているのですか
   b. *この本ᵢを、私は［tᵢ 書いた教授］を知っている

埋め込み節内の動詞「書いた」の目的語を主節文頭に移動させたのが (23)(24) であるが、容認できない文である。(22) が問題なく容認されることと比較すれば、(23)(24) のデータは、英語の疑問文の (12)(13) のデータと同様であり、日本語でも移動のかかわる文では島の制約が適用されることがわかる。

【実験】 子どもも島の制約を知っている (Sugisaki and Murasugi 2017)

この研究では、4 歳 11 か月～6 歳 11 か月の 16 名の子どもを対象に、埋め込み構造の文における疑問詞の解釈を確認する実験を行った。登場人物がお絵描きをする場面の写真を見せながら、物語を聞かせるが、その物語の中で「妖怪ウォッチ」のコマさんが水色で描いた電車を、トゲニャンがオレンジ色に塗り直してしまう。その物語の後で、半数の子どもに (25a)、残り半数の子どもに (25b) の文を聞かせた。上記下線部の状況で、(25) のそれぞれの問いに、大人であればどう答えるかを考えてから、読み進めてほしい。

(25) a. 何色でトゲニャンは［コマさんが描いた電車］を塗っちゃったかな？
   b. トゲニャンは［コマさんが何色で描いた電車］を塗っちゃったかな？

子どもは、まず、聞いた文に対して答えることが求められた。さらに、実験者が同じ文で人形（もう一名の実験者が操っている）に質問をし、人形が「水色」と答え[8]、子どもは人形が正しいかどうかを○×のカードで示すように求められた（**真偽値判断課題** (truth value judgment task) と呼ばれ、子どもの言語獲得の実験でよく用いられる手法である）。

結果を表 11.1 に示す。物語の下線部の状況から、「水色」という答えは「何色で」が「コマさんが描いた」という埋め込み節にかかる解釈、「オレンジ色」とい

表 11.1 子どもの回答と、真偽値判断の結果 (Sugisaki and Murasugi 2017 に従って作成)

聞いた文	(25a)	(25b)
質問への子どもの回答		
水色	0%　(0/16)	81.3%（13/16）
オレンジ色	93.8%(15/16)	18.8%　(3/16)
人形（水色と回答）への○の反応	0%　(0/16)	81.3%（13/16）

---

[8] 大人である実験者が直接「水色」などと言った場合、子どもはそれが間違っているとは答えない傾向があるため、「まだ小さいから時々間違えるんだよ」などと導入した人形が答える形をとることで、子どもが×を選ぶのを妨げないように工夫することが多い。

う答えは、「何色で」が「トゲニャンが塗っちゃった」という主節にかかる解釈である。(25a) の、「何色で」が主節冒頭に出ている場合、子どもは「水色」という回答をしないし、「水色」と答えた人形は間違っていると判断できている。埋め込み節内から主節冒頭への移動が島の制約によって不可能であることを知っていると結論できる。

　上記の結果に加えて、この研究（Sugisaki and Murasugi 2017）では「誰にコマさんは絵を見せたいと言ったかな？」という文に対して、子どもは「誰に」を「絵を見せたい」という埋め込み節の要素とする解釈を強く好むことも示されている。つまり、島の制約がかからない文であれば、((22) に示したように）埋め込み節内の疑問詞を主節冒頭に移動することができるということも、子どもは知っていると考えられる。

　言語獲得の過程において、子どもは否定的証拠を使えない、ということを思い出そう（1.4.2 項参照）。島の制約は、「こういう文は不可能である」という規定をする。子どもが、「こういう文は容認されない」という否定的証拠を使えないにもかかわらず、島の制約を「知って」いるとしたら、耳にする周囲の発話から得られる知識ではなく、何らかの生得的な知識が関与していると考えることができる。(16) に示したような、「移動する要素には着地点が必要である」ということ、また「一気に移動できる距離には制限がある」といったことが、自然言語に共通の普遍文法として生得的に備わっていると考えることで、このような事実に説明を与えることができる。

まとめ

　この章では、英語の疑問文と日本語のかきまぜと呼ばれる語順変更を中心に、節境界を越えることもある移動現象を見た。どの要素が移動するか（11.1.2 項）、またどの要素が移動を阻止されるか（11.1.4 項、11.2 節）、といった点で、文構造が大きな役割を果たしていることがわかった。さらに、子どもの言語獲得にかかわる実験によって、このような複雑な文構造や、移動にかかる制約を、子どもたちが「知って」いることから、文構造にかかわる多くの部分が普遍文法として生得的に備わっている可能性が示唆されること、そして、子どもの産出する「間違い」が、普遍文法の存在を裏付ける可能性があることを見た。

❊ ❊ ❊ さらに学びたい人へ ❊ ❊ ❊

渡辺　明（2009）『生成文法』東京大学出版会

岸本秀樹（2009）『ベーシック生成文法』ひつじ書房

⇒ 比較的読みやすい生成統語論の入門書。Wh 句の移動と島の制約は、生成文法の枠組みに
おける統語論研究の中心的なトピックの一つである。この章ではテクニカルな議論に立ち
入らずに、概略的な捉え方を伝えようと試みた。興味のある読者は、ぜひ統語論を学んで
ほしい。

杉崎鉱司（2015）『はじめての言語獲得―普遍文法に基づくアプローチ』岩波書店

→ 言語獲得研究の目的と方法を学ぶ入門書。子どもが、限られたインプットから短い期間で
精緻な文法体系を獲得することができるのは、自然言語に共通の普遍文法があり、子ども
はそれを生得的に「知って」いるからであると考える生成文法の枠組みで、言語獲得研究
から何がわかるかを、初学者にもわかりやすく説明してくれる。

12 話し手と聞き手の関係
―相手はどこにいる？　相手はどう思っている？―

言語は基本的に話し手と聞き手の間でやりとりされる。この章では、話し手と聞き手の関係が関与する現象を中心に見ていきたい。話し手と聞き手の（心理面も含む）「守備範囲」とでも言うべき概念の把握が関与する現象と、聞き手が何を知っていると話し手が考えているかがかかわる現象とを見ていく。

Part 2〜Part 4 まで、音、語、文という単位で、話者が無意識のうちに駆使している文法がどのようなものなのか、それぞれの単位の言語処理はどのように行われているのかを見てきた。最後の Part 5 では、言語使用にかかわる領域（言語学では**語用論**（pragmatics）と呼ばれる）を見ておきたい。まず、この章では、話し手と聞き手（と言語による記述の対象）の関係性に目を向けてみたい。

12.1　直示表現―「来る」と come は同じ？―

この節では、話し手や聞き手が誰であるか、などの発話状況を参照することによって意味が決まる**直示的**（deictic）と呼ばれる表現を考える。たとえば、1 人称・2 人称の代名詞（I, you や「私、あなた」）なども、話し手と聞き手が誰であるかわからなければ誰を指すのか決まらない直示表現であるが、ここではもう少し複雑に話し手と聞き手の関係が関与する現象として、指示詞と呼ばれる「この、その、あの」や this, that などと、いくつかの動詞を中心に検討する。

12.1.1　英語と日本語の指示詞の体系

まず、英語と日本語の指示詞の違いを考えてみよう。

【Q】日本語には「これ、それ、あれ」あるいは「この、その、あの」という三分法があるが、英語の対応する表現は this, that の二分法になる。これらがどのように使い分けられるか、考えてみよう。

日本語の「こ、そ、あ」の体系は、「近称、中称、遠称」と呼ばれることもあるが、距離の大小ではなく、話し手の近くは「こ」、聞き手の近くは「そ」、話し手・聞き手どちらにも近くない場合に「あ」というのが、使い分けの基本である（たとえば、電話などで話していて聞き手が遠くにいても、聞き手のもっているものは「それ」であって「あれ」ではない）。これに対して、英語では話し手の近くが this、話し手に近くない場合は that となるので、日本語の「そ」と「あ」の区別を英語ではしていないことになる。

　ここで「近く」と言っているのは、話し手と聞き手の「守備範囲」とでも呼ぶべきものを問題にしているので、「近く」であるか否かは物理的な距離とは限らない。もちろん、目の前のものを指して「これ」、遠くにあるものを指して「あれ」と言うのは物理的な距離である。しかし、たとえば次のような例で、「こ、そ、あ」の相違を考えると、物理的な距離とは限らないことがわかる。

　(1) a. これは大問題だ。　　b. それは大問題だ。　　c. あれは大問題だ。

この場合、心理的な距離が影響していると考えられ、話し手が、(1a) では話し手自身の問題、(1b) では聞き手の問題、(1c) では第三者の問題と捉えているという解釈ができる[1]。

◗12.1.2　行き来の動詞—すぐに行くよ—

> 【Q】たとえば「ちょっと手伝って」と呼ばれたときに同意する答えとして、日本語では「すぐ行くよ」は良いが「すぐ来るよ」はおかしいのに対し、英語では I'm going. ではなく I'm coming. と言うのが普通である、というような「行く／来る」と go/come の違いを英語の授業などで教わったことがあるだろうか。これらの動詞のどこに本質的な違いがあるのか、考えてみよう。

指示詞の場合と同じように、話し手・聞き手の「守備範囲」という切り口で考えてみるのが良い。日本語は話し手に近づく動きを「来る」、話し手から離れる動きを「行く」で表現する。【Q】の例に見られるように、聞き手に近づく動きであっても、少なくとも（「話し手が今いる場所」という意味での）話し

---

[1]　「こ、そ、あ」の解釈にはもっと複雑な面もある。たとえば、「この時代、その時代、あの時代」の解釈がどう決まるか、考えてみよう。

手の守備範囲から離れていく場合には「来る」は用いられない。これに対して、英語では、話し手・聞き手のいずれかに近づく動きであればcomeが用いられる。聞き手に近づく場合は、話し手の守備範囲から離れていく場合でも（すなわち話し手自身の動きであっても）comeが用いられるのである。指示詞では、三分法を用いて聞き手の守備範囲も考慮に入れる日本語が、移動動詞では話し手の守備範囲だけを問題にし、逆に指示詞では二分法で聞き手の守備範囲を問題にしない英語が、移動動詞では聞き手と話し手両者の守備範囲を問題にしているということになる。

　日本語では、話し手に近づくか、話し手から離れるか、で使い分けるので、話し手が関与しない場合は、「行く・来る」のいずれも用いることができる。

(2) a. 明子が君の家に行ったときに…　　b. 明子が君の家に来たときに…
(3) a. 君が明子の家に行ったときに…　　b. 君が明子の家に来たときに…

ただし、「来る」を用いると、話し手の視点が到着点（(2b)では聞き手、(3b)では明子）に置かれているように感じられるのではないだろうか。話し手が関与しない場合は「行く」の方が中立的であり、「来る」を用いる場合には「話し手の守備範囲に近づく」という意味合いを帯びると考えられる。「守備範囲」の同定には話し手の視点といった心理的な距離も関与すると考えられる。

　これだけの説明だと、日本語では「私が来る」という言い方はありえないことを予測するだろう。「私」つまり話し手がどこかに移動する場合、それは必ず話し手がいる場所から離れていくことになるからである。では次のような例はどうだろうか。

(4) a. 明日も私は学校に行きます。　　b. 明日も私は学校に来ます。

文脈が与えられなくても、(4a)は学校以外の場所で、(4b)は学校で発話されていると理解できる。ここでは、発話を行う時点（発話時点）と、その発話が述べているコト（(4)では話し手の学校への移動）の時点（以下、事象時点と呼ぶ）とを区別する必要があり、どちらの時点における守備範囲を問題にしているかに注意する必要がある。(4)の例は、学校以外の場所で発話されれば、発話時点でも事象時点でも、学校は話し手の守備範囲ではない。一方、学校で発話されれば、学校は、発話時点では話し手の守備範囲になるが、事象時

点では守備範囲ではないということになる。したがって、(4b) で話し手自身
の移動に「来る」が容認されるのは、発話時点での守備範囲を問題にしている
からであると理解できる。(4a) が、学校で発話された場合に容認されにくい
ことも、発話時点の守備範囲が問題になると考えれば、説明ができる。

　しかし、常に発話時点の守備範囲だけが問題になるわけではない。次の例は
2 人称が主語となっている疑問文であるが、やはり「行く」と「来る」の違い
によって話し手の守備範囲の相違が読み取れる。

　(5) a. 明日のパーティ、行きますか？　　b. 明日のパーティ、来ますか？

(5b) では、話し手もパーティに参加する予定だということがはっきり読み取
れるのではないだろうか。この場合は、発話時点ではなく、事象時点（明日）
で、パーティ会場が話し手の守備範囲に入っていることを「来る」という動詞
が示していることになる。

　このように、守備範囲の同定は複雑である。発話時点と事象時点の、どちら
がどのような場合に決定要因となるのかという問題には、ここではこれ以上立
ち入らないが、一連の発話の中で、守備範囲を決める視点が移動することがあ
ることも指摘しておきたい。

　(6) a. 明日も、僕は学校に行くよ。　　b. 明子も ｜行く／来る｜ って言ってたよ。

(6a) と (6b) が同一人物の連続した発話である場合、(6b) では「来る」も
容認される。(6a) では話し手の守備範囲は学校の外にある（したがって、「行
く」が用いられている）。しかし、(6b) で「来る」を用いた場合は学校が話
し手の（事象時点での）守備範囲になっている。話し手は物理的には全く移動
していないにもかかわらず、(6a) の発話があることで、「行ったつもり」に
なっているということであろう。

【Q】守備範囲の同定には様々な心理的要因が関係する。次の例では、どのよう
に話し手の守備範囲が決まっていると考えられるか。
　(7) a. 昨晩、警察が行きませんでしたか。　　b. 昨晩、警察が来ませんでしたか。
　(8) a. 患者の血圧が下がっていった。　　b. 患者の血圧が下がってきた。

(7) では、話し手と聞き手の役割（被害者、加害者、容疑者、弁護士、共犯者

など）を、(8) では患者の容体を、様々に想像しながら考えてみてほしい。

　さらに、移動が1人称の守備範囲に向かうものであるか否かの判断に、移動する人と話し手との相互関係が要因になっていることを示した実験がある。

【実験】　移動者の表情・声かけで動詞の選択が変わる（Matsumoto et al. 2017）

　この実験では、人が移動するいくつかの様子をビデオで撮影し、カメラ視点でビデオを視聴した実験協力者にその移動を口頭で記述してもらい、どのような動詞が用いられるかを調査した。その結果、移動者の表情や声かけが動詞の選択に影響する場合があることが確認できた。たとえば、地上に据えたカメラの前に右手上方から左手に降りる階段が見えていて、移動者が右手上方からカメラの前を通り過ぎて地上まで降りる場合（図 12.1 参照）、上方からカメラのある地上への移動という垂直方向の移動についてはカメラの方に向かう移動と言えるが、水平方向の移動に関してはカメラの前を通り過ぎるので、移動の後半では移動者はカメラから遠ざかっていく。このような状況で、移動者が右手上方から降り始める前にカメラに向かって笑いかけたり声をかけたりした場合と、そのような行動がない場合とでどのような動詞を用いて記述したかを比較すると図 12.2 のようになった。

　笑顔を向けたり声をかけたりするという働きかけによって、移動者と話し手との相互関係が強化されていると考えられ、直示動詞の「守備範囲」の同定にそのような人と人との関係が関与していることが示唆される[2]。

図 12.1　カメラの前を通り過ぎて
　　　　カメラと同じフロアに降
　　　　りる移動

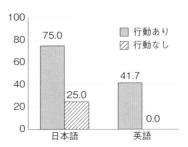

図 12.2　働きかけ行動（笑いかけ・声かけ）の
　　　　有無と、come・「来る」の使用率（%）
　　　　（Matsumoto et al. 2017 に従って作成）

---

[2]　英語よりも日本語の方が、全体に come・「来る」の使用率が高くなっているが、日本語では「歩いて降りてくる」のように複数の動詞を連続して用いる構文が自由に使えることが関係していると思われる。なお、原論文では、多くの場面についての検討があり、さらにタイ語との比較も行われているが、ここでは一部のみを紹介している。

12.1.3　所有権の移動の直示動詞─ give を何と訳す？─

【Q】英語の give という動詞を文脈なしで訳すとどうなるだろうか。なぜ訳すのが難しいのだろうか。

以下の文で、すべて gave にあたる日本語の動詞を入れてみよう。

(9) a. 明子が私に本を____。
　　b. 私が明子に本を____。
　　c. 明子が一郎に本を____。
　　d. 役所が商店に営業許可を____。

与え手と受け手の人称にかかわらず使える動詞は「与えた」であるが、これは (9d) のような文では自然であるが、(9a〜c) ではかなり違和感があるだろう[3]。(9a) は「くれた」、(9b) は「あげた」が自然である。「あげる」(あるいは「やる」) と「くれる」は、「行く」と「来る」同様に、話し手の守備範囲が問題になる直示的な動詞で、所有権の移動を表す。「やる、あげる」は、「行く」と同様に話し手の守備範囲からの移動、「くれる」は「来る」同様に話し手の守備範囲への移動である。(9c) のように話し手がかかわらない場合は、(2)(3) の場合と同様に、「あげる、やる」の方が中立的であり、「くれる」を用いると話し手の視点が受け手 (一郎) に置かれているという印象をもつ。

　所有権の移動には、さらに、受け取る側を主語とする receive にあたる語として、「もらう」が直示的な性質をもつ (話し手の守備範囲にあるものだけが主語となる)。中立的には「受け取る」という動詞が用いられる (ただし、この動詞は必ずしも所有権が移ったことは意味しない)。

(10) a. 私が明子から本を ｛もらった／受け取った｝。
　　b. 明子が私から本を ｛*もらった／受け取った｝。

　このように、話し手や聞き手の守備範囲は、指示詞だけでなく、移動にかかわる動詞にも関与することがわかる[4]。

---

[3] 「与える」は文体的に硬いということに加え、権限のある上の者から下の者への所有権の移動を表すことが多いので、立場上の関係が不明確な (9a〜c) では使いにくい。

[4] 英語ではものをもって移動する意味の bring/take が come/go と同様の直示動詞である。

12.2　話し手と聞き手の想定―眠くない？／眠くないの？―

　この節では、聞き手が何を感じたり考えたりしているか、についての話し手の推測が表現に現れる場合を検討していきたい。なお、以下では疑問文を扱うため、話し手・聞き手という呼び方は混乱しやすいので、質問者・回答者と呼ぶことにする。

> 【Q】否定疑問について、「はい・ええ・うん」など（以下、YES と表記）あるいは「いいえ・いいや・ううん」など（以下、NO と表記）だけで答えた場合、どういう意味になるだろうか。次の 2 つの疑問文について考えてみよう。
>
> 　（11）a. もう 12 時だよ、眠くない？　　b. もう 12 時だよ、眠くないの？

YES と答えたら、（11a）は眠い、（11b）は眠くない、NO だったらその逆、と感じる人が多いのではないだろうか。（11a）の方は文脈やイントネーションによって揺れがあるかもしれないが、（11b）の方はかなり明確な判断であると思われる。（11a）と（11b）の違いは、文末の「の」だけである。「の」によってなぜそのような違いが出るのだろうか。少し順序立てて考えてみよう。

12.2.1　極性表現―誰も来ませんでしたか？／誰か来ませんでしたか？―

　まず、次の例では、YES/NO の回答はどのような意味になるだろうか。

（12）a. 誰も来ませんでしたか。
　　　b. 誰か来ませんでしたか。
（13）a. そのことに、全然驚きませんでしたか。
　　　b. そのことに、すごく驚きませんでしたか。

ここでは、YES/NO の意味は（a）と（b）で逆転すると強く感じられるのではないだろうか。（12a）（13a）は YES なら否定（来なかった、驚かなかった）、（12b）（13b）は YES なら肯定（来た、驚いた）になる。なぜだろうか。

　質問者が何を想定して質問を発しているか、ということが関与していることが感じられるだろう。人が来たと質問者が思っている場合、（12a）は不適切で（12b）が自然だと感じられる。逆に人が来なかったと思っている場合には（12a）が自然である。この解釈には少し説明が必要かもしれない。（12a）が最

も自然なのは、誰か来るはずだと思っているときだと感じられるかもしれない。しかし、「来る<u>はず</u>だ」と思っているということは、その「はず」であるにもかかわらず、来ていないと判断しているということになる。したがって、ここで「想定」と述べているのは、どういう事実があったと考えているか、ということであって、予定とか「はず」ということではない、という点に注意が必要である。このように整理すると、(12a) は人が来たと思っているときには不適切であると了解されるだろう。(13) についても、同様である。

　回答者は、この質問者の想定を疑問文から読み取り、その想定が正しければYES、正しくなければNO の答えを返すと考えると、(12)(13) について納得のいく説明ができる。では、「質問者の想定」を回答者はどのように読み取るのだろうか。

　(12)(13) のそれぞれのペアで何が異なるかに注目しよう。「誰か／誰も」と、「全然／すごく」である。これらの語が、否定疑問以外の文でどのように用いられるかを見ると答えの方向性が見えてくる。

(14) a. 誰も来なかった。　　　　b. *誰も来た。
(15) a. ?誰か来なかった。　　　　b. 誰か来た。
(16) a. 全然驚かなかった。　　　　b. *全然驚いた。
(17) a. ?すごく驚かなかった。　　b. すごく驚いた。

(14)(16) に示したように、「誰も」や「全然」は基本的に否定文の中にしか現れることのできない要素で、**否定極性表現**（negative polarity item）と呼ばれる[5]。他に「あまり、ちっとも、〜しか」などがある。

(18) a. 教科書しか読まなかった。　　b. *教科書しか読んだ。
(19) a. ちっとも楽しめなかった。　　b. *ちっとも楽しめた。

　一方、(15)(17) の「誰か」や「すごく」は基本的に否定文には現れにくい。(15a) は尻上がりの疑問文イントネーションであれば可能であるが、疑問でない否定文としては理解しにくい。たとえば、5人が集まるはずだったのに4人しか来なかった、というような状況であれば「特定の誰かが来なかった」とい

---

[5] 「全然」は若い世代では次第に肯定文でも用いられるようになってきているので、(16b) を容認する読者は、「あまり、ちっとも、〜しか」などを用いた文例で考えてみてほしい。

う意味で可能であるが、文脈がない状態では（15a）の容認度は低い。同様に
（17a）も「すごく驚いたわけではない、すごくは驚かなかった」などのような
部分否定の意味で解釈可能ではあるが、あまり自然な文ではない。一方、
（15b）（17b）の肯定文の方はごく自然な文である。同様に、否定文に現れにく
い要素としては「とても、ひどく」などがある。

(20) a. [?]とても早く起きなかった。　b. とても早く起きた。
(21) a. [?]船がひどく揺れなかった。　b. 船がひどく揺れた。

　ここで、（12）（13）のような否定疑問文に戻ると、「ない」が何を否定してい
るのかを考えることが重要である。（13）の例を、以下のように分解してみよ
う（（12）についても同様の分析ができる）。

(22) a. ［そのことに、全然驚かなかった］＋それは正しいか？
　　 b. ［そのことに、すごく驚いた］＋それは正しくないか？

［　］で囲まれた部分が、質問者が想定している命題である。否定疑問文の
「否定」が、想定命題の中に含まれる（22a）のような例と、含まれない（22b）
のような例があると考えるのである。（13a）の想定命題は（22a）のように否
定であり、（13b）の想定命題は（22b）のように肯定であると仮定しているこ
とになるが、これが妥当であることは、（16）（17）のデータから支持される。
（13a）の否定を想定命題の外に置こうとすれば、（16b）のように、また（13b）
の想定命題の中に否定を含めようとすれば、（17a）のように、想定命題自体が
容認されないものとなってしまうのである。回答者は「全然／すごく」という
語の（16）（17）に示したような性質を（無意識のうちに）知っており、その知
識から、質問者の想定が（22）のようになっていることを読み取ることができ
る。その想定命題が正しければ YES、正しくなければ NO と答えるのである。
　この分析は、（18）〜（21）に示した要素を含む否定疑問文でも同じような振
る舞いが見られることから支持される。

(23) a. 教科書しか読みませんでしたか。　b. ちっとも楽しめませんでしたか。
(24) a. とても早く起きませんでしたか。　b. 船がひどく揺れませんでしたか。

否定極性表現を含む（23）では、YES は否定（教科書しか読まなかった、楽

しめなかった）、NO は肯定（教科書以外も読んだ、楽しめた）を意味し、逆に否定文に現れにくい要素をもつ（24）は YES は肯定（とても早く起きた、ひどく揺れた）、NO は否定（早く起きたわけではない、揺れなかった）となる。

12.2.2 「の」の機能―おじいちゃん、来た？／おじいちゃん、来たの？―

では、この節最初の【Q】の「眠くない？／眠くないの？」に戻って、「の」の機能を考えよう。「の」は 12.2.1 項で見た要素とは異なり、肯定文とも否定文とも共起できる。

(25) a. プールで泳いだの。　b. プールで泳がなかったの。

(25) は、平叙文としても、尻上がりのイントネーションで疑問文と理解しても、(a, b) ともに問題なく容認できる。したがって、12.2.1 項のような極性表現という観点からの説明はできない。

【Q】もう一度（11）の 2 つの疑問文を読み、自然に発話される状況にどのような違いがあるか考えてみよう。

(11) a. もう 12 時だよ、眠くない？　b. もう 12 時だよ、眠くないの？

ここでもやはり、質問者が何を想定しているか、という点からアプローチできる。母語話者であれば、(11b) の「眠くないの？」という疑問文は、（眠いはずの時間なのに）眠くなさそうだと判断する理由があるときに発するものだ、という直感が働くだろう（先述の通り、質問者の想定を考えるとき「はず」ではなく事実についての想定であることに注意してほしい）。

これは、否定疑問文に限らない。たとえば、午後に祖父が来る予定になっているとする。祖父は玄関から入ることも、裏口から入ることもある。学校から帰ってきた子どもが、玄関から入って発話するという想定で以下の例を考えてみよう。

(26) 玄関に祖父の靴はないが、裏口から入ったかもしれない：
　　a. おじいちゃん、もう来た？　b. ゚おじいちゃん、もう来たの？
(27) 玄関に、祖父の靴がある：
　　a. ゚おじいちゃん、もう来た？　b. おじいちゃん、もう来たの？

(26) の状況では、質問者は、祖父が来ているかどうか、わかっていない。こ

の場合、(26a) は自然であるが、(26b) は不自然である。一方、祖父が来たことに確信がある (27) の状況では、逆に (27b) が自然であり、(27a) はかなり不自然である。このような例から、「の」を疑問文の文末に付した場合、「の」の前にある命題を質問者が真だと考えていて、その確認をする働きをもつことがわかる[6]。

このように、「の」は「の」の前の部分を想定命題として、いわばくくり出す働きをもっていることになるが、この分析は、否定文と共起しにくい要素を含む否定文に「の」を付すと、容認度が低くなることからも支持される。

(28) a. 全然驚かなかったの？　　　b. [?]すごく驚かなかったの？
(29) a. 船はあまり揺れなかったの？　b. [?]船はひどく揺れなかったの？

「の」の前の部分を命題としてくくり出そうとすると、(28b)(29b) は (17a)(21a) と同様となり、容認度が低くなるのである。

このような「の」の機能を反映して、(11b) の「眠くないの？」について (22) と同様の分析をするなら、(30) のようになるだろう。

(30)〔眠くない〕＋それは正しいか？

一方、(11a) の「眠くない？」の方は (31) のような解釈が優勢だと思われる。

(31)〔眠い〕＋それは正しくないか？

ただし、12.2.1項で見た例とは違って、「眠くない？」には命題が肯定であることを明示的に示す要素は入っていないので、文脈があれば (30) の解釈も可能であると思われる。たとえば、就寝時間になってもまだ宿題をやっている子どもに対して、「眠くない？」と聞いた場合、子どもは「うん、大丈夫、まだ眠くないからやってしまうよ」と自然に答えられるだろう。

---

[6] このような「の」の機能は、辞書に明記されている場合もある。たとえば『精選版 日本国語大辞典』（小学館、2006）では、「の」の終助詞としての用法を「文末にあって…文全体を体言化し、詠嘆をこめて確認する」と述べ、上昇のイントネーションによって疑問文になるとしている。「体言化」というのは文をひとまとまりの名詞的なものとして捉えるということであり、それを確認するということは、「想定命題」の確認という分析とほぼ同じであると考えられる。

●12.2.3　決定要因がない場合―どちらかわからない？―

12.2.2項の最後に見た「眠くない？」の場合もそうであるが、質問者が想定している命題が肯定であるのか否定であるのかを読み解く決め手がない場合、否定疑問文に対する答えは、YES/NO だけでは曖昧になってしまう場合も多い。たとえば、（32a）の例では、否定が想定命題に含まれることを示す否定極性表現も「の」もないし、否定が含まれないことを示す「すごい」のような要素もない。そのため、（32b, c）の両方の分解が可能になると考えられる。

（32）a. 明子さんはいませんか。
　　　b. ［明子さんはいない］＋それは正しいか？
　　　c. ［明子さんはいる］＋それは正しくないか？

（32a）のような質問に、YES/NO の答えは何を意味するだろうか。質問のイントネーションによって違ってくるかもしれない。文末でイントネーションが下降する調子で発音された場合には、疑問というよりも確認の意味合いが強くなるので、YES は「いない」という意味に解釈されやすいかもしれない。上昇調で発音されると純粋な疑問と解釈され、その場合は YES/NO だけではどちらかわからず、情報として不十分という感じを与えるのではないだろうか。むろん、その場合も、文脈や世界知識の助けがあれば、どちらかの意味に決まるかもしれない。たとえば、明子さんの席に誰も座っていないのを見て質問者が発話していれば、想定命題は否定だと解釈され、YES は「いない」という意味にとれるかもしれない。その場合、質問者が何を見て、それをどう解釈しているか、というところまで回答者は推量する必要があることになるが、実際の会話ではそのような複雑な計算が行われていると考えられる。

┄ まとめ ┄┄┄┄┄┄┄┄┄┄┄┄┄┄┄┄┄┄┄┄┄┄┄┄┄┄┄┄┄┄┄┄┄┄┄┄┄

この章では、話し手と聞き手の関係に焦点を当て、言語使用の場にかかわる現象を見てきた。話し手・聞き手の「守備範囲」や、相互の関係、また話し手と記述対象との関係などが、指示詞や直示動詞の用法に関連することがわかった。また、会話では常に相手がどう考えているのかを推測していることを示す現象も見た。この推測は、12.2.1項と12.2.2項で詳しく見たように、言語表現の中にそのヒントが得られる場合もあれば、12.2.3項で言及したように、会

話の状況などの言語外の知識に支えられる場合もある。12.1 節で見た直示表現についても、何を「守備範囲」と話し手が考えているかを、聞き手は様々なヒントを手がかりに推測することによって、会話が成立すると考えられる。言語の円滑な運用には、やりとりの相手の「心」を無意識のうちに推測することが不可欠だと言える。

■ ● ▓　　さらに学びたい人へ　　▓ ● ■

中澤恒子（2011）「「行く」時、「来る」時―直示表現の視点」東京大学言語情報科学専攻（編）『言語科学の世界へ―ことばの不思議を体験する 45 題』pp.33-44　東京大学出版会
→「行く、来る」の用法についてのわかりやすい説明がある。
Fillmore, C. J.（1997）*Lectures on Deixis*, CSLI Publications.（澤田　淳（訳）（2022）『ダイクシス講義』開拓社）
→ 直示（ダイクシス）についての古典的著書。豊富な訳者注と解説のついた翻訳が出版されて読みやすくなった。
久野　暲（1978）『談話の文法』大修館書店
→ 初学者には難しいが、直示的な動詞を含め、日本語の様々な現象について「視点」を軸とする分析を示した古典的な著書。

13 世界知識と意味
―名詞の特質構造―

言語理解には、話し手を取りまく世界についての常識的な知識（世界知識）が関係する。それが、語の意味と関連することで様々な言語現象が生じる。この章では、世界知識の中で語の意味に関与する部分を形式化する仕組みを取り上げ、世界知識が意味解釈にどのように関与するのかを考える。

　語用論を扱う 2 つ目の章として、この章では名詞の意味解釈を中心に、一般常識（世界知識）が関連する現象を見ていきたい。

13.1　名詞の意味構造と修飾関係の解釈

　8.1 節で動詞の意味を検討した際に、世界知識が関連することを見た。たとえば、状態変化を表す動詞では継続時間句が状態継続を表す解釈が可能な例がある（「窓を 5 分間開けた」）が、状態変化動詞であれば必ず可能とは言えない（「*おもちゃを 5 分間壊した」）。これは、一度壊れたおもちゃは元に戻らないという世界知識によって、5 分間だけ壊れたという指定はおかしいと感じられるからだと説明した。このような**世界知識**（言語使用者を取りまく世界についての知識）は、語用論的な知識と捉えられる。上記の例では、状態変化を表すという意味的条件を満たすものに対して、さらにその状態変化を復元することが可能か否かという語用論的な制約がかかっていると考えられる。この節では、**特質構造**（qualia structure）という名詞の意味を形式化する仕組みを導入し、複合名詞の解釈を中心に、世界知識が直接的に意味解釈にかかわる例を見ていきたい[1]。

13.1.1　複合名詞の解釈―腕時計と腹時計―

　日本語でも英語でも、名詞を他の語と組み合わせて作られる複合名詞は非常

---

[1] 意味的条件と語用論的条件を明確に区別することは必ずしも容易ではないし、その区別はそもそも不要であるとする考え方もあるが、ここではその問題には立ち入らない。

に生産性が高い。複合名詞の2つの要素の間には多様な意味関係が見られる。

> **【Q】**缶詰のキャットフードを「猫缶」と呼ぶ人がいるが、この複合語に気持ちの悪さを感じる人がいるとすれば、それはなぜだろうか。

この場合、「缶」は缶詰の意味で理解されるが、「〜缶」という他の複合語を考えれば、「カニ缶、サバ缶、鮭缶」などのように、第一要素は缶詰の内容物（食材）を表す語がほとんどである。これらの「〜缶」と同じ解釈が思い浮かぶために気持ち悪いと感じる人がいるのではないだろうか。しかし、たとえば「ロケ弁当」（ロケ用の弁当）、「鹿せんべい」（鹿用のせんべい）などの複合語における2要素の意味関係を考えれば、「猫缶」の意味もそれほど不思議ではないかもしれない。このほかにも、(1) のように、どちらかの要素が共通で、2要素の意味関係が異なる例は数多く挙げられる（他の例を考えてみてほしい）。

> (1) a. 腕時計 vs. 腹時計
> 　　 b. 竹かご vs. 虫かご
> 　　 c. 電気洗濯機 vs. 電気うなぎ

　2要素の意味関係が同じにならないのは、腹に巻きつける時計や、虫でできているかご、電気で動くうなぎといったものが、現実世界では（少なくとも普通には）存在しないし、一方で、腕（の何らかの変化）によって時間を測ることはできないし、竹をかごに入れることにあまり意味はないし、電気を発する洗濯機は存在しない、という世界知識が関係していると考えられる。しかし、竹や、木、針金などをかごに分けて入れておくような状況であれば、竹を入れるかごを「竹かご」と呼ぶことは十分に考えられるし、すべての動物が電気仕掛けで動くようなおとぎ話の世界を想定すれば、「電気うなぎ」が「電気洗濯機」と同じような要素間の意味関係をもつことも可能になるだろう。

　このように、世界知識が意味解釈に関与することは、文のレベルでも観察できる。

> (2) a. 楽しい勉強の合間のおしゃべり
> 　　 b. 苦しい勉強の合間のおしゃべり

文頭の「楽しい、苦しい」という形容詞は、文法上は「勉強」と「おしゃべり」のどちらを修飾することも可能である（構造上の多義性；7.1.1 項参照）。

しかし、(2a) では「おしゃべり」、(2b) では「勉強」を修飾するという解釈の方が優先されるのではないだろうか。一般におしゃべりは楽しいものだし、勉強は必ずしも楽しくないという世界知識が影響している。ただし、(2a) は勉強好きな人の発言だとわかっていれば、「勉強」を修飾する解釈も可能であるし、(2b) も、人とのおしゃべりが大の苦手、という人の発言であれば「おしゃべり」を修飾する解釈も可能だろう。つまり、可能な解釈は文法で決まり、文法が許す範囲の中で、世界知識や発話者についての知識、あるいは文脈などによって、より妥当な解釈が選ばれると考えられる。

　複合語の解釈として、文法が決めているのは第二要素が主要部であるということである（右側主要部規則；7.1.3 項参照）。(1) のような例でも、主要部が第二要素である（腕時計も腹時計も時計の一種である）ことは、世界知識によって変わるものではない。その上で、修飾要素である第一要素が主要部である第二要素に対してどのような意味関係をもつかについては、世界知識として妥当なものが選ばれているのである。

◗13.1.2　名詞の意味構造—特質構造—

　では、第一要素と第二要素の間にどのような意味関係があるのか、世界知識が関与するとしても、何らかの一般化がないか、もう少し整理してみよう。

(3) a. 丸パン、うずまきパン、小型パン
　　b. ライ麦パン、くるみパン、チーズパン
　　c. 食事パン、テーブルパン、おやつパン
　　d. 蒸しパン、手ごねパン、手づくりパン

第一要素は、(3a) では第二要素の形状を、(3b) では第二要素の材料を、(3c) では第二要素の用途を、(3d) は第二要素をどのようにして作成したかを、それぞれ表している。このような第一要素と第二要素の関係は、**生成語彙論**（generative lexicon）と呼ばれる枠組み（Pustejovsky 1995）で提唱されている**特質構造**で適切に捉えることができる。名詞の意味として、(4) のような 4 つの役割が特質構造に指定されていると考えられている（ここでは、複雑な形式化を避け、わかりやすい用語（影山編 2011）を用いる）[2]。

---

[2] 生成語彙論で用いられる名称は、(4a) は形式役割（formal role）、(4b) は構成役割（constitutive

(4) a. 外的分類：そのモノの特性（他のモノと区別する特性）
　　　（人工物／自然物、生物／無生物、固体／気体／液体、形、大きさなど）
　　b. 内的構成：そのモノが何からできているか（材料、材質、構成要素）
　　c. 目的・機能：そのモノの目的や用途、機能
　　d. 成り立ち：そのモノがどのようにしてできたかの由来

たとえば、「パン」の特質構造は（5）のようになる。

(5)「パン」の特質構造
　　a. 外的分類：人工物、固体、丸や四角など様々な形状、様々な大きさ
　　b. 内的構成：（小麦などの）粉、水、塩、その他の材料
　　c. 目的・機能：（人がそれを）食べる
　　d. 成り立ち：（人がそれを）作る

　（3）と（5）を比較すると、複合名詞の第一要素が、第二要素の特質構造（5）の（a〜d）の役割のいずれかを、さらに細かく記述していることがわかる。(3a) は外的分類、(3b) は内的構成、(3c) は目的・機能、(3d) は成り立ちに対して、それぞれ第一要素が詳細な記述を与えているのである。

　特質構造に指定される情報は、第8章で見たような、動詞が状態変化か働きかけか、といった意味情報に比べると、常識的な世界知識に近い情報であるが、この後この章で見るように、このような情報が様々な言語現象にかかわるので、これが語の意味情報の一部として指定されている（すなわち、母語話者が語の意味の一部として記憶している）と考えるのが妥当であると思われる（影山編 2011 の議論を参照）。

　（3）の例のように修飾要素が主要部名詞の特質構造の一部（1つの役割）を選択して修飾するという現象は、複合語に限られない。句であっても、修飾語は、たとえば a long mop では mop の外的分類を、a wooden mop では内的構成を、an effective mop では目的・機能を、a hand-made mop では成り立ちを、それぞれ記述していると分析できる。つまり、主要部となる名詞の特質構造によって、修飾要素との意味関係が（複合語でも、句でも）説明できるということである。

---

role）、(4c) は目的役割（telic role）、(4d) は主体役割（agentive role）である。小野（2005）も参照。

13.2　名詞の意味からコトの意味を引き出す

　特質構造に指定される情報のうち、特に目的・機能と成り立ちはコトを示している。たとえばパンは人が食べるためのモノであり、人が作成することによってできるモノなので、（5c, d）の例のように、目的・機能は「（人がそれを）食べること」、成り立ちは「（人がそれを）作ること」と指定される。この意味的な指定により、本来的にモノを表す名詞であっても、その特質構造の中からコトを取り出し、コトを表す（つまり、事象解釈をもつ）ことがある。この節ではそのような現象をいくつか見ていきたい。

13.2.1　修飾関係— frequent customer は何が frequent? —

　修飾関係に特質構造が用いられることは 13.1 節で見たが、もう少し考えてみよう。

> 【Q】 Heavy smoker には 2 つの解釈がありうる。どのような解釈か。その二義性はどのように説明できるだろうか。

Heavy smoker は、通常はたくさんタバコを吸う人と解釈されるが、体重の重い喫煙者という解釈も可能である。これを heavy, smoke, -er という 3 つの要素から成る構造上の多義性（7.1.1 項参照）と捉え、heavy が smoke だけを修飾する（6a）のような構造で前者の解釈、（6b）のように heavy が smoker 全体を修飾する構造で後者の解釈が得られると考えることもできる。その場合、（6a）では形容詞 heavy が、副詞的な解釈となって、名詞 smoker に含まれる動詞 smoke を修飾すると考えることになる。

(6)　a.　　　　　　　　　　b.

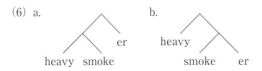

　しかし、形容詞＋名詞において形容詞が副詞的な（すなわちモノではなくコトを修飾する）解釈になる現象は、動詞から派生したものではない（つまり形態構造として動詞を含まない）名詞でも観察される。

(7)　a. frequent customer, fast food, slow food
　　　b. fast laptop, slow laptop

Frequent はコトが起こる頻度を、fast や slow はコトの進み具合の速度を指定する。すなわち、これらの形容詞は、修飾対象としてコトを意味的に選択する（9.2.2 項参照）と言える。しかし、(7) においてはこれらの形容詞が、コトではなくモノを表す名詞と組み合わされている。Customer や food, laptop には形態的に動詞が含まれないので、(6a) のような分析はできない。

　ここで、(7a) の customer や food の特質構造を考えると、その成り立ちに、customer というのは「特定の店などで商品などを購入すること」（「購入する」というコトによって人は customer となる）、food には「誰かがそれを料理すること」が指定されている。その成り立ちに指定されているコトを frequent や fast/slow が修飾していると考えれば、「購入する頻度の高い客、準備が素早くできる料理、準備に時間がかかる料理」という意味が得られる。一方、(7b) の laptop では、目的・機能に「計算処理すること」が指定されており、それを fast/slow が修飾することによって、「処理の速い／遅いラップトップ」という意味になると考えられる。

13.2.2　動詞の意味選択― begin a book とは何を始める？―

　13.2.1 項では形容詞（frequent, fast, slow など）が修飾対象としてコトを選択する例を見たが、動詞が目的語としてコトを意味的に選択する例もある。たとえば、begin, finish などの開始や終了を表す動詞は、基本的にコトを表す名詞（meeting, fight など）を目的語としてとる。このような動詞が、本来的にコトではなくモノを表す book や beer などの名詞を目的語としてとった場合に、どのような解釈が生まれるだろうか。

(8)　a. She finished her beer.　b. He began a book.

(8a) は飲み終えたという意味、(8b) は通常は読み始めたという意味に解釈されるが、主語が小説家などであれば、書き始めたという意味にもなる。モノを始めたり終えたりするということは意味を成さないので、名詞の特質構造から、目的・機能や成り立ちに指定されるコトを取り出して意味解釈を行っていると説明できる。Beer の目的・機能は「飲むこと」であるし、book の目的・

機能は「読むこと」、成り立ちは「書くこと」であり、その目的・機能や成り立ちの意味を捉えて、(8) が解釈されるのである。

このように、コトを表す目的語でなければならないなどの動詞の意味選択を満たすために、名詞の意味タイプを変更する ((8) ではモノの意味タイプからコトの意味タイプに変更する) 操作を、**タイプ強制** (type coercion) と呼ぶ (Pustejovsky 1995)。

【実験】 タイプ強制には処理負荷がかかる (Traxler et al. 2002)

この実験では、構造上、同じ形をもつ文が、意味処理にタイプ強制を含むか否かによって処理負荷が異なることを、自己ペース読文課題と眼球運動計測 (3.1.2項参照) を用いて示した。いずれの方法を用いた実験でも基本的に同じ結果が出ているが、ここでは自己ペース読文課題の結果を紹介する。(9) のような4種類の刺激を用いている。いずれも主語＋動詞＋目的語＋前置詞句という同じ文型である。

(9) a. The boy started the fight after school today.　　(事象動詞＋コト名詞)
　　 b. The boy saw the fight after school today.　　　 (中立動詞＋コト名詞)
　　 c. The boy started the puzzle after school today.　 (事象動詞＋モノ名詞)
　　 d. The boy saw the puzzle after school today.　　　(中立動詞＋モノ名詞)

動詞は、start, begin などのコトを目的語に選択する動詞 (事象動詞) と、see, praise のようにコトとモノのいずれも目的語として選択できる動詞 (中立動詞)、目的語名詞は、fight, speech のようなコトを表す名詞と puzzle, dress などのモノを表す名詞とを用いた。(9c) の事象動詞とモノ名詞の組み合わせの場合にのみ、目的語に対してタイプ強制がかかる。

目的語 ((9) の例では fight/puzzle) と、後続語 ((9) の例では after) の読み時間を表13.1に示す。後続語位置において、タイプ強制が必要な (9c) タイプの文の読み時間が (9d) より有意に長くなっていること、一方 (9a) と (9b) の読み時間には有意差がないことが確認された。目的語位置の解釈の負荷が、やや時間が遅れて観察される遅延効果と考えられ (3.1.2項脚注5参照)、同じ構造の

表13.1　目的語と後続語の読み時間 (ミリ秒) (Traxler et al. 2002 に従って作成)

	目的語 (fight/puzzle)	後続語 (after)
事象動詞＋コト名詞 (9a)	470	427
中立動詞＋コト名詞 (9b)	497	455
事象動詞＋モノ名詞 (9c)	467	512
中立動詞＋モノ名詞 (9d)	486	467

文でありながら意味処理の負荷の相違が読み時間の相違として観察されていると
考えられる。

13.2.3　名詞転換動詞—mop も garage も email も動詞になる—

　英語では、語形を変えずに統語カテゴリーを変更する**転換**と呼ばれる語形成
が生産的に用いられる。特に、名詞を動詞に転換する名詞転換動詞は非常に多
くの数が見られる（Clark and Clark 1979）。

> 【Q】He garaged his car. という文では、車をガレージに入れているが、He
> gassed his car. では車をガソリンの中に入れるわけではなく、逆にガソリンを
> 車に入れている。なぜこのような違いが出てくるのだろうか。

　この問いについて考えると、世界知識、特に基体名詞の目的・機能が関連して
いると感じられるのではないだろうか。Garage は車を収納するという機能を
もち、gas は燃料として車に入れて車を動かすという機能をもつ。つまり、基
体名詞の特質構造が関与していると考えられる。

　もう少し多くの名詞転換動詞の例を見てみよう。Mop や garage, email と
いった名詞は、本来的にモノを表す名詞である。目的語をとるとか、前置詞句
をとるといった、動詞がもつべき情報は、基体となる名詞はもっていない。に
もかかわらず、名詞から作られる転換動詞は、以下に示すように、多様な意味
をもち、多様な構文に現れる。

(10) a. bicycle to school, jet to New York　（自動詞＋前置詞句構文）
　　　　（自転車で学校に行く、飛行機でニューヨークに行く）
　　b. mop the floor, hammer the metal　（働きかけ他動詞構文）
　　　　（床をモップで拭く、金属をハンマーでたたく）
　　c. garage the car, gas the car　（状態・位置変化他動詞構文）
　　　　（ガレージに車を入れる、車にガソリンを入れる）
　　d. glue the label onto the box, bus the kids to the daycare
　　　　　　　　　　　　　　　　　　　　　　（他動詞＋前置詞句構文）
　　　　（ラベルを箱に糊付けする、保育園に子どもをバスで通わせる）
　　e. email him the message, fax them the details　（二重目的語構文）
　　　　（彼にメッセージをメールする、彼らに詳細をファクスする）

　名詞から転換で作られる動詞がどのような意味をもち、どのような構文に現れるかを、基体名詞の意味構造からどのように導くことができるだろうか。たとえば、第8章で他動詞には働きかけと状態・位置変化の2種類があることを見たが、(10b) は働きかけ、(10c) は状態・位置変化であり、異なる意味構造をもっている ((10b) では、目的語の指す床や金属に変化が起こったことを含意していないのに対し、(10c) では目的語の指す車が車庫内に移動したり、ガソリンの入った状態になったりする変化を表している)。このような意味の違いを、基体の名詞の意味構造から導き出す必要があるのだが、(10) のような例では、転換動詞は基体名詞の目的・機能として指定されているコトを表す意味をもつと考えることができる。さらに、同じ状態・位置変化他動詞構文に現れている (10c) の garage と gas をモノの移動の観点から見ると、garage では基体名詞の表すモノ (ガレージ) の中へ目的語の表すモノ (車) が移動することを表しているのに対して、gas では逆に目的語の表すモノ (車) の中へ基体名詞の表すモノ (ガソリン) が移動することを表しているが、この方向性の逆転も、【Q】で見たように、基体名詞の目的・機能から説明できそうである。このように基体名詞の目的・機能を表す転換動詞は数多く見られる。たとえば、道具を表す名詞 (brush, comb, shampoo, knife, nail, glue, hoover など)、移動手段を表す名詞 (bus, bicycle, ship, ferry など)、容器や収納場所を表す名詞 (bottle, box, kennel, jail, lodge, garage など) がそれぞれの目的・機能に指定される行為や移動、収納というコトを意味する動詞として用いられる。

　目的・機能に指定されたコトを意味としてもつとすれば、その意味からどのような構文に現れるかが決まると考えるのが妥当である (第8章の動詞の意味と構文の関係の議論を参照)。(10a) の bicycle は移動の意味を表すので行き先 (着点) を表す前置詞句をとるし、(10b) の mop は床を拭くという動作を表すので、働きかけの対象となる床などの名詞を目的語としてとる。(10d) の glue は接着するという機能をもつため、接着するモノを表す目的語のほかに、どこにつけるか (着点) を表す前置詞句をとる構文に現れる。同様に (10d) の bus は人を移動させることを機能としてもつため、移動する人を表す目的語と、移動の着点を表す前置詞句と共起する。Email の機能はメッセージを誰かに送ることであるから、send と同じように二重目的語構文にも (send/email him the message)、他動詞＋前置詞句構文にも (send/email the message to him)、現れることができると考えられる。

　これに比較すると数は少ないが、基体名詞の成り立ちのコトを意味する転換動詞もある。

(11)　The baby drooled（よだれを垂らした），The boy coughed（咳をした），
　　　The chimney smoked（煙を出した），The cow calved（仔牛を産んだ）

成り立ちのコトを意味する転換動詞は、基本的に気体や液体を分泌したり、体外に出す、子を出産する、といった産出の意味の自動詞である。目的・機能のコトを意味する転換動詞が（10）のように様々な構文に現れるのと対照的に、自動詞構文に限定される。これは、成り立ちとして指定されるコトは、その名詞の指すモノを作り出す経緯であるため、必然的に産出の意味になり、産出というコトには、産出する主体と産出されるモノが関与するが、基体名詞が産出されるモノを表すため、構文としては産出主体のみが現れる自動詞構文になると説明できる（伊藤 2020）。

　このように、名詞転換動詞は特質構造の目的・機能や成り立ちに指定されるコトを表す意味をもち、その意味からどのような構文に現れるかが決まると考えられる（由本・影山 2011）。このような仕組みで、基体の名詞には目的語や前置詞句などをとるか否かについての情報がないにもかかわらず、転換動詞は動詞として必要な情報をもつことができると考えられる。

13.2.4　「ひと＋名詞」の意味解釈

　「ひと箱、ふたカップ」といった例の「ひと、ふた」などは数を表す数詞であるが、日本語では数詞を直接名詞につけて「*ひとりんご、*ふたみかん」のように名詞の表すモノを数えることはできない。英語では one apple, two oranges と名詞に数詞を直接つけて名詞の指すモノを数えることができるが、日本語では「りんご一つ、みかん二個」など、「つ」や「個」などの助数詞を用いる必要がある。「ひと箱、ふたカップ」では数詞が名詞についているが、これはその名詞の表すモノ（箱やカップ）を数えているのではなく、「ひと箱のみかん、ふたカップの水」のように、箱やカップという容器によってみかんや水の量を測るときに用いられる。「ふたカップの水」の例を考えれば、1つのカップで2回測るのが普通であり、容器の数が問題ではないことは明らかだ

ろう。容器を表す名詞は、モノの量を測る計量詞として、数を数える類別詞（「本、枚、人、匹」など）とともに、助数詞の働きをすると考えられる（影山ほか 2011）。

　ところが、「ひと」が容器を表すのではない名詞につく用法が見られる。

(12) a. ひと汗かく、ひと息つく、ひと声かける、ひと雨降る
　　　b. ペンキをひと刷毛塗る、ごはんをひと箸食べる、故郷をひと目見る

(12a) の名詞「汗、息、声、雨」はそもそも数えられないモノを表しており（「*ひとつの汗／息／声／雨」）、(12a) でこれらの名詞の指すモノを数えているという解釈はありえない。(12b) の名詞自体は数えられる（「一本の刷毛、一膳の箸、一つの目」）が、(12b) の「ひと」は刷毛や箸、目の数を表しているわけではない。(12) を、「ひと」のない「汗をかく、ペンキを刷毛で塗る」などの表現と比較すると、「ひと」があることによって「ちょっと、一区切り」その行為を行うといった意味合いが感じられる。この解釈は、動詞連用形に「ひと」がつく「ひと泳ぎする、ひと眠りする」などと共通しており、モノではなく、コトの量を区切っていると考えることができる。

　つまり、「汗」や「刷毛」というモノを表す名詞に「ひと」をつけることによって、コトを区切るという解釈が生じていることになり、ここでも名詞の意味構造からコトの解釈を引き出す必要がある。(12a) の名詞は自然物であり、ここで区切られているコト（汗をかく、息をつく、声をかける、雨が降る）は、いずれも「汗、息、声、雨」の成り立ちを表すコトであることがわかる（たとえば、「汗」は人が汗をかくコトによって生じるモノを表す名詞である）。一方、(12b) では、「刷毛」や「箸」は人工物の道具を指し、それぞれ「(ペンキなどを) 塗ること、食べ物を口に運ぶこと」という目的・機能が指定されている。また、「目」は自然物ではあるが、「見る」という機能があることは明確である。そして、(12b) で「ひと」によって区切られているのは、これらの名詞の目的・機能に指定されたコトであると考えられる。

　(12) のような例だけを見ると、「汗をかく」や「ペンキを刷毛で塗る」という動詞句全体に「ひと」が付加される (13) のような構造を想定し、動詞句の表すコトを区切っていると思われるかもしれない。

（13）a.［ひと［汗をかく］］　b.［ひと［ペンキを刷毛で塗る］］

しかし、（12a）の「汗」などは（14a）に示すように、「を」や「が」を伴うことができず、（12b）の「刷毛」などは、（14b）のように「で」を伴うと、意味が（12b）とは異なってしまう。したがって、（12）が（13）のような構造をもっていると想定することには無理がある。

（14）a. *ひと汗をかく、*ひと息をつく、*ひと声をかける、*ひと雨が降る
　　　b. ペンキをひと刷毛で塗る、ごはんをひと箸で食べる、
　　　　 ?故郷をひと目で見る

また、（12）のような「ひと＋名詞」表現は、（15a）（16a）に示すように動詞を伴わなくても事象の解釈が可能であり、（15b）（16b）のようにモノの解釈はできない。

（15）a. 仕事帰りのひと汗で気分が爽やかになる。（ひと汗＝汗をかくこと）
　　　b. *仕事中のひと汗をタオルでぬぐった。（ひと汗＝かいた汗）
（16）a.（チークを塗る文脈で）そのひと刷毛で顔が明るくなる。
　　　　　　　　　　　　　　　　　　　　　　（ひと刷毛＝チークを塗ること）
　　　b. *そのひと刷毛を水で洗った。（ひと刷毛＝刷毛）

このように、（12）のような「ひと＋名詞」表現では、「ひと」が名詞の指すモノを直接数えることができないため、名詞の事象解釈を強制することになり、特質構造の成り立ちや目的・機能からコトを取り出して解釈していると考えられる（由本ほか 2015）。

········ まとめ ···

　この章では、一般に世界知識と考えられている情報のうち、（4）に示したような情報が、個々の名詞について話者が知っている意味の一部として、意味構造（特質構造）に指定されていると考えることによって、様々な言語現象が説明できることを見た。特に 13.2 節で見たような、本来的にモノを表す名詞でありながら、現れる環境によってコトの解釈をもつことができる現象を、単に常識的な解釈ということですませるのではなく、（4）に示したような意味構造に、名詞の成り立ちや目的・機能を表すコトが指定されていると考えることで体系立てて分析することが可能になる点が重要である。

・ ・ ▦ さらに学びたい人へ ▦ ・ ・

影山太郎（1999）『形態論と意味』くろしお出版

→ 主に語形成と意味構造の関係を論じ、特質構造についてもわかりやすい導入がある。読者に考えさせる問題も多く、分析の面白さを体験できる。

影山太郎（編）（2011）『日英対照 名詞の意味と構文』大修館書店

→ 特質構造を軸に、名詞の意味にからむ様々な言語現象を概説的に論じている。

由本陽子（2011）『レキシコンに潜む文法とダイナミズム』開拓社

→ この章で扱った特質構造、および第8章で扱った動詞の意味分解を用いて、様々な語形成がどのように分析できるか、楽しみながら理解できる。

14 言語の普遍性と多様性
―手話から迫る―

これまで、日本語と英語を主な題材として、音の文法（Part 2）、語の文法（Part 3）、文の文法（Part 4）、ことばの使用の文法（Part 5）を見てきた。最後に、日本語や英語などの聴覚を用いる音声言語と対比して、視覚を用いる手話について検討することで、言語の普遍性と多様性について考えてみたい。

　ここまで日本語と英語を中心にドイツ語なども扱ってきたが、これらはすべて音声言語である。これに対して、手話は、視覚情報を用いる点で大きく異なっており、言語の普遍性と多様性を考える際に重要な役割を果たす。

14.1　手話とは―視覚を用いる自然言語―

　手話とは、耳が聞こえない人が「言語の代替手段」として用いるジェスチャーによるコミュニケーションである、と考えている人がいるかもしれない。しかし、手話言語が音声言語と同様の精緻な文法体系をもつことが言語学的手話研究の成果によって明らかになり、さらに、脳科学的研究により手話言語の処理には音声言語と同じ言語野が関与することが明らかにされており、ろうコミュニティーで自然に確立した手話言語が音声言語と同じ自然言語であることに疑いの余地はない。

　アメリカ手話、イスラエル手話、ブラジル手話など多くの手話言語がそれぞれの地域で用いられている。それぞれの手話言語は、その地域で用いられている音声言語（アメリカ手話であれば英語）とは異なる独自の文法体系をもっている。アメリカとイギリスは音声言語としては主に英語を用いる地域であるが、アメリカ手話とイギリス手話は相互に通じないといったことからも、手話言語が各地域の音声言語とは別の体系であることが理解できるだろう。日本手話を、日本語の文法に従って単語を手指表現に置き換えたものと誤解している人も多いように思われるが[1]、日本手話は日本語とは異なる独自の文法体系をもつ言語である。

　手話言語は、音声言語と同様に精緻な独自の文法体系をもつ自然言語である

が、情報伝達の手段として視覚を用いる点で音声言語と大きく異なる。次の節では、このような手話の言語としての特性を見ていく。

14.2　手話の特性

14.2.1　手話の音韻―音声言語と同様の二重分節―

　まず、**二重分節**（double articulation）と呼ばれる特徴を見ていきたい。二重分節とは、あるレベルで１つのまとまりを成すものが、別のレベルではさらに細かい単位に分けられることを意味し、自然言語の大きな特徴の一つであると考えられている。たとえば、日本語の「苗」と「前」が、/n/ と /m/ という音素だけが異なったミニマルペアであることを 4.1.1 項で見た。この場合、「苗」と「前」は、それぞれ独立した１つの形態素としてそれぞれの意味をもつが、それをより小さな音素という単位で見ると、それぞれが３つの音素から成っており、１つの音素だけが異なる、ということになる。異なっている /n/ と /m/ は、「苗」と「前」の意味の違いには直接関連がない。「梨」と「まし」、「鳴く」と「巻く」など、/n/ と /m/ のみが異なるミニマルペアは他にもあるが、これらの意味に共通して /n/ と /m/ が意味の違いをもっているとは考えられない。つまり、意味を担う最小単位は形態素であり、音素はそれをさらに分解した（意味を担わない）より小さな単位、ということになる。

　手話においても、意味を担う形態素よりも小さな単位があることが明らかになっており、位置、手型、動き、手のひらの向き、という４つの音韻パラメータとして捉えられる（松岡 2015）[2]。（手話では「音」は用いないが、音声言語における音韻と同じ働きをするので、「音韻」という用語が用いられる。）位置は、手を身体のどの位置に置くか（こめかみ、顔、胴など）、手型はどのよう

---

[1]　日本語の文法に従って（声の有無にかかわらず、日本語の通りに口を動かしながら）、日本手話から借用したり人工的に造語したりした手指表現で日本語の単語を置き換えたものは、日本語対応手話（あるいは手指日本語）と呼ばれ、日本手話を母語とする人には理解が困難であると言われる（木村 2011）。また、実際には、手指日本語と日本手話の中間に位置するような「混成手話（中間手話）」も多く用いられている（松岡 2015）。

[2]　手のひらの向きを除いた３つの区別を用いる研究も多いが、この章の議論にはかかわらないので、その問題には立ち入らない。

図 14.1　日本手話のミニマルペア（(a)(c)(d) 松岡 2015: 19-20、(b) 松岡 2019: 202 より改変）

な手の形を用いるか、動きは、下から上へ、あるいは回転して、などの手の動き、そして手のひらの向きは、内向き、上向き、などである。図 14.1 の写真は、4 つの音韻パラメータのいずれか 1 つのみが異なることによって異なる語となる日本手話のミニマルペアの例である（図 14.1 の（a）では位置のみ、（b）では手型のみ、（c）では動きのみ、（d）では手のひらの向きのみが、それぞれ異なっている）。

このように、日本語において音素 1 つのみが異なるミニマルペアがあるのと同様に、日本手話においても音韻パラメータ 1 つのみが異なるミニマルペアがあり、二重分節の特徴が見られることがわかる。このような文法構造は、ジェスチャーを用いるパントマイムのようなコミュニケーションには見られない、自然言語の特徴である。

14.2.2　恣意性と類像性

多くの語や形態素において形式と意味の関係が**恣意的**である（7.2.1 項参照）という点が、自然言語の大きな特徴の一つと考えられてきた。たとえばある種の動物を、日本語では /neko/ という形式（音形）で表し、英語では /kæt/ で表すが、この動物がなぜそのような音形で表されるのか、必然的な関係性がないことを恣意的であると言う。逆に、ある音形がある概念を表す必然的な関係性がある場合、**類像的**（iconic）であると言い、音声言語では擬音語や擬態語において類像性が見られる。日本語の「パシャパシャ」がたとえば鶏の鳴き声ではない、ということが当然だと感じられるとすれば、それは「パシャパシャ」

のような擬音語が類像的だからである。日本語は擬音語や擬態語の豊かな言語であると言われるが、それでもこのような語彙はレキシコンの小さな部分を占めるに過ぎない。音声言語においては、類像性のある表現はあくまで周辺的なものであると考えられている。

　手話の単語にも恣意的なものが多く見られる。図 14.2 は日本手話とアメリカ手話の「新聞」を意味する単語であるが、これが異なっているのは、/neko/ と /kæt/ が異なっているのと同じである。

　しかし、手話には類像性のある表現も多い。図 14.3（a）はアメリカ手話の「ピアノを弾く」を意味する単語であるが、ピアノを弾くときの手の動きを模していることがわかる（Emmorey 2002）。また、図 14.3（b）のイギリス手話の「ハンマー」を意味する名詞は、ものの使い方を示す動作によってそのものを表す類像性のある名詞の例である（Atkinson et al. 2005）。

　手話言語の大きな特徴として、CL[3] と呼ばれる類像性のある表現を豊かにもつ点が挙げられる。図 14.4 は大きさ・形を示す CL 表現の例で、手の形に

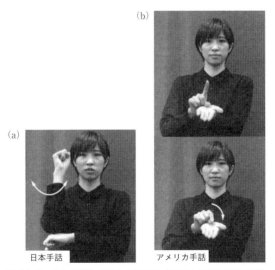

図 14.2　日本手話とアメリカ手話の「新聞」（松岡 2021: 135）

---

[3]　「CL」は classifier（類別詞、日本語で言えば「1 枚、2 本」の「枚、本」など）に由来する名称で、英語の文献では classifier という用語が用いられる。手話言語の CL 表現が音声言語の類別詞と同じ性質をもつか否かという点にはここでは立ち入らない。

(a) 　(b)

図 14.3　手話の類像的な表現
(a) アメリカ手話の「ピアノを弾く」（Emmorey 2002: 26）　(b) イギリス手話の「ハンマー」
（Atkinson et al. 2005: 234）

(a) 　(b)

図 14.4　日本手話の大きさ・形の CL（松岡 2021: 70）
(a)「分厚い本」の CL　(b)「薄い本」の CL

加え、顔の動き（目を見開いているか細めているか、頬を膨らませているかすぼませているか）で、「分厚さ、太さ」や「薄さ、細さ」が表現される。また、ものを操作する様子を動作で表す CL 表現もあり、図 14.5 では「かばん」について、キャリーケースのように引いて運ぶのか、リュックのように背負うのかという区別が表現されている。

このように、類像性のある表現を多用する点で、手話言語は音声言語とは異なる性質を見せるが、これは手話が視覚情報を伝達手段として用いることと関係していると思われる。たとえば、図 14.5 のような区別を、音声で類像的に表現することは容易ではないだろう。

14.2.3　空間情報の利用

手話では空間情報が指示関係を示すのに利用される。たとえば、図 14.6 の

図 14.5 日本手話の動作の CL（松岡 2021: 72）
（a）キャリーケースのようなかばん動作の CL（b）背負うかば
ん動作の CL

図 14.6 日本手話の一致動詞「キスする」（松岡 2015: 43）
（a）自分以外の二人（b）自分から（c）自分に

日本手話の「キスする」の表現では、（a）は自分以外の二人が、（b）は自分
が誰かに、（c）は誰かが自分に、それぞれキスすることを表している。動詞に
主語（誰が）や目的語（誰を・誰に）の情報を取り込んで表現されており、こ
のような動詞を**一致動詞**と言うが[4]、ここでは、話者自身の位置で1人称を指

図 14.7　アメリカ手話の一致動詞を含む文「犬が猫をかんだ」(Poizner et al. 1987: 52)

示していることがわかる。

　3人称の主語や目的語については、空間上の位置を「代名詞」として指定する方法がとられる。図 14.7 はアメリカ手話の「犬が猫をかんだ」という表現を示しているが、「犬」を表す手話をaの位置（この図では話者の左側）に、「猫」を表す手話をbの位置（この図では話者の右側）にそれぞれ指差しで指定（図では黒の矢印で表示）すると、aとbの位置がそれぞれ犬と猫を指示する代名詞の働きをし、「かむ」を表す手話をaの位置からbの位置へ動かすことで、「a（＝犬）がb（＝猫）をかんだ」という意味を表す。「かむ」の手話を逆にbからaに動かせば、「b（＝猫）がa（＝犬）をかんだ」の意味になる（Poizner et al. 1987: 52）。

　図 14.6 のような例では、実際に話者のいる場所が1人称として指定されるため、空間が類像的に用いられているように見えるが、図 14.7 のような3人称の例では、そのような類像性がないことに注意したい。図 14.7 では、「犬」が話者の左、「猫」が右に指定されているが、この文で記述される場面において犬と猫の実際の位置がこれに一致している必要はない。さらに、たとえばイギリス手話では「知識が信念に影響する」といった文も一致動詞を用いて表現され、ここでは「知識」や「信念」という抽象的な（すなわち物理的な位置を特定できない）概念も、図 14.7 と同様に空間上の位置に指定される（Atkinson et al. 2005: 234）といったことからも、一致動詞の空間利用が必ずしも類像的

---

4)　音声言語でも、主語の人称、数、性などに応じて動詞の屈折形が変化する現象があり、**一致**（agreement）と呼ばれる。たとえばスペイン語やイタリア語などの動詞は、主語の人称と数（単数／複数）によって屈折形が異なる。音声言語における一致と手話言語の一致を同じ文法現象と捉えるべきかについては議論がある（松岡 2015: 2章にわかりやすい紹介がある）が、ここではその問題には立ち入らない。

「ベッド」　　　　　　　　平らな物体を表す CL

図 14.8　イギリス手話の「ベッドは右側にある」（Atkinson et al. 2005: 235 より改変）

ではないことがわかる。

　これに対して、類像的に空間を利用する表現もある。たとえば、部屋の間取りや家具の配置などを手話で伝える場合に、実際の位置関係を反映した空間情報の利用が行われる。図 14.8 はイギリス手話の「ベッドは右側にある」という表現で、ベッドを表す手話単語の後に形（平らなもの）を表す CL 表現を用いてそれが右側にあることを指定している。この場合、CL を表す位置（話者の右側）は、実際のベッドの位置を反映する。同様に、アメリカ手話でも、図 14.9 に示すように、椅子は左側、テレビは正面、テーブルは右側、というように複数のものの位置関係が実際の位置を反映した形で、大きさ・形を表す CL を用いて手話の空間上に指定される（Poizner et al. 1987: 206f）。

　このように、手話では主語、目的語といった文法にかかわる情報を伝えるためにも、類像的に空間上の位置関係を伝えるためにも、空間情報が用いられるが、これは情報伝達手段として視覚情報を用いることから生じる手話の大きな特徴であると考えられる。

14.2.4　顔や頭の動きの利用―手話は、手だけで伝えるのではない―

　すでに、CL 表現で顔（頬や口など）の動きにも意味があることを見たが、手話では手指以外の顔、頭などの動きも重要な役割を果たす。音声言語によるコミュニケーションでも顔の表情で嬉しさ、不快感などの感情を伝えることができるが、そのような表情のほかに、手話言語では、顔や頭の動きが**非手指表現**（non-manual の頭文字から NM 表現とも呼ばれる）として用いられ、その

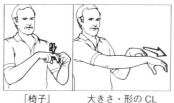

「椅子」　　　大きさ・形の CL
　　　　　　（a の位置を指定）

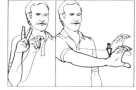

「テレビ」　大きさ・形の CL　　「テーブル」　大きさ・形の CL
　　　　　（b の位置を指定）　　　　　　　　（c の位置を指定）

図 14.9　アメリカ手話における家具の位置の指定（Poizner et al. 1987: 207 より改変）

(a)
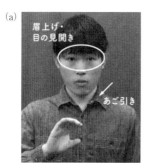

(b)
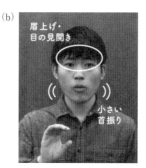

図 14.10　日本手話の疑問文を示す非手指表現（松岡 2021: 33 より改変）
（a）yes/no 疑問文の非手指表現　（b）wh 疑問文の非手指表現

多くが文法的な機能をもつことが知られている。

　たとえば、日本手話の疑問文は、非手指表現によって平叙文と区別される。Yes/no 疑問文は、眉を上げ、目を見開き、あごを引くという非手指表現、wh 疑問文は眉上げ、目の見開きのほか細かく首を横に振るという非手指表現で表される。図 14.10 は、この 2 つのタイプの疑問文を比較したもので、単語はいずれも「塩」であるが、図 14.10（a）は「塩なの？」という yes/no 疑問文、(b) は「塩はどこ？」という wh 疑問文である。

　このような非手指表現の文法機能も手話言語の大きな特徴である。

14.3　手話言語の処理

　ここまで、手話言語が音声言語同様の精緻な文法構造をもつ自然言語であることを確認した上で、類像性や空間情報の利用など音声言語とは異なる性質をもつことも見てきた。この節では、手話の処理についての脳科学的研究の成果を見ていく。手話言語が音声言語と同じ自然言語としての文法体系をもつなら、音声言語と同じように脳内処理されているのだろうか。音声言語との相違は、どのように脳内処理に影響するだろうか。

14.3.1　左半球優位

　3.2.1 項で見たように、音声言語の脳内処理は左半球が優位であるが、それに対して、空間情報の処理は右半球が優位である[5]。そうだとすれば、手の動きや位置という空間情報を用いた言語表現である手話言語の処理においては、右半球が音声言語とは異なる役割を果たす可能性が考えられる。しかし、手話話者においても、音声言語話者と同様に、脳の左半球に損傷がある場合に失語症状が観察されること、それに対して脳の右半球の損傷では失語症状が見られないことが多数報告されており（Poizner et al. 1987, Hickok et al. 1998 など）、手話言語においてもその処理は左半球優位であることが明らかになっている（14.3.2、14.3.3 の各項で紹介する実験結果も参照）。さらに、左半球内の損傷部位の相違によって失語症のタイプが異なる点（3.2.1 項参照）でも、手話失語は音声言語の失語と共通点が多く（Hickok et al. 1998）、手話言語は音声言語と同じ脳内メカニズムを用いて処理されていることが強く示唆される（ただし、14.3.4、14.3.5 の各項の議論を参照）。

---

[5]　たとえば、全面白、全面赤、対角線で区切って赤白二色、という３つのパターンに面が塗り分けられている立方体のブロックをいくつか使って、上から見たときに赤と白の二色で特定のパターンに見えるようにブロックを並べる課題で、右半球に損傷のある患者の方が、左半球に損傷のある患者よりも成績が悪いことが知られている（Poizner et al. 1987: 176）。

14.3.2　手話とジェスチャーの脳内処理

　手話は、14.2.2 項で見たように類像性をもつ表現が多用されることもあり、ジェスチャーによるコミュニケーションに似ているように見える側面もある。しかし、手話と一般的なジェスチャーとは異なる脳内処理がなされていることを強く示唆する実験結果が報告されている。たとえば、左半球に損傷があり、手話の産出にも理解にも困難を伴う手話失語の患者が、パントマイムの理解については脳損傷のない手話話者と同等の成績を示し困難がないこと、また、手話による会話の中で手話単語を産出できない場合に一般的なジェスチャーで代用することがあることが報告されている（Corina, Poizner et al. 1992）。このような手話失語の研究は、類像性のある表現が多いにもかかわらず、手話はジェスチャーとは異なる言語としての処理が行われている可能性が高いことを示唆している。

　脳損傷のない手話話者についての実験も行われている。

【実験】　手話とジェスチャーの処理は異なる脳機能（Corina, Vaid et al. 1992）

　この実験では、指でキーをなるべく速くたたく課題と、手話やジェスチャーを産出する課題を同時に行い、キーをたたく速度がどれだけ減じるかを計測する手法を用いた。脳内の同じ部位を用いる 2 つの課題を同時に行うと、同じ脳内リソースを奪い合うことになり、相互に干渉する。手足などの身体の動きは、右半身を脳の左半球が、左半身を右半球が、それぞれ制御しているので、たとえば右手指のたたく速度が左手指よりも大きく減じる課題には、脳の左半球が右半球よりも強く関与していると考えられる。いくつかの実験が行われているが、ここではアメリカ手話の母語話者が、アメリカ手話の単語と、別れの挨拶として手を振るとか、親指を立てて「OK」の意味を表すといった慣習的な意味をもつジェスチャーとを産出する課題に焦点を当てて紹介する[6]。手話もジェスチャーも片手で表現可能なものを用い、ビデオで呈示される手話やジェスチャーと同じものを産出する課題をどちらかの手で行いながら、もう一方の手でキーをできるだけ速くたたいてもらい、手話やジェスチャーの産出をせずにキーをたたくだけの場合と比較して、キーをたたく回数がどれだけ減少するかを計測するという実験である。

---

[6]　同じ実験で、慣習的な意味をもたないジェスチャーも扱われており、慣習的なジェスチャー同様に統計的には左手と右手に有意差はないという結果が報告されている。ただ、手話単語と似ている動きが含まれるなどの要因のため、実験結果の解釈がやや複雑なので、ここでは割愛する。

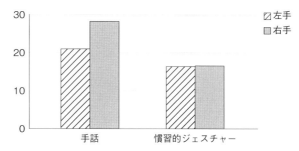

図 14.11 手話とジェスチャーの産出時の、キーをたたく回数の減少率（%）
（Corina, Vaid et al. 1992 に従って作成）

結果を図 14.11 に示す。手話の産出では右手の方が減少率が高かったのに対して、慣習的な意味をもつジェスチャーの産出では右手と左手に有意差は見られなかった。手話とジェスチャーでは脳内処理の機序が異なっており、手話の処理は左半球優位であるのに対し、ジェスチャーの処理には左右差がないことが示唆される。

14.3.3 手話単語の類像性と脳内処理

14.2.2 項で、手話では類像的な表現が多く用いられていることを見た。手話とジェスチャーの処理が異なると言っても、手話の中で類像的な表現についてはジェスチャーと同じような処理が行われている可能性はないだろうか。

【実験】 類像的な表現であっても手話の処理は左半球優位
(Atkinson et al. 2005)

この研究では脳疾患により左右のいずれかの半球に損傷をもつイギリス手話の話者を対象とするいくつかの実験が行われている。ここでは、手話単語（名詞）を類像的なものと非類像的なものに分けて、その処理過程を検討した実験の結果を紹介する。類像的であるか否かについては、イギリス手話話者と手話を話せない聴者とが、それぞれの手話単語の形式と意味の関係が類像的であるかどうかを 7 点満点で評価し、その結果によって分類している（類像的な名詞の例として、この論文は前掲の図 14.3（b）を挙げている）。左半球に損傷のある手話話者、右半球に損傷のある手話話者、脳損傷のない手話話者対照群、脳損傷がなく手話を知らない聴者対照群が参加し、与えられた手話単語の意味と合致する絵を 5 つの選択肢から選ぶ選択課題を行った。

結果を図 14.12 に示す。聴者対照群は手話を知らないので、非類像的な語の正答率は 5 つの選択肢から「当てずっぽう」に選んだ場合の 20％に近い。これに比

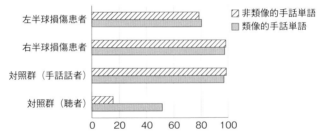

図 14.12　手話単語理解課題の正答率（%）（Atkinson et al. 2005 に従って作成）

べて類像的な単語の正答率は高く、手話を知らなくてもある程度意味の見当がつく類像性の反映と理解できる。右半球損傷患者は、脳損傷のない手話話者対照群と正答率は同等であり、それと比較して左半球損傷のある手話話者は正答率が有意に低く、手話単語の処理が左半球で行われていることを示唆する（14.3.1項参照）。そして、いずれの患者群でも類像的な語と非類像的な語の間に正答率の有意差が観察されないことから、手話単語の処理は類像性の有無にかかわらず左半球優位で行われていると考えられる。

14.3.4　手話の空間情報の脳内処理

14.2.3項で見たように、手話言語は空間情報を利用する。一般に空間情報の処理は右半球優位であることから（脚注5参照）、手話の脳内処理にかかわる多くの研究が、このような空間情報の処理に焦点を当ててきているが、左右の半球がどう関与するのか、必ずしも統一的な見解は得られていない。

図14.7のような例を用いた一致動詞の理解課題を行った研究では、右半球損傷のアメリカ手話話者2名が、失語症状を示さないにもかかわらず、一致動詞の理解には困難がある（図14.7の例で言えば猫と犬のどちらがどちらをかんだかの判断に困難がある）と報告されている（Poizner et al. 1987: 152）[7]。しかし、同じ2名の右半球損傷患者が、手話の産出においては一致動詞に困難を示さないことも報告されており（Poizner et al. 1987: 8章）、また、同じく右半球に損傷のある別の患者1名についての研究（Hickok et al. 1996）では、一致動詞の理解に困難がないと報告されている。

---

[7]　ただし、左半球損傷の患者も一致動詞の理解には困難があるので、両半球が関与していると考えられる。

さらに、アメリカ手話の産出（Poizner et al. 1987: 8章）およびアメリカ手話の理解と産出（Hickok et al. 1996）について、右半球に損傷のある手話話者が図 14.7 のような一致動詞の処理には困難を見せないのに対して、図 14.9 のような類像的な空間情報の処理には困難があることが報告されている。同じ空間情報の利用であっても、類像性がなく文法的な機能をもつ前者と、類像性をもつ後者とが異なる脳内処理を受けている可能性がある。

手話における類像性をもつ空間情報の処理に右半球がかかわることは、失語研究（Atkinson et al. 2005, Hickok et al. 1996 など）でも脳機能計測研究（Emmorey et al. 2002 など）でも示唆されているが、右半球だけでなく左右両半球がかかわることを示唆するもの（Atkinson et al. 2005；脚注 7 も参照）も多いほか、左半球が強く関与することを示唆するもの（MacSweeney et al. 2002）もあり、今後さらなる検討が必要である（Emmorey 2021）。

14.3.5 音声言語の処理との異同

音声言語と手話言語の処理の違いを調べるために、英語とアメリカ手話の両方を母語とする二言語話者（バイリンガル）の実験協力者を対象として、fMRI（3.2.4 項参照）などを用いて両言語の産出と理解にかかわる脳機能を測定する実験が行われた（Emmorey et al. 2014）。英語を処理しているときの方が強く活性化している部位と、逆にアメリカ手話を処理しているときの方が強く活性化している部位とが、いずれも左右両半球に分布していると報告されている。このような大きな相違は 2 つの音声言語を母語とする二言語話者では観察されないため、この相違は音声言語と手話言語の本質的な相違、すなわち、聴覚を用いるか視覚を用いるかという情報伝達手段が異なることの反映であると捉えることができる。産出においてどの筋肉を動かすか、理解において情報を取り入れるのが聴覚か視覚か、といった点の相違が反映されていると考えられる。それに加えて、産出の際に自分自身の発話をモニターする方法が、音声言語では自分の音声を聞くのが主な手段であるのに対して、手話言語では自分の手話を見るよりは筋肉の動きで把握する、といった相違も関係していると論じられている。

14.3.4 項で紹介した、手話言語の空間情報処理に見られる右半球の関与の可能性についても、このような文脈の中で考察されるべきであろう。手話言語

が、手や腕、顔などの動きを用いて産出し、視覚を通して理解する、という伝達手段をとるために、どのような言語学的特徴をもつのか、その特徴が脳内処理にどのような影響を及ぼしているのか、今後さらに明らかになってくることが期待される。

14.4　手話から考える言語の普遍性と多様性

　2.3 節で触れたように、言語の普遍性と多様性は、言語学が取り組む大きな課題の一つである。従来は、この問題について様々な音声言語をめぐって議論が行われてきた。しかし、この章で見たように、自然言語としての特徴をもつ手話言語が、情報伝達手段が音声言語と異なるために、言語的特徴についても脳内処理のあり方についても音声言語と異なる面があるとすれば、手話言語を考察対象として含めることによって普遍性と多様性についての議論が一段と深まることが期待できる。数多くの音声言語を精査した結果として提案されてきた「言語の普遍性」は、実は音声を用いるという伝達手段によって生じる共通点に過ぎない可能性があり、そのような特徴と、手話を含めた自然言語すべてに通じる共通点としての特徴とを、手話言語の検討によって峻別することが可能になるからである。

　たとえば、14.2.2 項で、類像的な表現が手話では必ずしも周辺的なものとは言えないこと、そしてそれは視覚情報を利用することから生じる性質である可能性があることを見たが、これは手話研究が言語の普遍性について見直しを迫る例であると言える。別の例を挙げると、音声言語では一般に形態素は特定の音形をもつため、複数の形態素を同時に発音することはできず、形態素は時間軸上に線状に並ぶ。たとえば、動詞の一致現象を見ると、音声言語では主語の人称や数などを表す形態素は「活用語尾」とも呼ばれるように動詞の後ろに接尾辞として付加されるのが一般的である [8]。これに対して、手話では図 14.6、図 14.7 で見たように、主語や目的語の人称が動詞表現と時間上重なる形で表現される。このほか、14.2.4 項で見た非手指表現も手指表現と時間上

---

[8]　たとえば、英語の現在形動詞で主語が 3 人称単数であることを示す -s は、walks のように接尾辞として動詞語幹の後ろに付加される。より豊かな一致の体系をもつイタリア語やスペイン語などでも、主語の人称・数を表す形態素は動詞語幹の後ろに付加される。

重なる形で用いられるなど、**同時性**も手話の大きな特徴である（松岡 2023）。このような手話と比較すれば、形態素が線状に並ぶことを基本とするのは、音声を用いることから生じる音声言語の特徴であるという可能性が見えてくる[9]。

　このように、手話研究の進展は、これまで音声言語だけを対象とした検討によって提案されてきた「自然言語に普遍的な特徴」についての問い直しを行う契機を与えるものである。手話の脳内処理を扱う研究も、1960 年代から 30〜40 年の間に手話言語が音声言語と同じ自然言語として左半球優位で処理されていることを明らかにしてきたが、現在は、手話言語が自然言語であることを前提とした上で、手話言語と音声言語の処理上の共通点と相違点を洗い出すことによって、言語の普遍性と多様性を問い直すことに主眼を置くものが多くなっている（Emmorey 2021 に最近の研究成果の概説がある）。14.3.4 項で見たように未だ不明な点も多いが、それだけに今後の進展が大きく期待される。

まとめ

　この章では、手話について、言語学的な特徴とその脳内処理を検討した。手話言語が音声言語と同じ自然言語の性質をもつことを明らかにした上で、情報伝達手段の相違がどのような違いを生んでいるかに着目し、それが言語の普遍性と多様性という大きな問いに対してどのような意味をもつかを考えた。この章では扱うことができなかったが、ニカラグア手話のように、その発生の初期から言語学者が観察や調査を行い、大人ではなく、子どもたちが新しい言語の文法を作り出す力をもつことを示した研究もある（Senghas et al. 2004 など；松岡 2015: 6 章に紹介がある）。手話研究は音声言語の研究からはわからない多くのことを教えてくれている。

さらに学びたい人へ

岡　典栄・赤堀仁美（2011）『文法が基礎からわかる日本手話のしくみ』大修館書店
岡　典栄・赤堀仁美（2016）『日本手話のしくみ練習帳』（DVD 付）大修館書店
⇒ 日本手話の文法がわかる入門書。1 冊目はインターネット上の動画で、2 冊目は DVD で

---

[9]　ただし、音声言語でも、時間的に重なり合う形態素は存在する。たとえば、英語の動詞の過去を表す形態素は、規則活用動詞では -ed という接尾辞の形で動詞の後ろに並ぶが、不規則動詞では sing の過去形が sang であるというように、線状に切り離せない場合もある。アラビア語のように、このような非線状の語形変化が基本となっている音声言語もある。

例文を確認できる。音韻パラメータや CL 表現についても詳しい。

松岡和美（2015）『日本手話で学ぶ 手話言語学の基礎』くろしお出版

松岡和美（2021）『わくわく！ 納得！ 手話トーク』くろしお出版

⇒ 手話とはどんな言語であるかをわかりやすく解説した、手話言語学の専門家による入門書。1 冊目は専門的な知識を身につけたいろう者と聴者に向けて、2 冊目はマンガもまじえて一般読者に向けて、書かれている。

木村晴美（2007）『日本手話とろう文化―ろう者はストレンジャー』生活書院

斉藤道雄（2016）『手話を生きる―少数言語が多数派日本語と出会うところで』みすず書房

⇒ ろう者の文化、日本手話話者の社会的マイノリティ性、ろう教育など、日本手話を取りまく社会の様々な側面に触れることができる。

Poizner, H., E. S. Klima and U. Bellugi (1987) *What the Hands Reveal about the Brain,* MIT Press.（河内十郎（監訳）石坂郁代・増田あき子（訳）(1996)『手は脳について何を語るか―手話失語からみたことばと脳』新曜社）

松岡和美・内堀朝子（編）(2023)『手話言語学のトピック―基礎から最前線へ』くろしお出版

⇒ 初学者には少し難しいかもしれないが専門書を二点紹介する。1 冊目は手話研究から脳に迫る古典的研究。2 冊目は日本における手話言語学の今を伝える。

参 考 文 献

Alegre, M. and P. Gordon (1999) Frequency effects and the representational status of regular inflections, *Journal of Memory and Language*, **40**(1), 41-61.

Atkinson, J., J. Marshall, B. Woll and A. Thacker (2005) Testing comprehension abilities in users of British Sign Language following CVA, *Brain and Language*, **94**(2), 233-248.

Berko, J. (1958) The child's learning of English morphology, *Word*, **14**(2-3), 150-177.

Bever, T. G. and B. McElree (1988) Empty categories access their antecedents during comprehension, *Linguistic Inquiry*, **19**(1), 35-43.

Bradlow, A. R., D. B. Pisoni, R. Akahane-Yamada and Y. Tohkura (1997) Training Japanese listeners to identify English /r/ and /l/: IV. Some effects of perceptual learning on speech production, *The Journal of the Acoustical Society of America*, **101**(4), 2299-2310.

Bybee, J. L. and C. L. Moder (1983) Morphological classes as natural categories, *Language*, **59**(2), 251-270.

Clahsen, H., I. Sonnenstuhl and J. P. Blevins (2003) Derivational morphology in the German mental lexicon: A dual mechanism account, R. H. Baayen and R. Schreuder (eds.) *Morphological Structure in Language Processing*, pp.125-155, Mouton de Gruyter.

Clark, E. V. and H. H. Clark (1979) When nouns surface as verbs, *Language*, **55**(4), 767-811.

Corina, D. P., H. Poizner, U. Bellugi, T. Feinberg, D. Dowd and L. O'Grady-Batch (1992) Dissociation between linguistic and nonlinguistic gestural systems: A case for compositionality, *Brain and Language*, **43**(3), 414-447.

Corina, D. P., J. Vaid and U. Bellugi (1992) The linguistic basis of left hemisphere specialization, *Science*, **255**(5049), 1258-1260.

Crain, S. and R. Thornton (2012) Syntax acquisition, *Wiley Interdisciplinary Reviews Cognitive Science*, **3**(2), 185-203.

Crystal, D. (2019) *The Cambridge Encyclopedia of the English Language* (3rd edition), Cambridge University Press.

Cunnings, I. and H. Clahsen (2007) The time-course of morphological constraints: Evidence from eye-movements during reading, *Cognition*, **104**(3), 476-494.

de Villiers, J. G. and P. A. de Villiers (1978) *Language Acquisition*, Harvard University Press.

Dryer, M. S. (2013a) Relationship between the Order of Object and Verb and the Order of Adjective and Noun, M. S. Dryer and M. Haspelmath (eds.) The World Atlas of Language Structures Online (v2020.3) [Data set]. Zenodo. https://doi.org/10.5281/zenodo.7385533 (Available online at http://wals.info/chapter/97 [accessed on 2023-09-16])

Dryer, M. S. (2013b) Relationship between the Order of Object and Verb and the Order of Adposition and Noun Phrase, M. S. Dryer and M. Haspelmath (eds.) The World Atlas of Language Structures Online (v2020.3) [Data set]. Zenodo. https://doi.org/10.5281/zenodo.7385533 (Available online at http://wals.info/chapter/95

[accessed on 2023-09-16])

Dryer, M. S. (2013c) Relationship between the Order of Object and Verb and the Order of Relative Clause and Noun, M. S. Dryer and M. Haspelmath (eds.) The World Atlas of Language Structures Online (v2020.3) [Data set]. Zenodo. https://doi.org/10.5281/zenodo.7385533 (Available online at http://wals.info/chapter/96 [accessed on 2023-09-16])

Emmorey, K. (2002) *Language, Cognition, and the Brain: Insights from Sign Language Research*, Lawrence Erlbaum Associates.

Emmorey, K. (2021) New perspectives on the neurobiology of sign languages, *Frontiers in Communications*, **6**, 748430.

Emmorey, K., H. Damasio, S. McCullough, T. Grabowski, L. L. B. Ponto, R. D. Hichwa and U. Bellugi (2002) Neural systems underlying spatial language in American Sign Language, *NeuroImage*, **17**(2), 812-824.

Emmorey, K., S. McCullough, S. Mehta and T. J. Grabowski (2014) How sensory-motor systems impact the neural organization for language: Direct contrasts between spoken and signed language, *Frontiers in Psychology*, **5**, 484.

Fromkin, V., R. Rodman and N. Hyams (2014) *An Introduction to Language* (10th edition), Wadsworth.

福田真二 (2014)「特異的言語障害研究の現状と課題」『特殊教育学研究』**52**(4): 317-332

Fukuda, S. and S. E. Fukuda (2001) The acquisition of complex predicates in Japanese specifically language-impaired and normally developing children, *Brain and Language*, **77**(3), 305-320.

Fukuda, S. E. and S. Fukuda (1999) The operation of rendaku in the Japanese specifically language-impaired: A preliminary investigation, *Folia Phoniatrica et Logopaedica*, **51**(1-2), 36-54.

Gordon, P. (1985) Level-ordering in lexical development, *Cognition*, **21**(2), 73-93.

Greenberg, J. H. (1963) Some universals of grammar with particular reference to the order of meaningful elements, J. H. Greenberg (ed.) *Universals of Language*, pp.73-113, MIT Press.

Grodzinsky, Y. (1986) Language deficits and the theory of syntax, *Brain and Language*, **27**(1), 135-159.

Gropen, J., S. Pinker, M. Hollander and R. Goldberg (1991) Affectedness and direct objects: The role of lexical semantics in the acquisition of verb argument structure, *Cognition*, **41**(1-3), 153-195.

Hagiwara, H. (1993) The breakdown of Japanese passives and Theta-role Assignment Principle by Broca's aphasics, *Brain and Language*, **45**(3), 318-339.

萩原裕子 (1998)『脳にいどむ言語学』岩波書店

Hagiwara, H., Y. Sugioka, T. Ito, M. Kawamura and J. Shiota (1999) Neurolinguistic evidence for rule-based nominal suffixation, *Language*, **75**(4), 739-763.

Hickok, G., U. Bellugi and E. S. Klima (1998) The neural organization of language: Evidence from sign language aphasia, *Trends in Cognitive Sciences*, **2**(4), 129-136.

Hickok, G., K. Say, U. Bellugi and E. S. Klima (1996) The basis of hemispheric asymmetries for language and spatial cognition: Clues from focal brain damage in two deaf native signers, *Aphasiology*, **10**(6), 577-591.

広瀬友紀（2017）『ちいさい言語学者の冒険―子どもに学ぶことばの秘密』岩波書店

Hirose, Y. and R. Mazuka(2015)Predictive processing of novel compounds: Evidence from Japanese, *Cognition*, **136**, 350-358.

Hoshi, H.（1991）Passives, N. Tsujimura(ed.)*The Handbook of Japanese Linguistics*, pp.191-235, Blackwell.

伊藤たかね（1999）「複数形を取り込んだ複合語」『英語青年』**145**(6): 19

伊藤たかね（2008）「ことばの脳内処理―日本語使役構文の事例から」長谷川寿一・C. ラマール・伊藤たかね（編）『こころと言葉―進化と認知科学のアプローチ』pp.155-172　東京大学出版会

伊藤たかね（2011）「意味構造の骨組みと肉付け―二つのタイプの他動詞」東京大学言語情報科学専攻（編）『言語科学の世界へ―ことばの不思議を体験する 45 題』pp.16-32　東京大学出版会

伊藤たかね（2020）「名詞転換動詞形成にかかわる制約―英語の作成動詞と産出動詞を中心に」由本陽子・岸本秀樹（編）『名詞をめぐる諸問題―語形成・意味・構文』pp.24-46　開拓社

伊藤たかね・杉岡洋子（2002）『語の仕組みと語形成』研究社

Ito, T., Y. Sugioka and H. Hagiwara(2009)Neurological evidence differentiates two types of Japanese causatives, H. Hoshi(ed.)*The Dynamics of the Language Faculty: Perspectives from Linguistics and Cognitive Neuroscience*, pp.273-291, Kurosio Publishers.

影山太郎（1993）『文法と語形成』ひつじ書房

影山太郎（1996）『動詞意味論―言語と認知の接点』くろしお出版

影山太郎（編）(2011)『日英対照 名詞の意味と構文』大修館書店

影山太郎・眞野美穂・米澤　優・當野能之（2011）「名詞の数え方と類別」影山太郎（編）『日英対照 名詞の意味と構文』pp.10-35　大修館書店

Kamide, Y., G. T. M. Altmann and S. L. Haywood(2003)The time-course of prediction in incremental sentence processing: Evidence from anticipatory eye movements, *Journal of Memory and Language*, **49**(1), 133-156.

Kim, J. J., S. Pinker, A. Prince and S. Prasada(1991)Why no mere mortal has ever flown out to center field, *Cognitive Science*, **15**(2), 173-218.

木村晴美（2011）『日本手話と日本語対応手話（手指日本語）―間にある「深い谷」』生活書院

Kiparsky, P.（1982）Lexical morphology and phonology, The Linguistic Society of Korea (ed.)*Linguistics in the Morning Calm: Selected Papers from SICOL-1981*, pp.3-91, Hanshin.

岸本秀樹（2009）『ベーシック生成文法』ひつじ書房

Klafehn, T.（2013）Myth of the wug test: Japanese speakers can't pass it and English-speaking children can't pass it either, *Proceedings of the Annual Meeting of the Berkeley Linguistic Society*, **37**, 170-184.

Kobayashi, Y., Y. Sugioka and T. Ito(2014)*Rendaku*(Japanese sequential voicing)as rule application: An ERP study, *NeuroReport*, **25**(16), 1296-1301.

小林由紀・杉岡洋子・伊藤たかね（2019）「日本語新規動詞の活用―音便の有無および語幹末子音による比較」『第 159 回日本言語学会大会予稿集』pp.458-464

小泉政利・安永大地・加藤幸子（2019）「ブロッキングの認知脳科学―語彙と意味と文法との関係に関する予備的考察」岸本秀樹・影山太郎（編）『レキシコン研究の新たなアプローチ』pp.135-152　くろしお出版

窪薗晴夫（1995）『語形成と音韻構造』くろしお出版

窪薗晴夫（2006）『アクセントの法則』岩波書店

Kuhl, P. K., E. Stevens, A. Hayashi, T. Deguchi, S. Kiritani and P. Iverson (2006) Infants show a facilitation effect for native language phonetic perception between 6 and 12 months, *Developmental Science*, 9(2), F13-F21.

Kutas, M. and K. D. Federmeier (2007) Event-related brain potential (ERP) studies of sentence processing, M. G. Gaskell (ed.) *The Oxford Handbook of Psycholinguistics*, pp.385-406, Oxford University Press.

Ladefoged, P. (1993) *A Course in Phonetics* (3rd edition), Harcourt Brace College Publishers.

Leckey, M. and K. D. Federmeier (2019) Electrophysiological methods in the study of language processing, G. I. de Zubicaray and N. O. Schiller (eds.) *The Oxford Handbook of Neurolinguistics*, pp.42-71, Oxford University Press.

MacSweeney, M., B. Woll, R. Campbell, G. A. Calvert, P. K. McGuire, A. S. David, A. Simmons and M. J. Brammer (2002) Neural correlates of British Sign Language comprehension: Spatial processing demands of topographic language, *Journal of Cognitive Neuroscience*, 14(7), 1064-1075.

Mann, V. A. and B. H. Repp (1980) Influence of vocalic context on perception of the [ʃ]-[s] distinction, *Perception & Psychophysics*, 28(3), 213-228.

Marcus, G. F., S. Pinker, M. Ullman, M. Hollander, T. J. Rosen and F. Xu (1992) Overregularization in language acquisition, *Monographs of the Society for Research in Child Development*, 57(4), i-178.

Marslen-Wilson, W. D. (2007) Morphological processes in language comprehension, M. G. Gaskell (ed.) *The Oxford Handbook of Psycholinguistics*, pp.175-193, Oxford University Press.

Matsumoto, Y., K. Akita and K. Takahashi (2017) The functional nature of deictic verbs and the coding patterns of Deixis: An experimental study in English, Japanese, and Thai, I. Ibarretxe-Antuñano (ed.) *Motion and Space across Languages: Theory and Applications*, pp.95-122, John Benjamins.

松岡和美（2015）『日本手話で学ぶ 手話言語学の基礎』くろしお出版

松岡和美（2019）「手話単語の音韻パラメータ—手話の「音韻」って何？」窪薗晴夫（編著）『よくわかる言語学』pp.202-205　ミネルヴァ書房

松岡和美（2021）『わくわく！納得！手話トーク』くろしお出版

松岡和美（2023）「イントロダクション」松岡和美・内堀朝子（編）『手話言語学のトピック—基礎から最前線へ』pp.1-26　くろしお出版

McCarthy, J. J. (1982) Prosodic structure and expletive infixation, *Language*, 58(3), 574-590.

Mckoon, G. and J. Love (2011) Verbs in the lexicon: Why is hitting easier than breaking?, *Language and Cognition*, 3(2), 313-330.

Newman, A. J., M. T. Ullman, R. Pancheva, D. L. Waligura and H. J. Neville (2007) An ERP study of regular and irregular English past tense inflection, *NeuroImage*, 34(1), 435-445.

Ohno, K. (2000) The lexical nature of *rendaku* in Japanese, *Japanese/Korean Linguistics*, 9, 151-164.

小野尚之（2005）『生成語彙意味論』くろしお出版

Osterhout, L. and J. Nicol(1999)On the distinctiveness, independence, and time course of the brain responses to syntactic and semantic anomalies, *Language and Cognitive Processes*, **14**(3), 283-317.

Pinker, S. (1999)*Words and Rules: The Ingredients of Language*, Basic Books.

Pinker, S. and A. Prince(1991)Regular and irregular morphology and the psychological status of rules of grammar, *Proceedings of the Annual Meeting of the Berkeley Linguistic Society*, **17**, 230-251.

Pinker, S. and M. T. Ullman(2002)The past and future of the past tense, *Trends in Cognitive Sciences*, **6**(11), 456-463.

Poizner, H., E. S. Klima and U. Bellugi(1987)*What the Hands Reveal about the Brain*, MIT Press.（河内十郎（監訳）石坂郁代・増田あき子（訳）(1996)『手は脳について何を語るか—手話失語からみたことばと脳』新曜社）

Prasada, S. and S. Pinker(1993)Generalisation of regular and irregular morphological patterns, *Language and Cognitive Processes*, **8**(1), 1-56.

Pustejovsky, J. (1995)*The Generative Lexicon*, MIT Press.

Rastle, K., M. H. Davis and B. New(2004)The broth in my brother's brothel: Morpho-orthographic segmentation in visual word recognition, *Psychonomic Bulletin & Review*, **11**(6), 1090-1098.

酒井邦嘉（2002）『言語の脳科学—脳はどのようにことばを生みだすか』中央公論新社

佐藤亮一（2002）「現代日本語の発音分布」飛田良文・佐藤武義（編）『現代日本語講座第3巻 発音』pp.20-39　明治書院

Senghas, A., S. Kita and A. Özyürek(2004)Children creating core properties of language: Evidence from an emerging sign language in Nicaragua, *Science*, **305**, 1779-1782.

Stanners, R. F., J. J. Neiser, W. P. Hernon and R. Hall(1979)Memory representation for morphologically related words, *Journal of Verbal Learning and Verbal Behavior*, **18**(4), 399-412.

Sugioka, Y., T. Ito and H. Hagiwara(2001)Computation vs. memory in Japanese causative formation: Evidence from agrammatic aphasics, 『認知科学』, **8**(1), 37-62.

Sugisaki, K. and K. Murasugi(2017)Scrambling and locality constraints in child Japanese, M. Nakayama, Y. Su and A. Huang(eds.)*Studies in Chinese and Japanese Language Acquisition: In Honor of Stephen Crain*, pp.147-164, John Benjamins.

Swinney, D. A. (1979)Lexical access during sentence comprehension: (Re)consideration of context effects, *Journal of Verbal Learning and Verbal Behavior*, **18**(6), 645-659.

鈴木　豊（2017）「連濁研究史—ライマンの法則を中心に」ティモシー J. バンス・金子恵美子・渡邊靖史（編）『連濁の研究—国立国語研究所プロジェクト論文選集』pp.25-45　開拓社

Tajima, K., H. Kato, A. Rothwell, R. Akahane-Yamada and K. G. Munhall(2008)Training English listeners to perceive phonemic length contrasts in Japanese, *The Journal of the Acoustical Society of America*, **123**(1), 397-413.

竹林　滋・斎藤弘子（2008）『新装版英語音声学入門』（CD付）大修館書店

Thornton, R. and S. Crain(1994)Successful cyclic movement, T. Hoekstra and B. D. Schwartz (eds.) *Language Acquisition Studies in Generative Grammar: Papers in Honor of Kenneth Wexler from the 1991 Glow Workshops*, pp.215-252, John Benjamins.

Traxler, M. J., M. J. Pickering and B. McElree(2002)Coercion in sentence processing: Evidence from eye-movements and self-paced reading, *Journal of Memory and Language*, **47**(4), 530-547.

Trueswell, J. C., M. K. Tanenhaus and C. Kello(1993)Verb-specific constraints in sentence processing: Separating effects of lexical preference from garden-paths, *Journal of Experimental Psychology: Learning, Memory, and Cognition*, **19**(3), 528-553.

Ullman, M. T. (2007)The biocognition of the mental lexicon, M. G. Gaskell(ed.) *The Oxford Handbook of Psycholinguistics*, pp.267-286, Oxford University Press.

van der Lely, H. K. J. (2005)Domain-specific cognitive systems: Insight from Grammatical-SLI, *Trends in Cognitive Sciences*, **9**(2), 53-59.

van der Lely, H. K. J. and V. Christian (2000)Lexical word formation in children with grammatical SLI: A grammar-specific versus an input-processing deficit?, *Cognition*, **75**(1), 33-63.

van der Lely, H. K. J. and M. T. Ullman (2001)Past tense morphology in specifically language impaired and normally developing children, *Language and Cognitive Processes*, **16**(2-3), 177-217.

渡辺　明（2009）『生成文法』東京大学出版会

Werker, J. F. and J. Gervain(2013)Speech perception in infancy: A foundation for language acquisition, P. D. Zelazo(ed.) *The Oxford Handbook of Developmental Psychology, Vol. 1: Body and Mind*, pp.909-925, Oxford University Press.

Werker, J. F. and R. C. Tees(1984)Cross-language speech perception: Evidence from perceptual reorganization during the first year of life, *Infant Behavior and Development*, **7**(1), 49-63.

Williams, E. (1981)On the notions "lexically related" and "head of a word", *Linguistic Inquiry*, **12**(2), 245-274.

Yumoto, Y. (1997)Verbal prefixation on the level of semantic structure, T. Kageyama(ed.) *Verb Semantics and Syntactic Structure*, pp.177-204, Kurosio Publishers.

由本陽子・伊藤たかね・杉岡洋子（2015）「「ひとつまみ」と「ひと刷毛」―モノとコトを測る「ひと」の機能」由本陽子・小野尚之（編）『語彙意味論の新たな可能性を探って』pp.432-462　開拓社

由本陽子・影山太郎（2011）「名詞が動詞に変わるとき」影山太郎（編）『日英対照 名詞の意味と構文』pp.178-208　大修館書店

索　引

「　」および" "は言語表現を示す。

著者略歴

伊藤たかね

東京都に生まれ、大分県に育つ
1984 年　東京大学大学院人文科学研究科博士課程満期退学
現　在　東京大学名誉教授、東京大学大学院情報学環特任教授
　　　　文学修士

ことばを科学する
—理論と実験で考える、新しい言語学入門—　　定価はカバーに表示

2023 年 11 月 1 日　初版第 1 刷

著　者　伊　藤　た　か　ね

発行者　朝　倉　誠　造

発行所　株式会社　朝　倉　書　店

東京都新宿区新小川町 6-29
郵 便 番 号　　162-8707
電　話　03（3260）0141
Ｆ Ａ Ｘ　03（3260）0180
https://www.asakura.co.jp

〈検印省略〉

教文堂・渡辺製本

ⓒ 2023〈無断複写・転載を禁ず〉

ISBN 978-4-254-51074-4　C 3080　　Printed in Japan

オックスフォード 言語学辞典 （新装版）

中島 平三・瀬田 幸人 (監訳)

A5 判／496 頁　978-4-254-51070-6　C3580　定価 13,200 円（本体 12,000 円＋税）

定評あるオックスフォード辞典シリーズの一冊。P.H.Matthews編 "Oxford Concise Dictionary of Linguistics" の翻訳。項目は読者の便宜をはかり五十音順配列とし、約3000項目を収録してある。本辞典は、近年言語研究が急速に発展する中で、言語学の中核部分はもとより、医学・生物学・情報科学・心理学・認知科学・脳科学などの周辺領域も幅広くカバーしている。重要な語句については分量も多く解説され、最新の情報は訳注で補った。言語学に関心のある学生、研究者の必携書。

実例で学ぶ英語学入門
―異文化コミュニケーションのための日英対照研究―

多々良 直弘・松井 真人・八木橋 宏勇 (著)

A5 判／176 頁　978-4-254-51072-0　C3082　定価 3,190 円（本体 2,900 円＋税）

身近な実例を使い、認知言語学・社会言語学・語用論の各分野にまたがって日英語対照研究を解説する言語学の入門書。アクティブラーニングで使える参加型の課題も。[内容] 言語学と英語学／事態把握と志向性／メタファーとは何か／他

正しく書いて読むための 英語前置詞事典

畠山 雄二 (編)

A5 判／312 頁　978-4-254-51073-7　C3582　定価 5,500 円（本体 5,000 円＋税）

豊かな意味を持つ英語の前置詞 43 個を取り上げ、意味と機能、語法と用法、日本語などとの比較、歴史と文化を解説。全体を俯瞰するコラムも充実〔内容〕about ／ above ／ across ／ after ／ up ／ with ／ within ／ without ／前置詞とは何か／他。

手を動かしながら学ぶ　神経心理学

柴崎 光世・橋本 優花里 (編)

A5 判／176 頁　978-4-254-52030-9　C3011　定価 3,080 円（本体 2,800 円＋税）

イメージのつきにくい神経心理学を、動画や Web プログラム等のデジタル付録を参照して能動的に学べる入門書。〔内容〕神経心理学の基礎／脳の損傷に伴う高次脳機能障害／発達の過程で生じる高次脳機能障害／高次脳機能障害の評価と支援

手を動かしながら学ぶ 学習心理学

澤 幸祐 (編)

A5 判／136 頁　978-4-254-52032-3　C3011　定価 2,860 円（本体 2,600 円＋税）

教育・技能獲得や臨床現場などでも広く応用される学習心理学を、デジタルコンテンツを参照しながら能動的に学べる入門書。〔内容〕学習とは何か／馴化と脱馴化／古典的条件づけ／道具的条件づけ／選択行動／臨床応用／機械学習